메타버스&AI 챗GPT와 함께하는

Novel Engineering

노벨 엔지니어링

—— 독서와 공학으로 세상을 바꾸다! ——

송해남 · 김태령 · 서정원 · 박기림 · 강소아 · 전혜린 공저

(주)광문각출판미디어
www.kwangmoonkag.co.kr

머리말

　메타버스, 생성형 AI 그리고 챗GPT. 적어도 일정 시간 동안 우리 사회의 큰 담론을 형성했으며 교육에서도 불안감과 동시에 가능성을 보여 주었던 단어들입니다. 기술의 발전과 함께 혜성처럼 등장해서 세계를 기술 만능론으로 이끌었던 내용들이죠. 이런 단어들 하나에 주가가 널뛰기도 하였으며, 회사가 하루아침에 성장하기도 없어지기도 하였습니다. 이 단어들은 그 성장세가 급격했던 만큼 그 시대상을 나타내는 낡은 단어로 보이기도 합니다.

　그러나 교육자의 입장으로 그 단어들에서 봐야 하는 것은 단순히 기술적 창의성이 아닙니다. 인공지능, 메타버스, 챗GPT라는 단어에서 우리는 기술이 이끌어 낸 미래와 그 기술들로 인해 바뀌어 갈 사회적 변화를 읽어 내야 합니다. 적어도 지금의 학생들이 사회에서 생산성을 담보하는 때는 2040년 이후입니다. 막연히 미래라고 생각했던, 만화에서나 보던 그런 미래 시기인 거죠. 그때 지금 봤던 이 단어들은 다른 이름으로 변해 일상의 당연한 현상으로 존재하게 될 것입니다.

　우리는 노벨 엔지니어링을 합니다. 학생들의 일상생활에서 문제 해결력과 창의성을 증진시키고 성취 경험을 가질 수 있는 STEAM 교육의 일종으로, 독서와 연결해 인문학적 상상력과 공학적 문제 해결 의지에 대한 몰입을 극대화한 교육입니다. 그래서 학생들을 따뜻한 마음으로 창의적인 문제 해결력을 발휘하는 학생으로 키우고자 합니다. 그래서 우리는 미래 기술에 주목할 수밖에 없습니다. 우리 학생들이 마음껏 꿈을 펼칠 그 시기에 당연한 것으로 여겨지는 곳에서 유물론적 관점에서 기술에 이끌려 가기보다 기술을 인문학적 관점에서 펼칠 수 있는 학생들이 되기를 원하기 때문입니다. 그래서 우리는,

사례를 널리 공유하고 함께하기를 바람으로 이 책을 내게 되었습니다.

이 책은 메타버스와 인공지능에 관한 여러 가지 내용으로 구성되어 있습니다. 먼저 메타버스에서 우리 현실에 도움을 줄 수 있는 증강현실[AR], VR 가상공간을 교육적 관점에서 만들 수 있는 코스페이시스 에듀[Cospaces Edu], 귀여운 공간을 구성하고 다 같이 소통할 수 있는 젭[ZEP], 높은 자유도로 네모난 블록으로 무엇이든 만들 수 있는 마인크래프트[Minecraft]가 있습니다. 그리고 인공지능이 인간의 창의성을 앞서가려는 시도인 생성형 AI, 인공지능이 인간과 비슷해지려 시도하는 챗GPT도 담겨 있습니다. 각 플랫폼 또는 기술, 방법에 대해 따라 할 수 있도록 설명한 후 노벨 엔지니어링 수업과 연계하는 방안, 수업에 바로 활용할 수 있는 노벨 엔지니어링 프로젝트를 소개합니다.

미국의 정보 기술 연구 및 자문회사인 가트너에서는 기술의 성숙도를 표현하기 위해서 하이프 사이클이라는 것을 개발하였습니다. 기술은 출현 단계에서 폭발적으로 성장하였다가 환상이 소멸된 다음에야 성숙하고 안정된다는 이론입니다.

기술의 안정화를 앞둔 우리의 주제들, 즉 메타버스, 생성형 AI, 챗GPT가 다가올 때 우리 학생들이 준비된 상태이기를 바라고 있습니다. 그리고 이런 준비를 해 줄 수 있는 것은 우리 학생들을 교육하시는 선생님이라고 생각합니다.

이 책을 고르신 선생님들과 노벨 엔지니어링을 통해 미래 교육에 대한 아이디어를 함께 공유할 수 있다면 정말 좋겠습니다.

저자 일동

목차

01

미래 교육을 위한 한 걸음, 노벨 엔지니어링

02

AR로 만나는 3차원 입체 세상

03

코스페이시스 에듀(Cospaces Edu)로
내 눈 앞에 펼쳐지는 새로운 세상

04

젭(ZEP)으로 소통하며 함께 만드는 세상

05

마인크래프트(Minecraft)로 쌓는 나만의 세상

참고문헌

1장

미래 교육을 위한 한 걸음,
노벨 엔지니어링

1. 메타버스, 생성형 AI·챗GPT 교육은 어떻게 나아가야
   하는가?
2. 미래 교육의 숨은 KEY, 노벨 엔지니어링!

메타버스, 생성형 AI·챗GPT 교육은 어떻게 나아가야 하는가?

2020년 코로나19가 온라인 수업을 불러왔을 때 교육계의 핫이슈는 '메타버스'였다. 메타버스 공간에서 수업을 대신하기도 하고, VR로 프로젝트를 실시하기도 하며, 대면 교육의 부족함을 각종 메타버스 플랫폼으로 채우고자 노력한 것이다. 그렇게 시간이 흘러 2021~2022년이 되자 사회 전반에서는 엔데믹을 기대하며 일상으로의 전환을 서서히 준비했다. 교육 분야에서도 이에 발맞춰 다양한 정책들을 펼치기 시작하였는데, 특히 인공지능 교육에 대한 움직임이 돋보였다. AI 선도학교 사업 실시, AI 융합대학원 신설 등의 교육 정책을 시작으로 2022 개정 교육과정에서는 초중등 AI 교육이 필수화가 된 것이다. 그리고 2023년 현재는 초거대 생성형 AI 모델인 '챗GPT' 바람이 불면서 인공지능이 우리 교육의 가장 큰 흐름이 되었다.

누구나 자신의 경험과 지식을 공유할 수 있다는 콘셉트의 교사 연수 플랫폼^{교육학술정보} ^{원 운영} '지식샘터'의 2023년 7월 강좌 현황을 통해 현직 교사들의 최근 관심도를 확인해 보자.

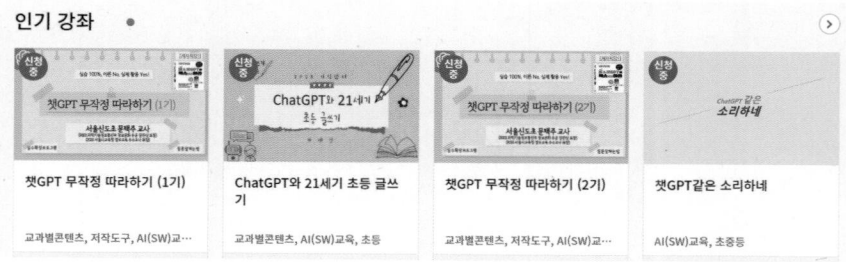

인기 강좌

챗GPT 무작정 따라하기 (1기)

교과별콘텐츠, 저작도구, AI(SW)교···

ChatGPT와 21세기 초등 글쓰기

교과별콘텐츠, AI(SW)교육, 초등

챗GPT 무작정 따라하기 (2기)

교과별콘텐츠, 저작도구, AI(SW)교···

챗GPT같은 소리하네

AI(SW)교육, 초중등

[그림 1-1] 2023년 7월의 지식샘터 인기 강좌

인기 강좌에 모두 '챗GPT'가 랭크되어 있는 것이 보인다. '지식샘터'가 교사들의 요구와 필요를 가장 가까이서 반영하는 플랫폼 중 하나라는 점에서 교육의 흐름을 어느 정도 짐작해 볼 수 있을 것이다.

이렇듯 인공지능 시대, 특히 생성형 AI 시대가 찾아오면서 코로나19의 광풍으로 급부상하였던 메타버스 분야가 서서히 시들해지기 시작했다. 심지어 미국의 한 언론은 "RIP Metaverse^{메타버스는 죽었다.}"라는 신문 기사를 게재하기도 했다. 그렇다면 메타버스는 정말 필요하지 않은 것일까?

비록 챗GPT 등의 AI 기술이 대세를 이루고 있다 해도 메타버스가 사라진 것도, 교육할 필요가 없는 것도 아니다. 오히려 2020년을 기점으로 메타버스 시장이 빠르게 성장하면서 이제는 우리 주변에 언제나 지금도 함께하게 되었다. 금융업을 예로 들어 보자. 현재에도 화폐를 많이 들고 다니기보다는 앱 카드로 결제하고 인터넷 뱅킹 어플로 업무를 처리한다. 10년 후 메타버스가 불러올 세상을 예측한 도서에서는 금융업의 100%가 메타버스로 이동할 것이라고 이야기하고 있다. 즉 디지털 공간에서의 상호작용과 활동 그 자체를 메타버스라고 볼 수 있는 것이다.

메타버스는 메타^{Meta, 초월하다}와 버스^{Verse, 현실 세계를 뜻하는 유니버스}의 합성어로 '가상과 현실이 상호작용하며 그 속에서 사회, 문화, 경제적 활동이 이루어지는 공간'을 의미한다. 메타버스가 급부상하거나 사라졌다는 단순한 관점으로 교육을 바라볼 필요는 없다. 앞서 말했듯 메타버스는 단순한 가상 공간이 아니라, 일상생활과 사회, 문화, 경제 활동이 영위되는 또 하나의 세계이다.

일반적으로 메타버스의 개념을 설명할 때 가장 많이 언급되는 다음의 분류를 함께 보자.

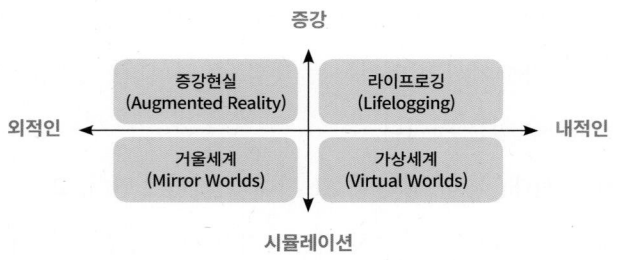

[그림 1-2] 메타버스 유형

 먼저 '증강'은 현실 세계를 그대로 두고 새 정보를 겹쳐서 보여 주는 기술을 의미한다. 쉽게 이야기해서 포켓몬고 게임처럼, 현실 세계에서 어플을 켜면 포켓몬이 레이어처럼 얹어지는 것을 가리키는 것이다. 이와 대조되는 것이 '시뮬레이션' 개념으로 현실 세계 대신에 현실을 모델링한 가상의 환경이다. VR 기기를 쓰고 현실이 아닌 가상 공간을 체험하는 활동이나 제페토, 로블록스 같은 플랫폼이 이에 속한다. '내적인(Intimate)' 세계는 마치 SNS 활동처럼 디지털 공간 속 자아를 가지고 활동하는 것에 초점을 맞추고 있다. 반대로 '외적인(External)' 세계는 사용자 주변의 환경에 집중하는 것으로, 예를 들어 카카오맵이나 구글 어스 등의 플랫폼을 생각하면 된다.

 위와 같은 메타버스 유형별 교육적 시사도와 수업 사례를 [표 1-1]과 같이 정리하였다.

	교육적 시사도	수업 사례
증강 현실 (Augmented Reality)	- 실제 보이지 않는 부분을 현실과 결합하여 심층적으로 이해하고 학습 가능	스마트폰 앱을 활용하여 새로운 조형 세계를 경험하는 증강현실 기반의 영상 표현 활동을 제안함.
라이프로깅 (Life logging)	- 자신의 정보를 축적하여 성찰 가능 - 타인의 정보를 비판적으로 탐색 가능 - 학습자들의 데이터를 기반으로 맞춤형 교육 제공	데스모스를 활용하여 학습자들의 확률 변수 이해도를 체크하고 개별 피드백을 제공함.
거울 세계 (Mirror World)	- 교수학습 공간의 물리적 한계는 극복하고, 온라인 실시간 학습이 가능	마인크래프트로 구석기, 신석기, 청동기, 철기시대의 특징을 재현하는 수업을 제안함.
가상 세계 (Virtual World)	- 시공간 제약 극복 가능 - 가상 시뮬레이션, 실습 가능	우리 몸의 소화 기관 교수학습 시 오큘러스를 활용하여 학습자들의 몰입감을 강화함.

[표 1-1] 메타버스 유형별 교육적 시사도와 수업 사례

이 외에도 많은 선행 연구들이 있지만 특정 교과에 제한되어 있거나 단발적으로 이루어져 온 점이 아쉽다. 또 메타버스 활용 수업이 학습자들의 흥미와 즐거움으로만 전락하지 않도록 염두에 둘 필요도 있다. 우리 학생들이 살아갈 미래의 많은 부분은 메타버스로 이루어져 있을 것이다. 그렇기에 '맥락'과 '문제 해결'이라는 열쇠로 메타버스 교육의 새로운 장을 열어 갈 필요가 있다.

그와 함께 요즈음 급부상하는 키워드인 '생성형 AI'를 살펴보자. 생성형 AI는 이용자의 특정한 요구를 이해하고 결과를 산출해 내는 인공지능 기술을 말하며, 가장 대표적인 예는 챗GPT이다. 혹자는 "이제는 메타버스 대신 챗GPT의 시대가 왔다."라고 평가하기도 한다. 하지만 이와 같은 생성형 AI의 등장은 메타버스 시대의 폭발적인 변화로 시너지를 낼 것이다.

생성형 AI로부터 메타버스를 풍부하게 만드는 소스 데이터를 제공받는다고 가정해 보자. 메타버스 공간에 머무르는 시간이 늘어날 것이고, 이것이 불러올 사회적/경

제적 효과를 기대할 수 있을 것이다. 물론 생성형 AI가 수집하고 제공하는 정보 데이터가 모두 옳다는 것은 아니다. 이탈리아에서는 개인정보 보호를 들어 챗GPT의 접속을 일시적으로 차단하기도 했다. 또 거짓된 정보를 진짜인 것처럼 화려하게 제공하기도 한다. 하지만 생성형 AI의 시대, 달리고 있는 말은 멈출 수 없을 것이다. 그렇다면 우리는 생성형 AI가 제공하는 데이터의 진위 여부를 확인하고, 그 결과물에 우리의 아이디어를 추가함으로써 달리는 말에 올라탈 수 있는 사람을 키워야 하지 않을까? 챗GPT 활용 초반, 국제 학술지『사이언스』는 연구 도구로 인공지능 기술을 활용하지 못하게 했다가 그 입장을 바꾸었다. 생성형 AI 활용을 막을 수 없다면, 이를 도구로서 잘 활용하고 비판적으로 탐색하는 역량이 필요하다는 이야기이다.

나에게 닥친 문제를 분석하고 구조적으로 이해하여, 생성형 AI를 도구로써 사용하는 경험. 가상의 디지털 공간에서 데이터를 변별하여 처리하는 경험, 문제 상황에 맞는 AI 기술을 선택하여 다양한 창작물을 메타버스 공간 내에서 산출해 내는 문제 해결 프로젝트. 이것이 미래를 위해 교사가 고민해야 할 교육의 방향이 아닐까?

메타버스, 생성형 AI···. 새로운 교육 키워드마다 분절된 교육을 제공하지 말자. 핵심 기술과 플랫폼은 변할 수 있어도 교육의 가치는 항상 같다. 기술 사용과 학습의 맥락이 연결되는 문제를 제시해 주고, 학생들이 유의미한 문제 해결 과정을 겪도록 보조해 주어야 한다. 기술을 활용하여 사회를 더 나은 방향으로, 따뜻하고 모두를 위한 결정으로 이끌어야 한다. 이를 위해 본 도서에서는 노벨 엔지니어링 교수학습 방법을 제안할 것이다.

미래 교육의 숨은 KEY, 노벨 엔지니어링!

노벨 엔지니어링^{Novel Engineering}은 독서와 공학을 융합한 수업 모델로, 책 속 문제 상황을 해결해 보고 그 해결책이 불러올 새로운 이야기를 다시 써 보는 과정을 말한다. 소설을 뜻하는 Novel 과 공학의 Engineering이 합쳐진 수업 방식이다. 미국의 텁스^{Tufts}대학 부설 CEEO^{Center for Engineering Education and Outreach}에서 처음 시작되어, 요즈음 한국에서는 인공지능 융합 수업 모델로써 주목 받고 있다. 최근 노벨 엔지니어링 연구 동향을 정리하여 [표 1-2]와 정리하였다.

	연구 결과
1	실생활과 연계된 SW 교육(네오봇 등 활용)으로 SW 인식이 긍정적으로 변화함.
2	티쳐블 머신, 워드 클라우드 등 AI 플랫폼 활용으로 인공지능에 대한 긍정적 인식과 태도를 확인함.
3	의사 결정 나무를 활용한 노벨 엔지니어링 프로그램을 통해 융합 인재 소양의 긍정적 효과를 확인함.
4	중학생 대상의 노벨 엔지니어링 수업을 통해 창의적 문제해결력과 학습동기 향상에 유의미한 변화가 있었음.
5	의사 결정 나무, 티쳐블 머신 등을 활용한 AI 융합 교육을 통해 융합적 문제 해결력이 신장됨.
6	엔트리 AI를 활용한 노벨 엔지니어링 연구를 통해 문제해결력과 학습 몰입이 긍정적으로 변화함.

[표 1-2] 2023년 노벨 엔지니어링 연구 동향(석사학위 논문)

표에 제시된 노벨 엔지니어링 연구는 모두 인공지능 융합 수업의 방법으로서 노벨 엔지니어링을 활용하였으며, 코딩 교육으로 전락할 수 있는 AI 융합 교육을 실생활과 밀접하게 제공했다는 점을 공통으로 강조하고 있다. 책 속 주인공을 돕는다는 수업의 흐름 속에서 자연스럽게 AI 윤리 수업까지도 연계할 수 있고, 인공지능 활용에 긍정적인 인식을 도모했다는 것이다.

이렇듯 노벨 엔지니어링은 스토리텔링을 기반으로 AI 활용의 맥락을 제공한다는 점, 유의미한 문제 해결 과정을 제공할 수 있다는 점에서 큰 장점을 가지고 있다.

하지만 노벨 엔지니어링은 AI 교육에서만 유의미한 것이 아니다. 책 속 상황을 잘 선정한다면, 다양하고 전방위적인 패러다임을 융합할 수 있다는 것에 주목해야 한다. 특히 본 도서에서는 메타버스와 생성형 AI를 활용한 문제 해결 수업 모델로써 노벨 엔지니어링을 제시할 것이다. 메타버스를 기반으로 한 노벨 엔지니어링 선행 연구를 살펴보자. 아쉽게도 생성형 AI로 노벨 엔지니어링을 연구한 사례는 아직 없다.

	도서 맥락	연구 결과
1	아기돼지 삼형제의 집 짓기	마인크래프트를 활용한 노벨 엔지니어링 수업으로 학습자들의 참여도를 높임.
2	실제로 가기 힘든 독도 이야기	Cospaces Edu 기반의 노벨 엔지니어링 연구로 학습자들의 융합 인재 소양과 학습 몰입에 유의미한 변화를 확인함.

[표 1-3] 메타버스 기반 노벨 엔지니어링 선행 연구

인공지능 기반의 연구에 비해서 숫자는 부족하지만, 마인크래프트나 Cosapces Edu를 어울리는 도서 맥락과 함께 제공하여 유의미한 연구 결과를 도출했다는 점이 의미있다. 앞서 [표 1-1]에서 제시한 단발적인 메타버스 활용 수업과 달리, 책 속 문제를 해결하는 도구로써 메타버스를 활용하고 해결책을 학습자가 스스로 설계하며 기술의 영향력을 생각하는 이야기 바꾸어 쓰기 과정까지 어우러지는 프로젝트 수업인 것이다.

노벨 엔지니어링은 맥락과 문제 해결이라는 열쇠로 미래 교육의 지평을 한 발짝 넓힐 것이다. 노벨 엔지니어링 수업의 본격적인 흐름을 알아보자.

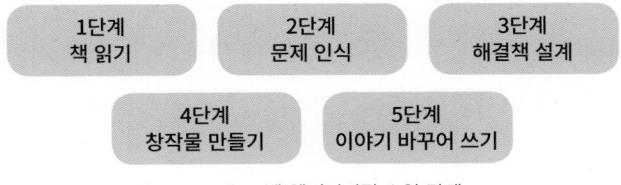

| 1단계 | 2단계 | 3단계 |
| 책 읽기 | 문제 인식 | 해결책 설계 |

| 4단계 | 5단계 |
| 창작물 만들기 | 이야기 바꾸어 쓰기 |

[그림 1-3] 노벨 엔지니어링 수업 단계

① 책 읽기: 수업의 주제가 되는 책을 읽으며 문제 상황에 빠져드는 단계이다. 교실 내 독서 활동이나 한 학기 한 권 읽기와 연계할 수 있다. 특히 노벨 엔지니어링 수업에서 가장 중요한 것은 '해결할 만한 여지가 있는 텍스트'의 여부이다. 해결할 만한 문제가 없이 이야기가 끝이 난다면, 문제 상황이 극에 치달았을 때 잠깐 책 읽기를 중단해도 좋다. 또 학급의 수준이나 공학 도구에 따라 도서를 골라보아도 좋겠다. (본 도서에서는 메타버스와 생성형 AI를 활용하는 노벨 엔지니어링을 제공하기 때문에 초등 중학년 이상을 추천한다.)

	3~4학년군	5~6학년군
이야기 소재	이야기 속 주인공의 문제 해결에 공감할 수 있는가?	사회적 이슈, 전래동화, 생활 속 문제 요소 (인권, 아동 노동, 인공지능, 환경 오염 등)
공학 도구	(과학 교과 학습이 처음 시작되는 시기로) 과학 요소가 결합된 문제 해결 도구	디지털 플랫폼, SW/AI 도구

[표 1-4] 노벨 엔지니어링 도서 선정 기준

② 문제 인식: 책을 읽은 후 책 속 문제 상황을 정교화할 수 있는 활동을 진행한다. 책 읽고 기억에 남는 장면을 이야기해 보는 활동보다 좀 더 문제 상황에 가깝게 다가 갈 수 있어야 한다. 주로 디자인 사고 기법이나 문제 해결 방안을 논의할 수 있도록

사고를 확장해 주는 활동으로 구성된다.

③ 해결책 설계: 등장인물에게 필요한 해결책이 무엇인지 구상해 보는 단계이다. 실현 가능한 해결책인지, 직접 구현할 수 있는지도 고민해 보자. 문제를 해결한다는 것은 책 속의 전체적인 맥락을 이해하고 있을 때 가능하다. 단순한 프로젝트 학습과 달리 실제적인 문제 해결 상황이 책으로 주어지기 때문에 학생들의 자유롭고 창의적인 대답이 쏟아진다.

④ 창작물 만들기: 이제 실제로 해결책을 만들어 볼 것이다. 학급의 상황에 따라 가위, 풀을 활용한 기초 공작부터 메이커, ICT 등 다양한 분야를 융합할 수 있다.

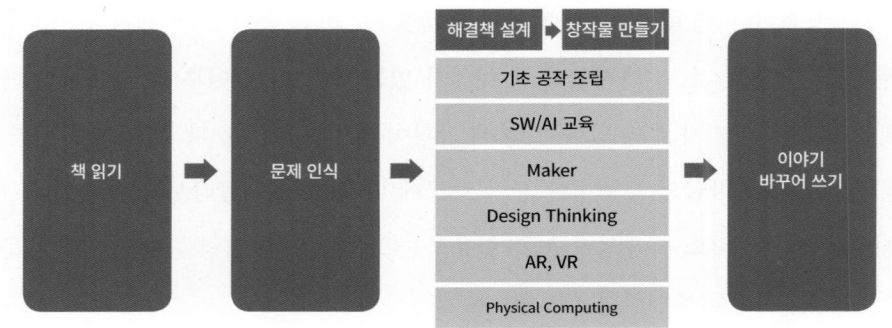

[그림 1-4] 해결책 설계와 창작물 만들기 단계의 다양한 분야

여기서 노벨 엔지니어링의 핵심을 짚고 가야 한다. **교사가 원하는 플랫폼이나 도구를 융합한다기보다는 책 속의 맥락과 문제 해결 기술이 부합하는지 유의할 필요**가 있다. 예를 들어 『아기돼지 삼형제』 동화에서 책 속 주인공들은 튼튼한 집을 지어야 한다는 문제에 봉착해 있다. 그때 마인크래프트라는 플랫폼을 선정하여 현실 세계와 비슷한 공간에 나만의 구조물을 지을 수 있다는 기술을 제공함으로써 노벨 엔지니어링의 맥락이 완성되는 것이다.

⑤ 이야기 바꾸어 쓰기: 이제 우리가 만든 해결책이 등장인물에게 어떤 새로운 결말을 가져다 줄지 상상하며 이야기를 바꾸어 나타낼 것이다. 학급 수준에 따라 연극, 시

쓰기, 책 표지 다시 그리기, 만화 그리기 등으로 활동을 구성해 보자. 더욱 다채로운 노벨 엔지니어링이 될 것이다. 이때 학생들이 직접 만든 문제 해결 도구나 체험해 본 기술을 바로 이야기로 끌고 오지 못할 수도 있다. 예를 들어 마인크래프트에서 집을 잘 짓는다고 해서 세상의 모든 사람이 튼튼한 집에 살 수 있는 것은 아니지 않는가? 이때 교사는 **마인크래프트와 같은 기술이 미래에 서비스로 제공된다면, 상용화되어 누구나 자신의 집을 디자인할 수 있게 된다면 어떨지, 계속 학생들의 사고를 확장시켜 주어야 한다.** 지금의 기술로는 구현할 수 없지만, 미래에 어떤 영향을 가지고 올지 생각해 볼 수 있도록 해 주자. 이 단계에서 인상 깊었던 것은 학생들이 누가 시키지 않더라도 자신이 설계한 해결책이나 체험해 본 기술이 사회적으로 어떤 결과를 줄지 고민하는 모습이었다. 기술이 발달할수록 부작용이나 소외되는 계층이 생길 수 있는데, 그런 부분까지 고려하며 새로운 이야기를 그리는 모습을 볼 수 있었다.

앞서 메타버스 교육의 새로운 지평을 열고, 생성형 AI를 활용할 기회를 제공하기 위하여 노벨 엔지니어링 수업 모델을 제안하였다. 학생들에게 맥락이 풍부한, 의미가 있는, 실제 삶과 연계되는 교육을 노벨 엔지니어링을 통해 제공해 보자. 이 책과 노벨 엔지니어링이, 새로운 기술을 찾아 헤매기보다 교육의 가치를 짚고 갈 수 있는 징검다리가 될 수 있기를 바란다.

1장

2장

3장

4장

5장

6장

7장

1장. 미래 교육을 위한 한 걸음, 노벨 엔지니어링

2장

/

AR로 만나는
3차원 입체 세상

PART

01

Why AR

2장에서는 AR이라고 불리는 증강현실(Augmented Reality)에 대해 다룰 것이다. 증강현실은 현실 세계 위에 컴퓨터 그래픽으로 구현되는 가상의 물체를 겹쳐 보이게 하는 메타버스의 유형을 말한다. AR을 이용한 학습의 가장 큰 장점은 학습자 개인의 적극적인 참여를 이끌어 학습 과정에 몰입시킨다는 것이다.

증강현실 AR의 교육적 효과에 관한 선행 연구를 [표 2-1]과 같이 분석하였다.

교과 및 주제	효과
과학	AR 활용 과학 수업의 결과 초등학생의 과학에 대한 태도 및 과학 자기 효능감이 유의미하게 향상되었음.
	증강현실 기반 학습에서 학습 효과에 직접 또는 간접 영향을 미칠 수 있는 요인인 감각적 몰두, 조작 가능성, 현존감, 학습 몰입의 요인들이 학습에 대한 만족도, 지식·이해, 적용의 학습 효과에 유의한 영향을 미치는 것으로 나타남.
영어	증강현실 기반 영어 학습에 대한 초등 영어 학습자들의 인식 연구 결과 영어 수업에서 증강현실 활용의 만족도, 필요성, 효과성이 높게 나타남.
사회	증강현실 지도 수업을 받은 학습자들이 전통적 강의식 수업을 받은 학습자들에 비해 학업 성취도가 높으며, 학습에 대한 흥미 유발뿐만 아니라 학습 후 자기주도적 학습 능력의 향상까지 기대할 수 있음.
수학	증강현실 기반 도형 영역 학습 효과 분석 결과 실험 집단의 학습자들은 통제 집단이 학습자보다 수업 흥미도 및 수업 만족도, 학업 성취도에서 통계적으로 높게 나타남을 확인하였음.

교과 및 주제	효과
미술	증강현실을 활용한 미술 수업이 학생들의 흥미를 유발하고 자기주도적인 미술 수업을 가능하게 해 주며 많은 자료를 쉽게 활용할 수 있어 다양한 표현을 손쉽게 할 수 있게 함.
역사	증강현실 활용 역사 독서가 초등학생들의 역사 독서 몰입과 역사 흥미 향상에 긍정적 효과가 있었음.
환경 교육	AR 콘텐츠 제작 활동과 연계한 기후 변화 교육 프로그램은 학습자가 학습에 대한 흥미와 몰입감을 높이고 기후 변화 현상을 시각화하여 기후 변화에 대한 이해를 심화하며, 궁극적으로 기후 변화에 관한 인식 및 태도를 개선하는 데 도움을 주었음.

[표 2-1] AR 선행 연구

증강현실 기반 교육의 장점을 크게 3가지로 정리하면 다음과 같다. **첫째, 학습자의 흥미 고취, 몰입도 향상을 통해 학습 동기를 강화한다. 둘째, 학습의 맥락을 만들어서 학습 효과를 상승시킨다. 셋째, 학습 콘텐츠와의 상호작용을 통한 학습자 참여도 및 주도성이 강화된다.** 기존의 학습에 비해서 AR은 시청각적인 효과로 실재감 있는 수업이 가능하게 하기 때문이다.

그런데 AR 활용 수업 구성 시 위의 장점 중 흔히 놓치는 부분이 바로 '학습의 맥락' 이다. AR이 가지는 특성 중 학습자의 시선을 끄는 시청각적인 부분에 집중하여 수업을 설계하다 보면, AR 기술을 체험해 보는 기능적인 수업으로 변질될 수 있다.

이에 본 도서에서는 **AR이 학습의 맥락을 만들어 주는 중요한 역할을 할 수 있도록 노벨 엔지니어링의 흐름을 적극 활용하였다.**

1장에서 소개할 AR 앱은 서커스AR^{circusAR}, 랜드스케이프AR^{LandscapAR}, 구글 아트 앤 컬처^{Google Arts & Culture}다. 다음은 앞으로 소개할 AR 연계 노벨 엔지니어링 수업에서 적용해 볼 수 있는 성취 기준의 예시다.

서커스AR (circusAR)	[4도04-01] 생명 경시 사례를 조사하고 문제 해결 방법을 탐구함으로써 생명의 소중함을 이해한다. [4도04-02] 인간과 자연이 함께 살아야 하는 이유를 이해하고 공생을 위한 구체적인 실천 계획을 세우며 생태 감수성을 기른다. [6도04-01] 지구의 환경 위기 상황을 이해하고, 이를 극복하기 위한 다양한 방안을 찾아 자신의 일상에서 실천하고자 노력한다. [6도04-02] 지속가능한 삶의 의미를 탐구하고 미래 세대에 대한 책임을 강화하여 자연의 다양성을 존중하고 생산성을 유지할 수 있는 미래를 위한 실천 방안을 찾는다. [4과14-03] 인간 활동이 생태계에 미치는 영향을 조사하고, 생태계 보전을 위해 우리가 할 수 있는 일을 토의하여 실천할 수 있다.
랜드스케이프AR (LandscapAR)	[4사05-01] 우리 지역을 표현한 다양한 종류의 지도를 찾아보고, 지도의 요소를 이해한다. [4사05-02] 지도에서 우리 지역의 위치를 파악하고, 우리 지역의 지리 정보를 탐색한다.
구글 아트 앤 컬처 (Google Arts & Culture)	[4미03-03] 미술 문화에 관심을 가지고 전시 및 행사에 참여할 수 있다. [4미03-04] 작품 감상에 흥미를 가지고 참여하며 작품에 대한 자신의 감상 관점을 존중할 수 있다. [6미03-03] 공동체의 미술 문화 활동에 관심을 가지고 참여하며 경험을 공유할 수 있다. [6미03-04] 다양한 방법을 활용하여 작품을 감상하며 작품에 관한 서로 다른 관점을 존중할 수 있다.

[표 2-2] 관련 성취 기준

PART

02

서커스AR(circusAR)

1. What is 서커스AR(circusAR)

1) 서커스AR(circusAR) 시작하기

A. 서커스AR(circusAR) 다운로드하기

자신이 사용하는 스마트 기기에 따라 구글 플레이나 앱 스토어에서 서커스
AR 어플을 검색한 후 다운로드한다.

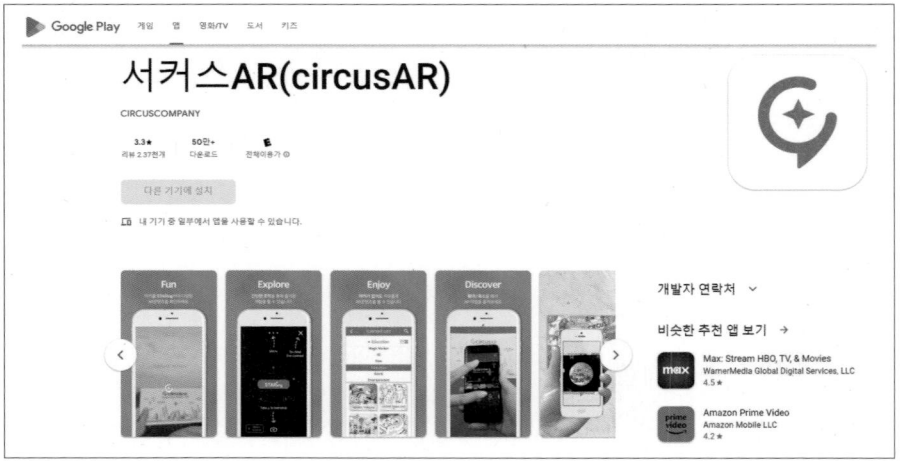

[그림 2-1] 구글 플레이 서커스AR^{circusAR} 다운로드 창

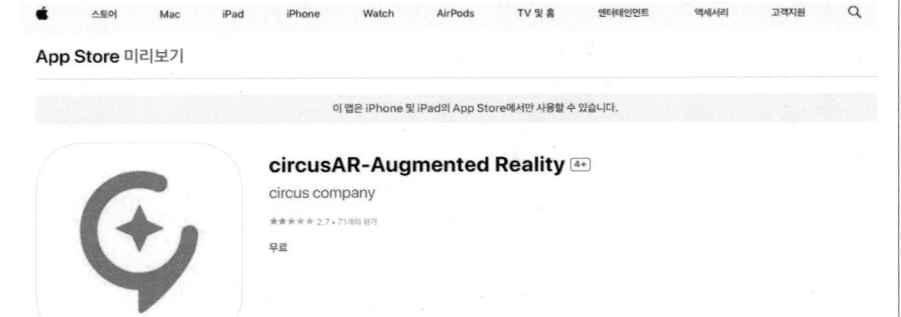

[그림 2-2] 앱 스토어 서커스AR^{circusAR} 다운로드 창

B. 서커스AR(circusAR) 실행하기

① 서커스AR^{circusAR}을 실행하면 안전 관련 문구가 나온 후 1~2초 후 다음 화면으로 넘어간다.

② 안전 유지에 관한 팝업창의 안내문을 숙지한다.

③ [확인]을 클릭한다.

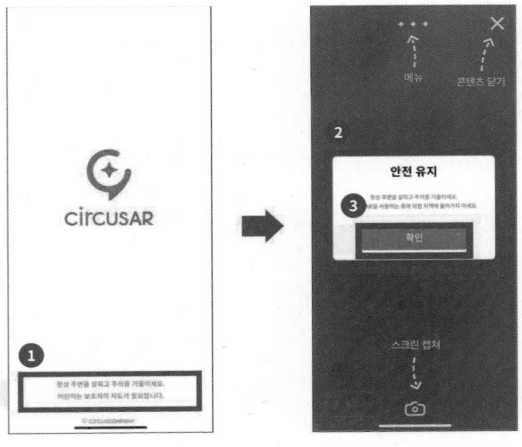

[그림 2-3] 서커스AR^{circusAR} 실행 시 첫 화면

④ [STARing]을 누르면 '인식할 마커를 기다리는 중' 이라는 문구와 함께 인식창이 뜬다.

⑤ [▶튜토리얼]을 누르면 서커스AR^{circusAR}의 사용 방법이 4단계로 안내된다.

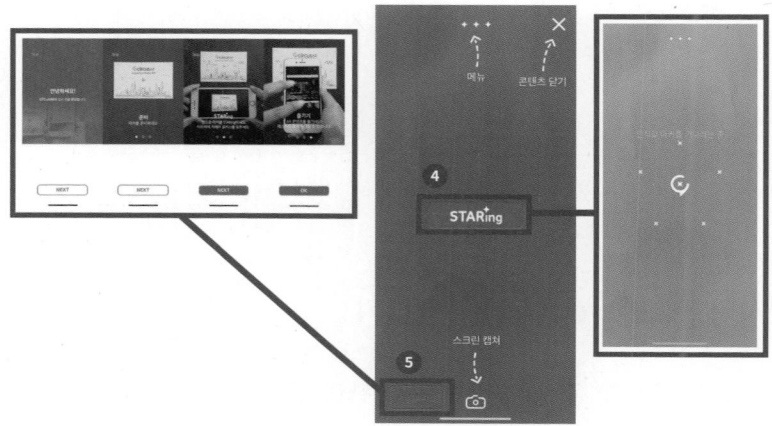

[그림 2-4] [STARing] 및 [▶튜토리얼]을 눌렀을 때의 화면

⑥ 상단의 별은 메뉴에 해당한다. 하나씩 눌러 서커스AR^{circusAR} 앱의 기능과 메뉴를 살펴보자.

⑦ [Content]: 서커스AR^{circusAR}에서 제공하는 마커들을 확인하고 다운로드할 수 있다.

⑧ [How]: 서커스AR^{circusAR} 화면 속 아이콘들의 각 기능에 대해 안내하는 메뉴다.

⑨ [Settings]: 캐시 삭제, 개인정보 취급 방침 등 앱과 관련된 환경을 설정한다.

[그림 2-5] 상단의 메뉴 아이콘을 눌렀을 때의 화면

2) 서커스AR(circusAR) 체험하기

A. 마커를 인식하여 AR 체험해 보기

　① AR을 체험해 볼 마커를 다운로드한 후 프린트하여 인식 창에 비추면 AR 콘텐츠가 로딩된다. 100% 로딩이 완료되면 AR이 시작된다.

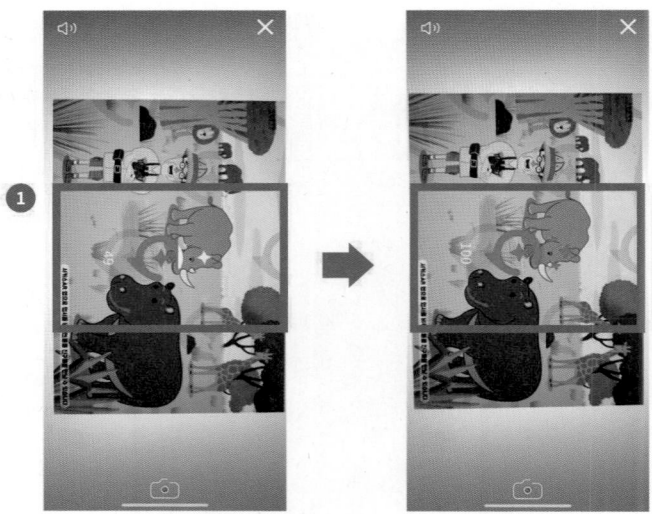

[그림 2-6] 서커스AR^{circusAR}에서 제공하는 마커를 인식했을 때 로딩 화면

② AR 콘텐츠가 시작된다. 화면 속 객체들과 상호작용하기 위해서는 각 아이콘을 눌러야 한다.

③ 현실 세계 다양한 공간에 가상의 물체들을 겹쳐 보이게 하며 AR을 체험해 볼 수 있다.

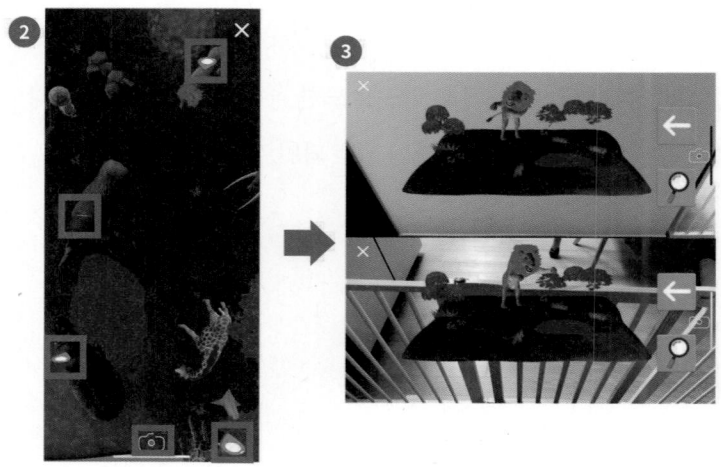

[그림 2-7] 로딩 100% 완료 후 AR이 구현된 화면

2. How to Class

　서커스AR(circusAR)을 활용한 노벨 엔지니어링 수업 사례를 살펴보자. 도서나 성취 기준, 수업 주제 등을 학교급 및 학급 특색에 알맞게 변형하여 활용할 수 있다.

도서	성취 기준	추천 수준
	[6도04-02] 지속가능한 삶의 의미를 탐구하고 미래 세대에 대한 책임을 강화하여 자연의 다양성을 존중하고 생산성을 유지할 수 있는 미래를 위한 실천 방안을 찾는다.	스마트 기기와 마커만 있어도 AR 기능을 이용할 수 있어서 전 학년 가능해요! 다른 메타버스에서 작품을 공유하는 활동을 추가한다면 5~6학년에게 추천해요!

1) 서커스AR(circusAR)에 국립 생태원 마커 인식하기

A. 서커스AR(circusAR) 앱에 국립생태원 마커 비추기

　① 국립생태원 홈페이지 게시판이나 서커스AR^{circusAR} 공식 블로그에서 국립생태원 입장권 이미지를 다운로드한다.

[그림 2-8] 국립생태원 입장권 이미지

1장　2장　3장　4장　5장　6장　7장

2장. AR로 만나는 3차원 입체 세상

국립생태원 홈페이지 게시판   서커스AR(circusAR) 공식 블로그

[그림 2-9] 국립생태원 입장권 마커 다운로드 사이트 QR 코드

② 서커스AR^{circusAR} 앱을 실행한 후 인식 창에 국립생태원 입장권 이미지를 인식시킨 후 100% 로딩이 끝날 때까지 기다린다.

[그림 2-10] 국립생태원 입장권 이미지 인식 후 로딩 화면

B. 이미지가 AR로 전환되는 장면 확인하고 동물 선택해 보기

① 3D로 구현된 동물들이 이미지 밖으로 뛰어나오는 오프닝을 감상한다. 동물들의 움직임과 울음소리를 통해 생동감 있는 AR을 경험해 볼 수 있다.

[그림 2-11] 국립생태원 입장권 이미지 인식 후 로딩 화면

② 스마트 기기의 방향을 이리저리 바꿔 가며 동물들을 위에서 본 모습, 옆에서 본 모습을 확인해 본다.

[그림 2-12] 스마트 기기의 방향을 회전했을 때 감상할 수 있는 동물들의 측면 모습

③ 정면으로 돌린 후, 동물들을 누르면 동물과 상호작용이 가능하다.

[그림 2-13] 정면으로 봤을 때 동물들의 모습

2) 여러 가지 동물을 AR로 만나고 멸종 위기 동물에 대한 정보 수집 하기

A. 동물들과 상호작용하기

① 자세히 보기: 동물에 대한 정보를 확인해 볼 수 있다.

② 사진 찍기: 동물의 크기와 위치를 다양하게 변형하여 사진을 찍어 보는 메 뉴다.

③ 돌아가기: 돌아가기를 누르면 여러 가지 동물들이 있는 오프닝 화면으로 다시 돌아온다.

[그림 2-14] 동물들과 상호작용할 수 있는 메뉴

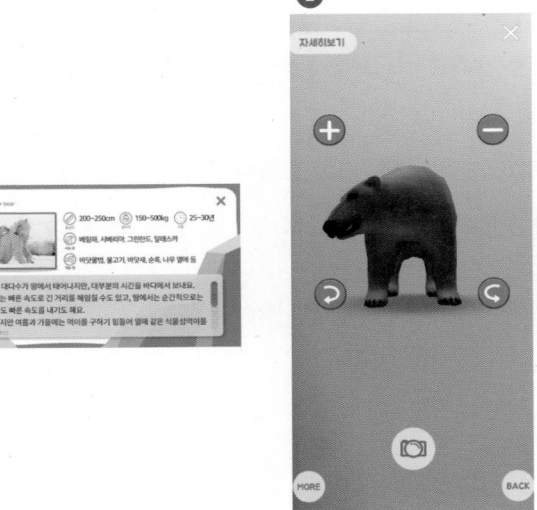

[그림 2-15] 자세히 보기, 사진 찍기, 돌아가기를 눌렀을 때 화면

B. 동물과 사진 찍어 보기

① 사진 찍기 버튼을 누르면 내가 원하는 동물이 3D 입체로 화면에 등장한다.

[그림 2-16] 사진 찍기 버튼을 눌러 원하는 동물이 나오는 화면

② 동물을 드래그해서 원하는 위치에 놓아 보거나 동물을 둘러싸고 있는 아이콘 ⁺, ⁻, ↺, ↻ 을 눌러 커진 모습, 작아진 모습, 왼쪽으로 돌린 모습, 오른쪽으로 돌린 모습을 확인해 본다.

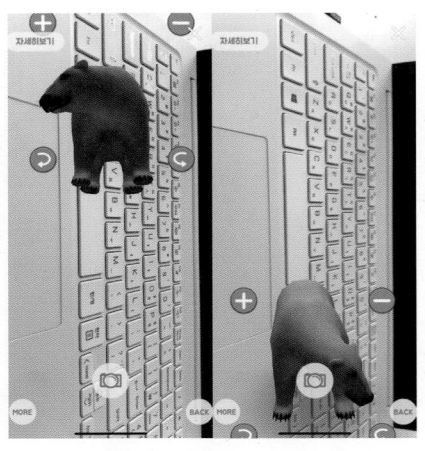

[그림 2-17] 동물을 드래그해서 원하는 위치에 놓은 모습

[그림 2-18] 동물을 둘러싸고 있는 아이콘 ＋, －, ↺, ↻ 을 누를 때 나오는 모습

　③ 상단의 자세히 보기 버튼을 누르면 동물에 대한 상세 정보가 뜬다. 하단의 MORE 버튼을 누르면 다른 동물들과 인터랙션 해 볼 수 있는 창이 뜨고, BACK 버튼을 누르면 첫 화면으로 돌아간다. MORE 버튼을 이용해 다른 동물들에 대해서도 알아본다.

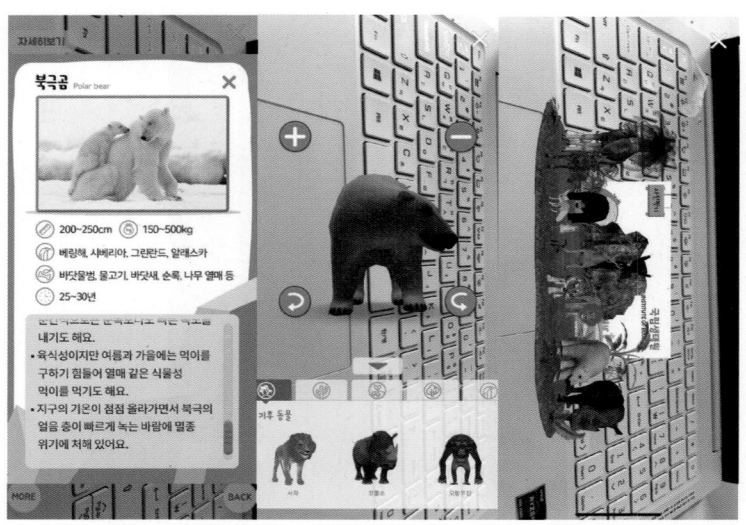

[그림 2-19] 상단의 자세히 보기 버튼을 눌렀을 때와 하단의 MORE, BACK 버튼을 눌렀을 때 화면

C. 멸종 위기 동물 알아보기

① 멸종 위기 동물을 조사해 본 후 해당하는 동물 하나를 선택한다. (반달가슴곰, 수달, 사막여우, 야생 낙타, 호랑이, 북극곰, 오랑우탄, 큰고니 등)

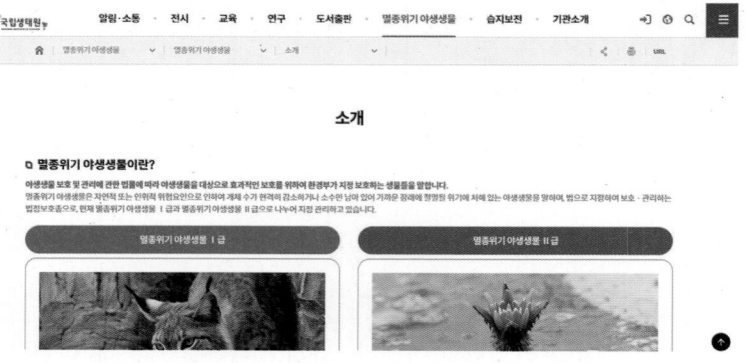

[그림 2-20] 국립생태원 홈페이지에 소개되어 있는 멸종 위기 야생동물

② 선택한 동물의 정보를 자세히 살펴보면서 동물의 서식 환경을 알아보도록 하자.

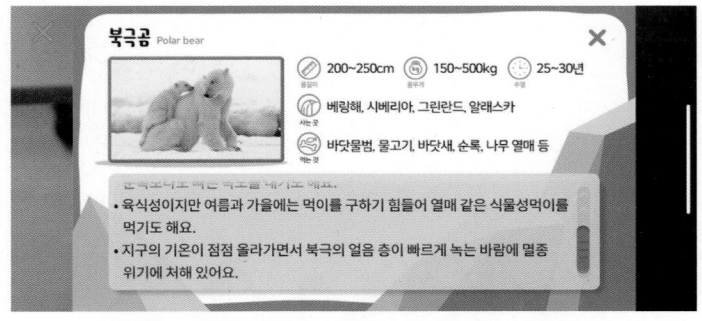

[그림 2-21] 서커스AR^{circusAR} 앱에서 선택한 멸종 위기 야생동물의 서식 환경 정보

3) 멸종 위기 동물 문제 해결해 보기

A. 책을 읽고 멸종 위기 동물이 살기 좋은 환경 생각하며 그려 보기

① 『북극곰 윈스턴, 지구 온난화에 맞서다』를 읽으며 북극곰이 터전을 잃어간 이유와 북극곰을 지켜 줄 수 있는 환경이 무엇인지 생각해 본다.

[그림 2-22] 『북극곰 윈스턴, 지구 온난화에 맞서다』의 장면

② 내가 선택한 멸종 위기 동물을 지켜 줄 수 있는 환경에 대해 생각해 보고 그림으로 그려 본다. 그리기 도구와 방식은 학급 수준과 조건에 맞추어 진행한다. 예를 들어 미술 시간과 연계해서 진행하고자 한다면 8절 도화지와 채색 도구를 활용할 수 있고, AI 교육과 연계하고 싶다면 '오토드로우' 등의 AI 미술 협력 도구를 사용하여 그려 볼 수 있다.

[그림 2-23] 오토 드로우를 활용하여 그린 북극

B. AR로 나타난 멸종 위기 동물을 그림 위에 올려 촬영하고 공유하기

① 내가 그린 그림 위에 서커스AR^{circusAR} 앱을 통해 등장한 AR 북극곰을 덧씌워 촬영한다. 캡처를 하거나 움직이는 모습을 화면 녹화할 수 있다.

[그림 2-24] 내가 그린 그림 위에 서커스AR^{circusAR} 앱을 통해 등장한 AR 북극곰을 덧씌워 찍은 사진

② 친구들과 작품을 공유한다.

[그림 2-25] 패들렛에 공유한 모습

C. 완성 예시

완성 예시 (1)	
완성 사진	완성 영상
완성 예시 (2)	
완성 사진	완성 영상

[표 2-3] 완성본 예시 QR 코드

PART

03 랜드스케이프AR(LandscapAR)

1. What is 랜드스케이프AR(LandscapAR)

1) 랜드스케이프AR(LandscapAR) 시작하기

A. 랜드스케이프AR(LandscapAR) 다운로드하기

구글 플레이에서 랜드스케이프AR 어플을 검색한 후 다운로드한다. 참고로
해당 어플은 iOS를 지원하지 않으므로 안드로이드 전용 스마트 기기를 이용해
야 한다.

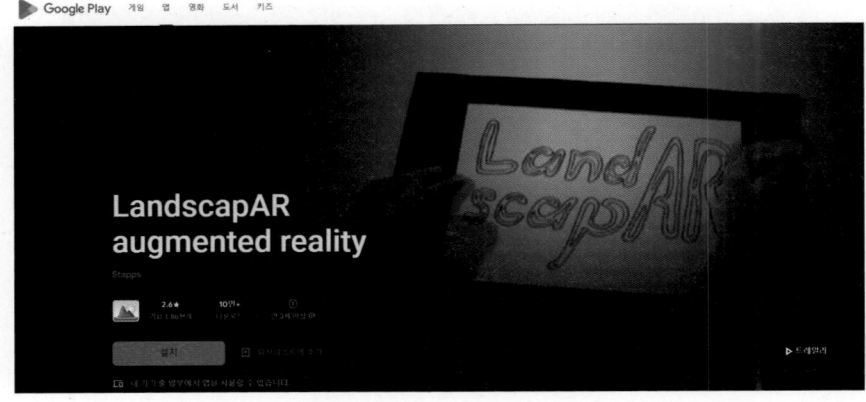

[그림 2-26] 구글 플레이 랜드스케이프AR ^{LandscapAR} 다운로드 창

B. 랜드스케이프AR(LandscapAR) 실행하기

① 랜드스케이프AR^{LandscapAR}을 실행하면 사진 촬영 및 동영상 녹화에 대한 허용 여부를 묻는 안내 창이 뜬다. '허용'을 누른다.

② 기기의 사진 및 미디어에 대한 액세스 허용 여부를 묻는 창이 나오면 역시 '허용'을 누른다.

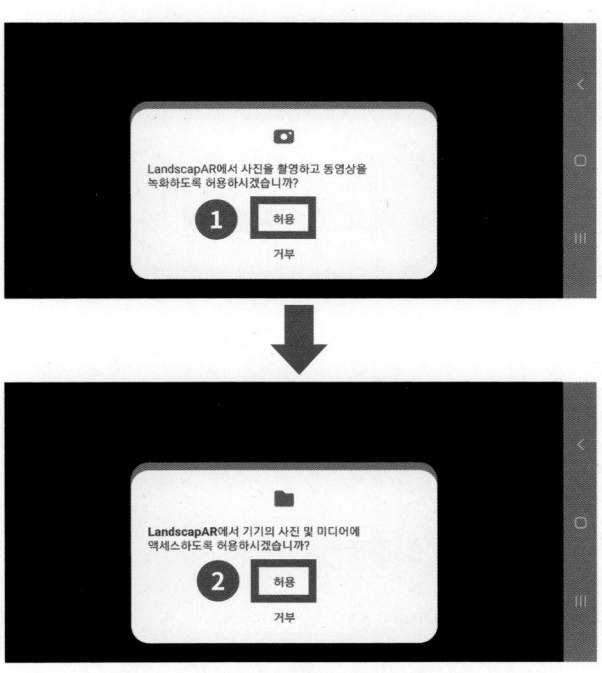

[그림 2-27] 랜드스케이프AR^{LandscapAR} 실행 시 첫 화면

③ 증강현실 앱을 사용할 때의 주의 사항에 대한 안내 창의 내용을 확인해 보고 숙지하였으면 화면 임의의 한 곳을 눌러 안내 창을 닫는다.

[그림 2-28] 증강현실 앱 사용 시 주의 사항에 대한 안내

④ [No paper found]라는 문구가 나오는 이유는, 카메라에 잡히는 배경이 종이와 같은 하얀색이기 때문이다. AR 앱이 종이를 선명하게 인식할 수 있도록 바닥에 검정 종이나 물체를 대고 종이를 올리면 카메라가 종이를 바로 인식한다. 인식이 완료되면 종이 주변으로 파란색 테두리가 생긴다.

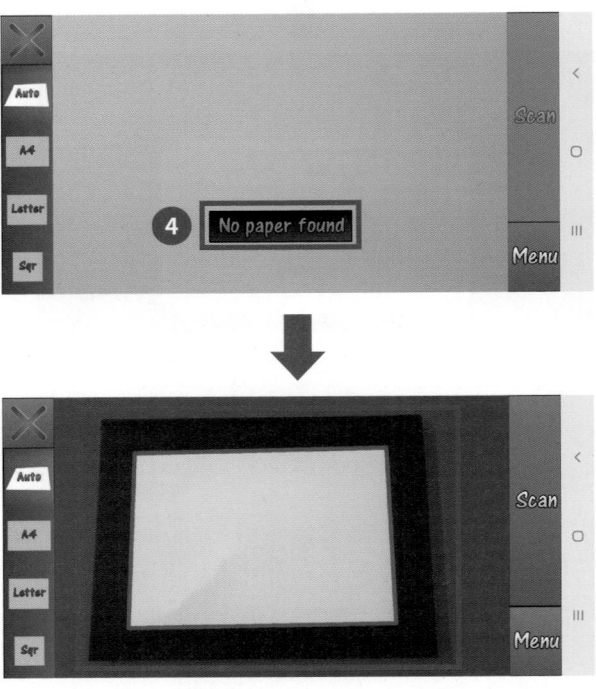

[그림 2-29] 증강현실 앱 사용 시 주의 사항에 대한 안내

⑤ 왼쪽에 위치한 종이 규격 선택 바를 누르면 해당 규격의 종이를 인식한다. [Auto]는 규격에 상관없이 화면에 비추는 종이를 인식한다.

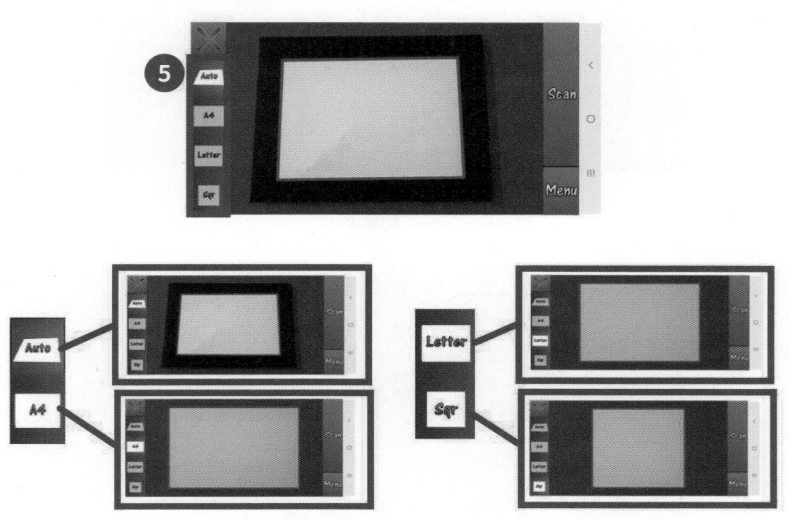

[그림 2-30] 종이 규격 선택 바

⑥ 앱의 우측 하단에 있는 Menu 버튼을 누르면 [Help], [About], [Community], [Privacy policy] 등 총 4가지의 세부 메뉴가 나온다.

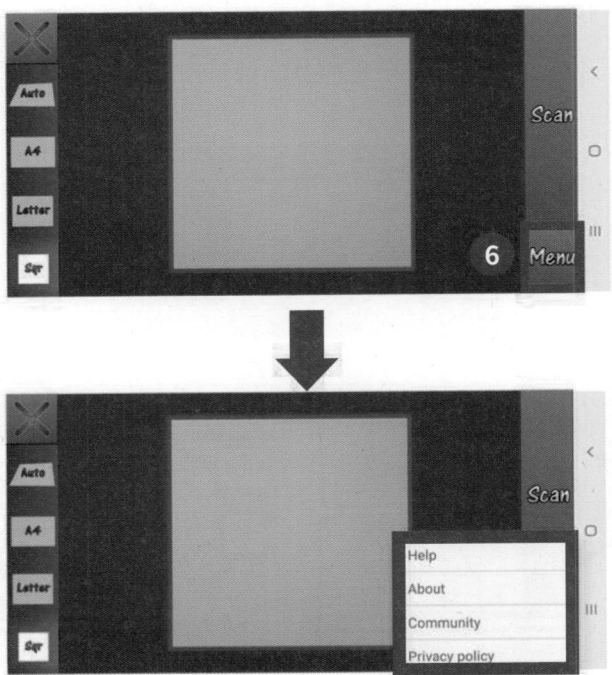

[그림 2-31] Menu 버튼을 누르면 나오는 메뉴바

• [Help]: 랜드스케이프AR^{LandscapAR}의 사용법에 관한 튜토리얼 영상을 유튜브
로 볼 수 있다.

• [About]: 랜드스케이프AR^{LandscapAR} 앱을 만든 사람들과 도움은 준 사람들에
대한 소개가 있다.

• [Community]: 랜드스케이프AR^{LandscapAR} 페이스북에 대한 소개가 있다.

• [Privacy policy]: 랜드스케이프AR^{LandscapAR}의 개인정보 처리 방침에 대한 안
내가 있다.

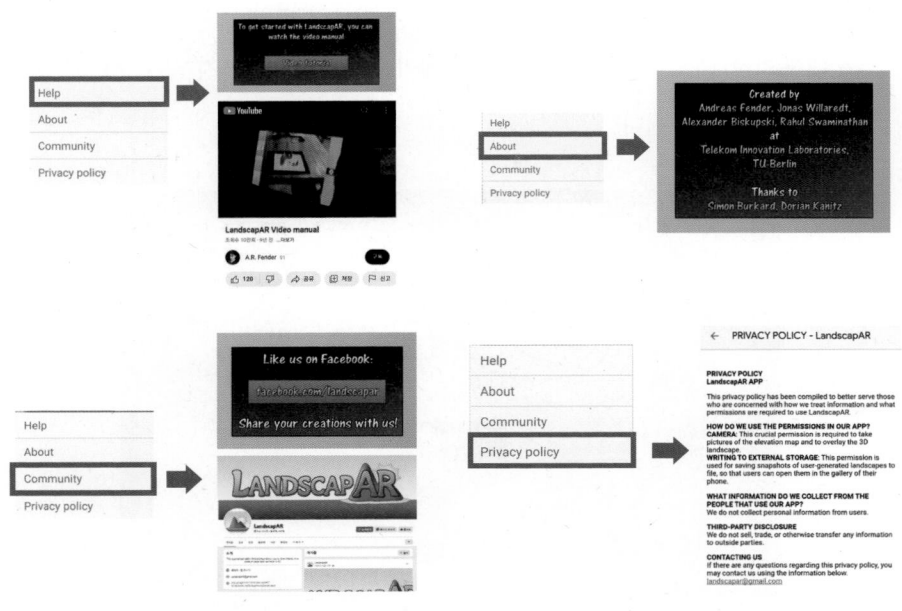

[그림 2-32] Menu의 세부 메뉴를 누르면 나오는 화면

2) 랜드스케이프AR(LandscapAR) 체험하기

A. 등고선을 인식하여 AR 체험해 보기

① AR을 체험해 보기 위에 종이 위에 등고선을 다양하게 그려 본다.

[그림 2-33] 종이 위에 등고선을 그린 후 비춘 모습

② 오른쪽의 [Scan] 버튼을 누르면 위와 같이 'Scanning', 'Hold still please' 라는 내용의 안내 문구가 뜬다. 이때 카메라의 위치를 바꾸지 않고 AR 로딩이 완료될 때까지 기다린다.

[그림 2-34] [Scan] 버튼을 누른 후 AR이 로딩되는 과정

③ AR 로딩이 완료되면 종이에 그린 등고선이 3D 입체 산 모양으로 구현되어 화면에 나타난다. 스마트 기기를 위, 아래, 좌, 우로 기울여 가며 3D 산의 여러 모습을 감상해 보자.

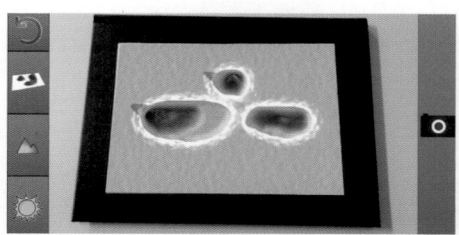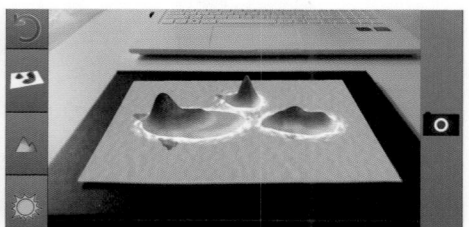

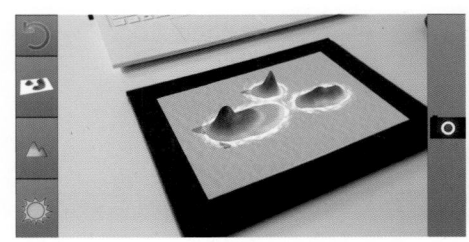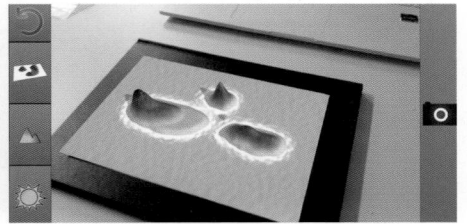

[그림 2-35] 스마트 기기를 위, 아래, 좌, 우로 기울여 본 3D 산의 모습

B. AR 저장 및 공유하기

① 오른쪽 카메라 버튼을 누르면, 누른 순간의 화면으로 정지되고 저장 및 공유 버튼이 나타난다.

[그림 2-36] 카메라 버튼을 눌렀을 때 나오는 저장, 공유 버튼

② 저장이나 공유 버튼을 누르면 'Please wait'라는 안내문이 뜬 후 SD카드를 삽입하라는 안내문이 뜬다. SD 카드가 없어 해당 카메라 버튼 기능을 사용하지 못하더라도 사용하고 있는 스마트 기기의 화면 캡처 기능으로 사진을 촬영할 수 있다.

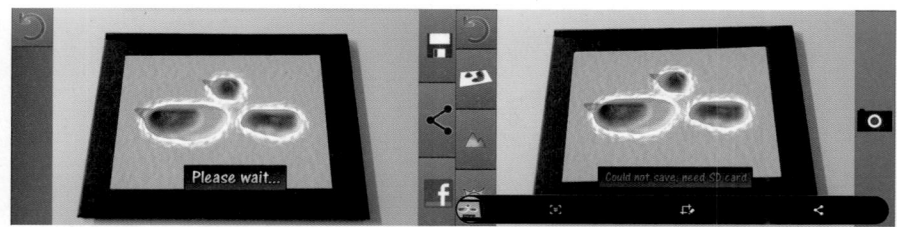

[그림 2-37] 저장, 공유 버튼을 눌렀을 때 화면

C. 다양한 옵션으로 AR 감상하기

　① 좌측 가장 위에 있는 종이 위의 산 모양 아이콘을 누르면 위에서 본 산의 정지된 모습이 화면에 나타난다. 이때는 카메라를 기울이더라도 변화 없이 정지된 사진만 보인다.

　② 중간에 위치한 산 모양 아이콘을 누르면 처음에 AR이 로딩됐을 때 산의 모습이 나타난다. 이때는 카메라를 기울여 여러 방향에서 본 산의 모습을 확인할 수 있다.

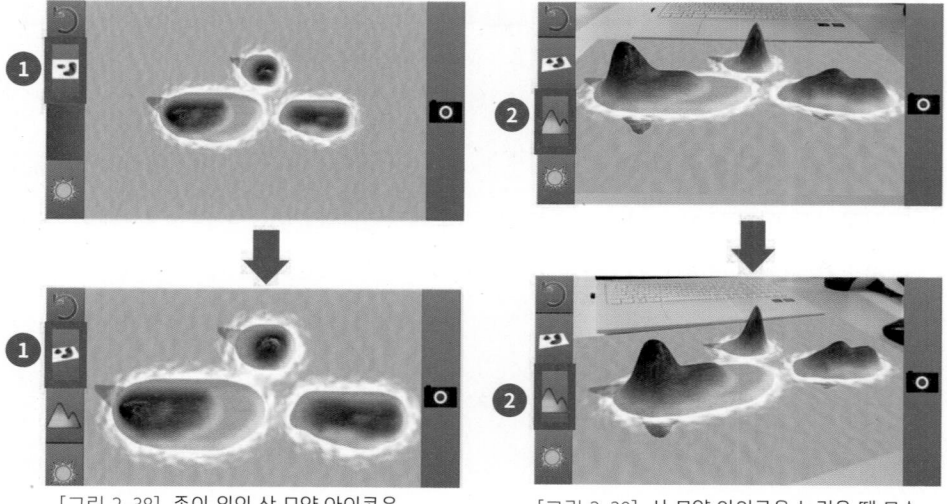

[그림 2-38] 종이 위의 산 모양 아이콘을
눌렀을 때 모습

[그림 2-39] 산 모양 아이콘을 눌렀을 때 모습

③ 마지막에 위치한 해 모양 아이콘을 누르면 그림자가 진 산의 모습을 확인할 수 있다.

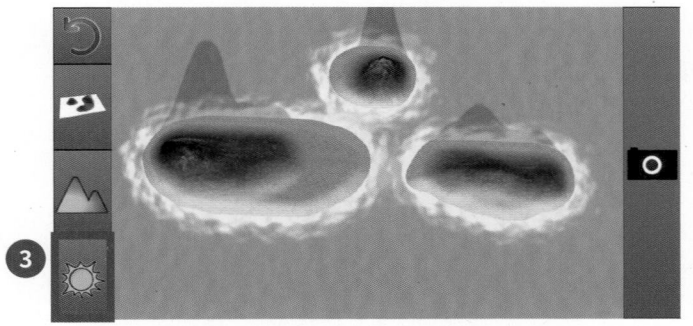

[그림 2-40] 해 모양 아이콘을 눌렀을 때 모습

2. How to Class

랜드스케이프AR(LandscapAR)을 활용한 노벨 엔지니어링 수업 사례를 살펴보자. 도서나 성취 기준, 수업 주제 등을 학교급 및 학급 특색에 알맞게 변형하여 활용하는 것을 추천한다.

도서	성취 기준	추천 수준
	[4사05-01] 우리 지역을 표현한 다양한 종류의 지도를 찾아보고, 지도의 요소를 이해한다.	스마트 기기, 종이, 펜만 있어도 AR 기능을 이용할 수 있어서 전 학년 가능해요! 단, 등고선의 개념이 어려울 수 있으니 지도의 요소에 대해 배우는 4학년 이상 추천해요!

1) 등고선 그려 보기

A. 내가 그리고 싶은 산을 디자인하고 등고선의 원리 알아보기

① 내가 그리고 싶은 산의 모양을 디자인하여 스케치한다.

[그림 2-41] 자신이 그리고 싶은 산의 모습

② 『이곳저곳 우리 동네 지도 대장 나기호가 간다!』에서 등고선에 대해 알려 주는 부분을 읽고, 등고선이 촘촘할수록 가파른 산을 표현한 것임을 이해한다.

[그림 2-42] 산과 등고선

B. 등고선 그려 보기

등고선을 그리는 원리에 따라 내가 디자인한 산의 등고선을 그려 본다.

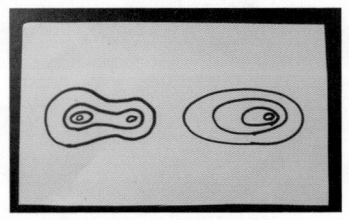

[그림 2-43] 디자인한 산 모양에 맞추어 그린 등고선

2) 내가 디자인한 산을 3D 입체로 만나기

A. 랜드스케이프AR(LandscapAR)를 이용해 등고선을 3D 산으로 변환시키기

① 내가 그린 등고선을 랜드스케이프AR(LandscapAR)에 비추고 스캔 버튼을 누른 후 기다린다.

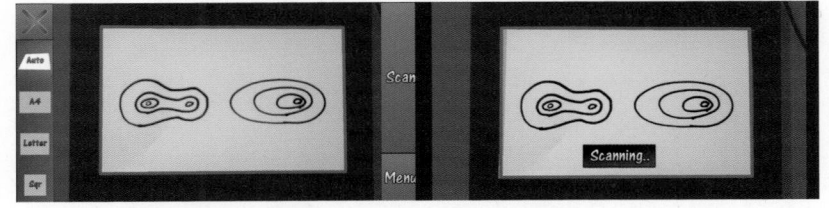

[그림 2-44] 내가 그린 등고선을 랜드스케이프AR LandscapAR에 비춘 모습

② 증강현실로 구현된 3D 입체 산을 여러 각도로 살펴보고 내가 디자인 산과 비슷한지 확인한다.

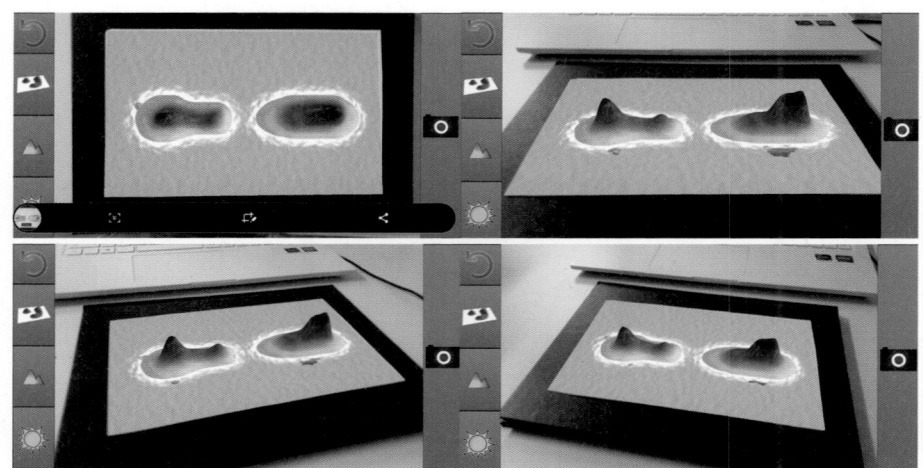

[그림 2-45] 증강현실로 구현된 3D 입체 산을 여러 각도에서 본 모습

B. AR로 나타난 3D 입체 산을 촬영하고 공유하기

AR로 나타난 3D 입체 산을 사진이나 동영상으로 촬영한 후 친구들과 작품을
공유한다.

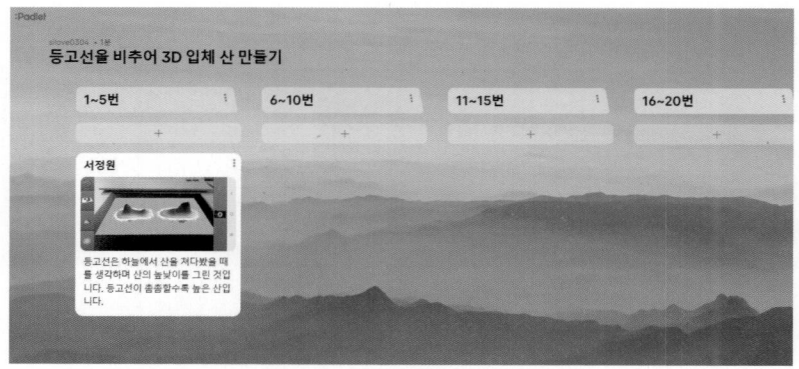

[그림 2-46] 패들렛에 공유한 모습

C. 완성 예시

완성 예시 (1)	
완성 사진	완성 영상
완성 예시 (2)	
완성 사진	완성 영상

[표 2-4] 완성본 예시 QR 코드

1장

2장

3장

4장

5장

6장

7장

PART
04

구글 아트 앤 컬처(Google Arts&Culture)
+ How to Project(집에서 즐기는 미술관 여행)

학교 현장에서는 교실이라는 한정된 공간과 정해진 수업 시수라는 한계점으로 인해 특정 대상을 실제로 체험해 보거나 감상해 보는 활동을 생략하는 경우가 많다. 증강현실로 이러한 교실 속 문제를 해결하여 보자. AR을 통해 시간을 들여 먼 곳까지 가지 않아도 다양한 미술 작품과 마주할 수 있을 것이다.

이번 장에서는 구글 아트 앤 컬처Google Arts & Culture의 AR 기능을 활용하여 증강현실로 전시회를 관람해 보는 노벨 엔지니어링 수업을 소개하려고 한다. 일반적인 수업으로 진행한다면 학생들은 해당 앱의 AR 기능에 대해 신기해하고 흥미를 느끼는 데 그친 채, AR 기술이 우리 생활에 필요한 이유에 대해서는 미처 생각하지 못할 수 있다. 그러나 노벨 엔지니어링 수업을 이용하면 책 속 등장인물의 문제 상황을 통해 미술관이나 박물관에 직접 방문하는 것이 어려운 상황에 공감하는 것이 가능해진다. 구글 아트 앤 컬처Google Arts & Culture의 Pocket Gallery AR로 몰입형 갤러리 둘러보기 메뉴를 이용해 랜선 전시회 관람 활동을 해 보자. AR을 통해 실감 나는 전시 관람을 해 보면서 증강현실 기술의 중요성과 가치를 깨달을 수 있을 것이다.

1. What is 구글 아트 앤 컬처(Google Arts & Culture)

1) 구글 아트 앤 컬처(Google Arts & Culture) 시작하기

A. 구글 아트 앤 컬처(Google Arts & Culture) 다운로드하기

자신이 사용하는 스마트 기기에 따라 구글 플레이나 앱 스토어에서 구글 아트 앤 컬처^{Google Arts & Culture} 어플을 검색한 후 다운로드한다. 참고로 웹상에서도 구글 아트 앤 컬처^{Google Arts & Culture} 사이트를 방문할 수 있는데, AR 기능은 모바일 앱으로만 체험할 수 있다.

[그림 2-47] 구글 플레이 구글 아트 앤 컬처^{Google Arts & Culture} 다운로드 창

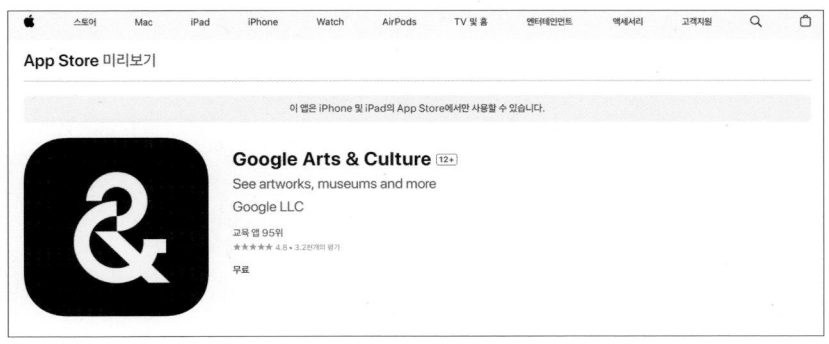

[그림 2-48] 앱 스토어 구글 아트 앤 컬처^{Google Arts & Culture} 다운로드 창

B. 구글 아트 앤 컬처(Google Arts & Culture) AR 기능 찾아보기

① 구글 아트 앤 컬처^{Google Arts & Culture}를 실행한 후 하단 가운데에 위치한 '재생' 버튼을 누르면 'Art Filter', 'Art Projector', 'Art Selfie', 'Art Transfer', 'Color Palette', 'Pet Portraits' 등 6가지의 체험 도구 메뉴를 확인할 수 있다.

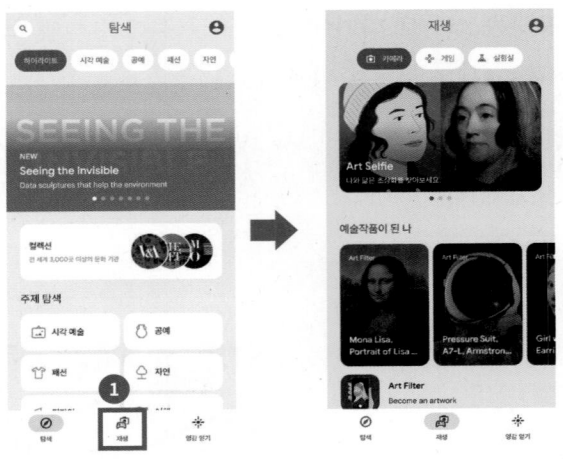

[그림 2-49] 구글 아트 앤 컬처^{Google Arts & Culture} 실행 후 '재생' 버튼을 눌렀을 때의 화면

② 'Pocket Gallery' 체험 도구를 선택하기 위해서는 홈 화면으로 돌아와 왼쪽 상단 검색 도구에서 'Pocket Gallery'를 입력하면 된다.

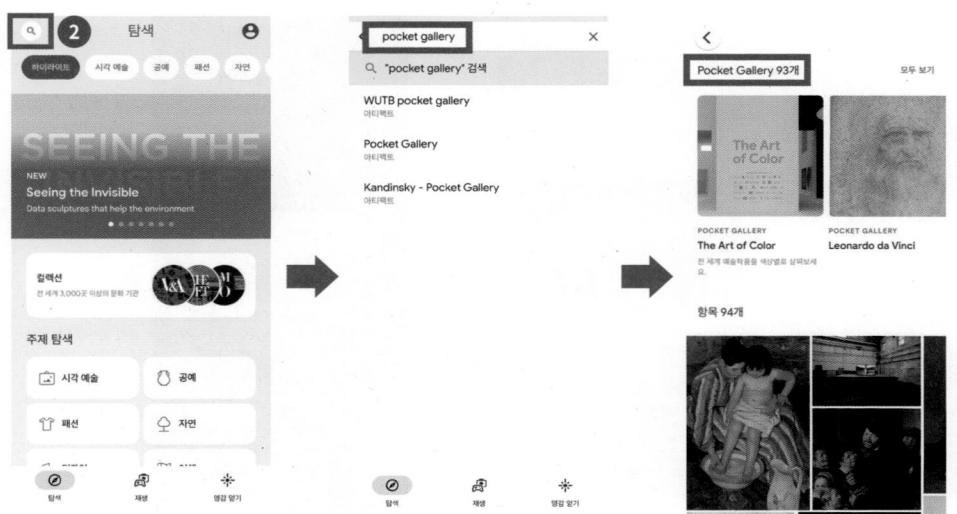

[그림 2-50] 구글 아트 앤 컬처 ^{Google Arts & Culture} AR 체험 입장 방법

2) 구글 아트 앤 컬처(Google Arts & Culture) 체험하기

A. Art Projector(예술작품 실제 크기로 감상하기) 체험해 보기

① 7가지 체험 도구 중 Art Projector 아이콘을 누른다.

② 카메라에 접근하는 것에 대한 허용 여부를 묻는 안내 창이 뜬다. '확인'을 누른다.

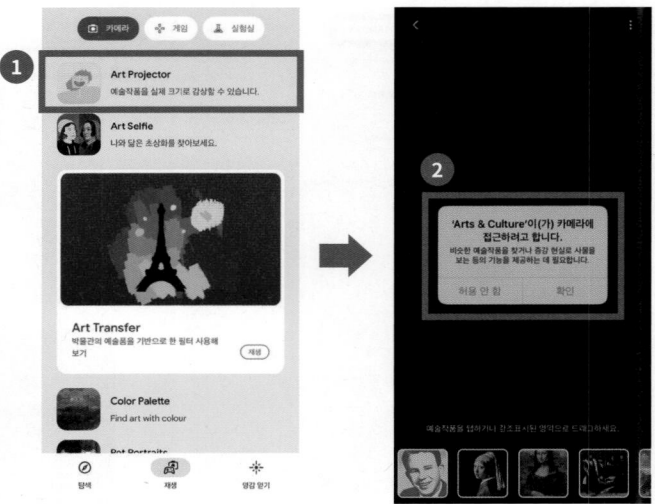

[그림 2-51] Art Projector 실행 시 첫 화면

③ 앱이 기기를 잘 인식할 수 있도록 안내 문구가 사라질 때까지 계속해서 움직여 준다.

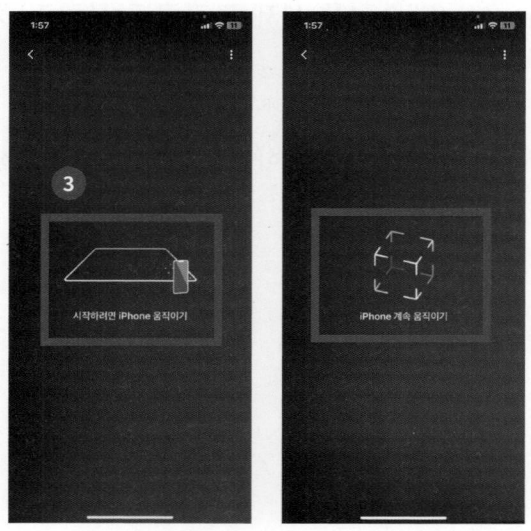

[그림 2-52] 기기를 계속해서 움직이도록 하는 안내 문구

④ 화면에 여러 점들이 표시되고 하단에는 원하는 예술작품을 고를 수 있는 선택 메뉴가 나온다.

⑤ 원하는 예술작품을 선택하면 여러 개의 점 중 하나의 점만 남게 되고 하나의 점으로부터 긴 선이 생긴다. 선을 따라 기기를 위로 올리면 내가 택한 작품이 실제 크기로 나타난다.

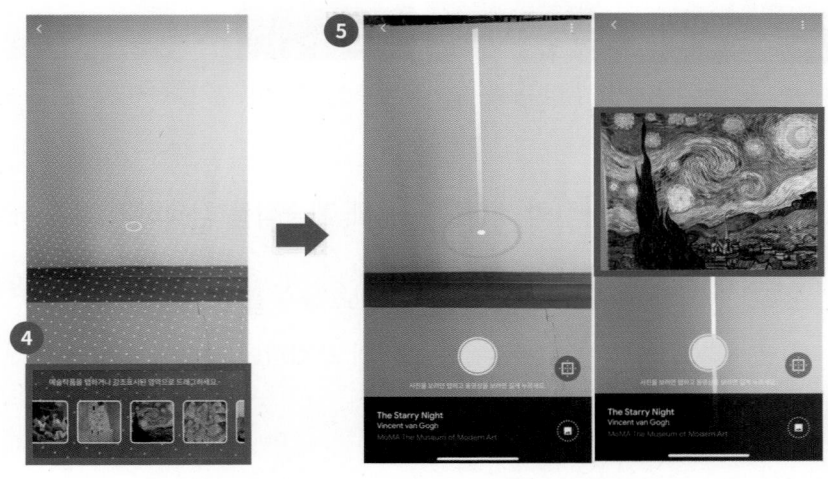

[그림 2-53] 예술작품이 현재 있는 공간에 실제 크기로 나타나는 과정

⑥ 현재 감상하고 있는 예술작품과 배경을 사진이나 영상으로 저장하려면 서터 모양 버튼을 누른다.

⑦ 한 번 누를 경우 사진이 저장된다. 이때 사용자에 사진에 대한 접근을 허용해 준다. 길게 누를 경우 영상이 촬영된 후 저장된다. 마이크에 대한 접근도 함께 허용해 준다.

⑧ 기기의 갤러리에 사진이나 영상이 잘 저장됐는지 확인한다.

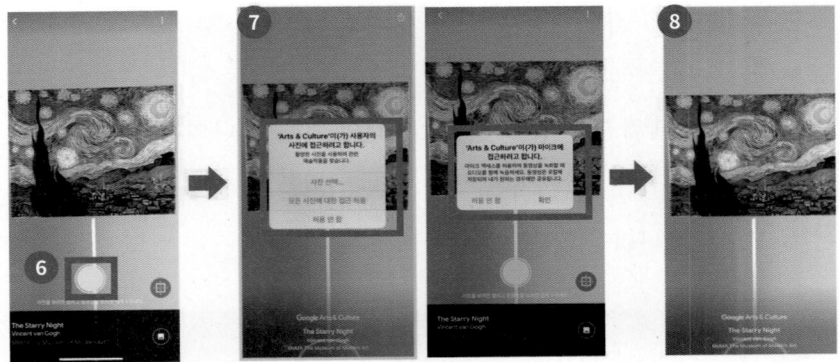

[그림 2-54] 현재 감상하고 있는 예술작품과 배경을 촬영한 후 저장하는 방법

B. Color Palette(사진의 색상을 사용해 예술작품 검색하기) 체험해 보기

① 7가지 체험 도구 중 Color Palette 아이콘을 누른다.

② 카메라로 직접 사진을 찍거나 기기의 갤러리에 저장되어 있는 사진을 불러온다.

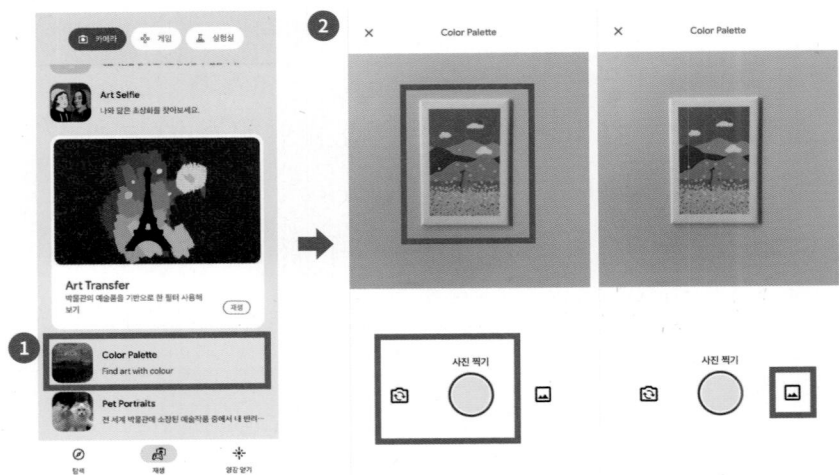

[그림 2-55] Color Palette 실행 후 사진 촬영 및 업로드 방법

③ 사진의 색상을 사용해 검색한 예술작품이 하단에 뜬다. 사진 속 색상의 위치를 바꾸고 싶으면 동그라미를 드래그하여 옮긴다. 동그라미의 위치가 바뀌면 또 다른 예술작품들이 하단에 뜬다.

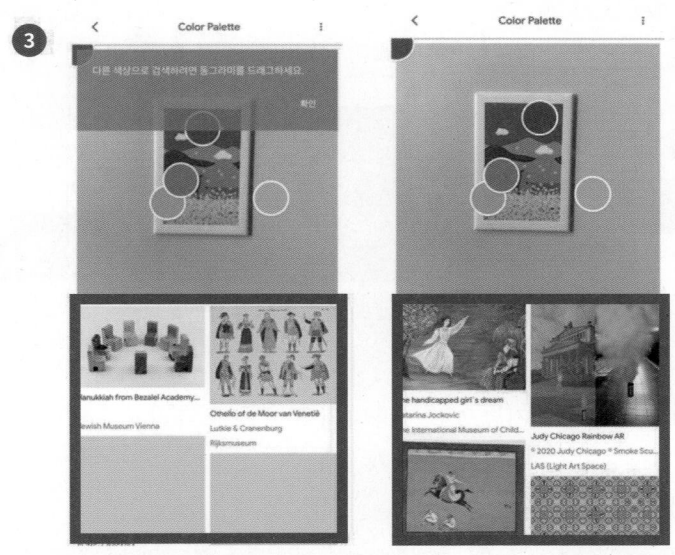

[그림 2-56] 동그라미를 드래그하여 움직이면서 사진 속 다양한 색상에서 예술작품을 검색하는 모습

C. Art Filter(박물관의 예술품을 바탕으로 AR 필터 사용하기) 체험해 보기

① 7가지 체험 도구 중 Art Filter 아이콘을 누른다.

② Art Filter의 증강현실 기능에 관한 안내와 체험 방법을 확인한다.

③ 아래의 여러 명화 중 한 가지를 선택하면 예술작품에 대한 설명이 나온다.

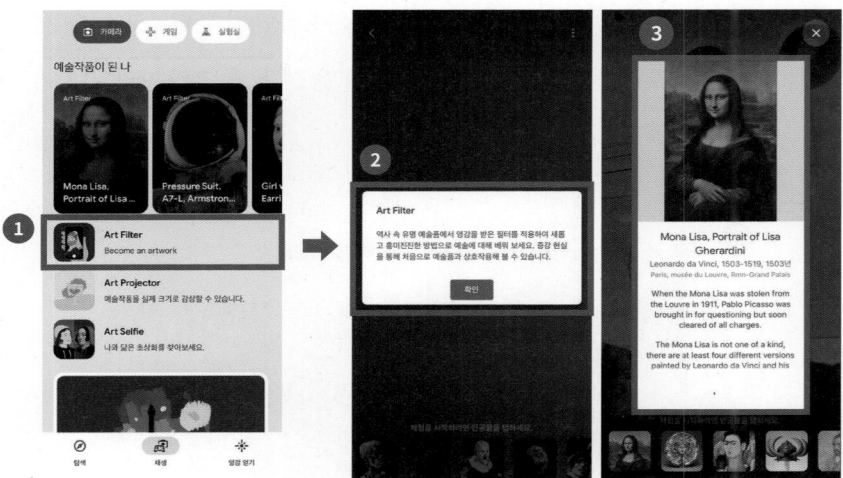

[그림 2-57] Art Filter 실행 시 첫 화면

④ Art Filter의 AR 기능으로 사용자의 모습에 모나리자가 덧씌워진 모습을 확인하며 표정을 바꿔 본다.

[그림 2-58] Art Filter의 AR 기능으로 사용자의 모습에 모나리자가 덧씌워진 모습

⑤ 표정뿐만 아니라 위치를 바꿔 가며 나만의 예술작품을 만들어 본다.

[그림 2-59] 기기의 카메라 위치를 위로 올려 인물의 배치를 다르게 한 모습

⑥ 가운데 셔터 버튼을 눌러 정지된 화면이 나오면 사진을 저장하거나 공유
한다.

[그림 2-60] 가운데 셔터 버튼을 누르면 사진이 자동으로 저장된다.

D. Pet Portraits(내 반려동물과 닮은 예술작품 찾아보기) 체험해 보기

① 7가지 체험 도구 중 Pet Portraits 아이콘을 누른다.

② 카메라로 직접 사진을 찍거나 기기의 갤러리에 저장되어 있는 사진을 불러온다.

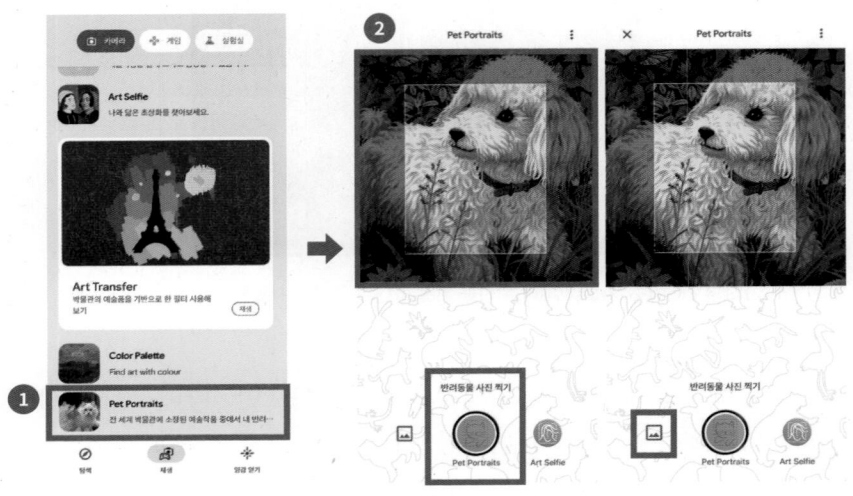

[그림 2-61] Pet Portraits 실행 후 사진 촬영 및 업로드 방법

③ 화면 위에 작은 흰 점들이 생기며 비슷한 예술작품을 찾는 과정이 진행된다.

④ 반려동물과 가장 비슷한 작품들이 일치하는 정도에 따라 순서대로 나열된다.

⑤ 목록 중 하나를 선택하면 작품과 일치하는 정도, 작품에 대한 정보가 나온다. 다시 찍기, 저장, 공유 등의 메뉴를 이용해 볼 수 있다.

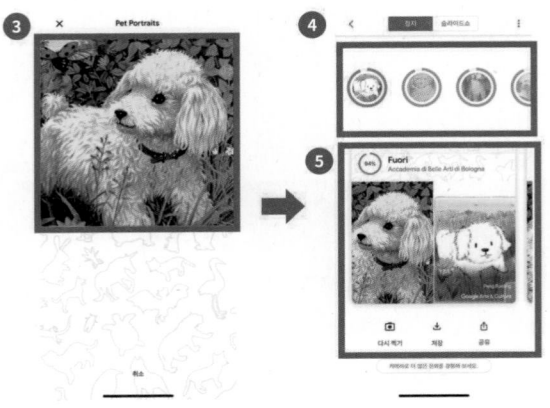

[그림 2-62] 반려동물 사진과 비슷한 작품을 찾는 과정과 결과

E. Art Transfer(사진을 찍어 고전 예술작품 스타일로 만들기) 체험 해 보기

① 7가지 체험 도구 중 Art Transfer 아이콘을 누른다.

② 카메라로 사진을 직접 찍는다. 다시 찍고 싶으면 하단의 다시 찍기 버튼을 누른다.

[그림 2-63] Art Transfer 실행 후 사진 촬영 및 업로드 방법

③ 아래의 고전 작품 스타일 중 하나를 선택하면 내가 찍은 사진이 예술작품
으로 변환된다.

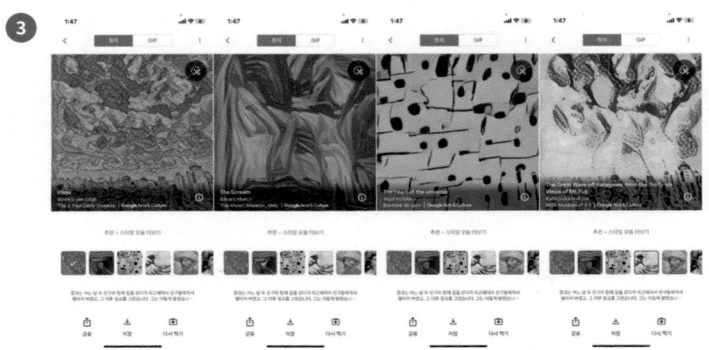

[그림 2-64] 선택한 스타일에 따라 예술작품으로 변환된 사진

④ 아래의 '스타일 모음 더보기'를 누르면 더 많은 스타일을 확인할 수 있다.

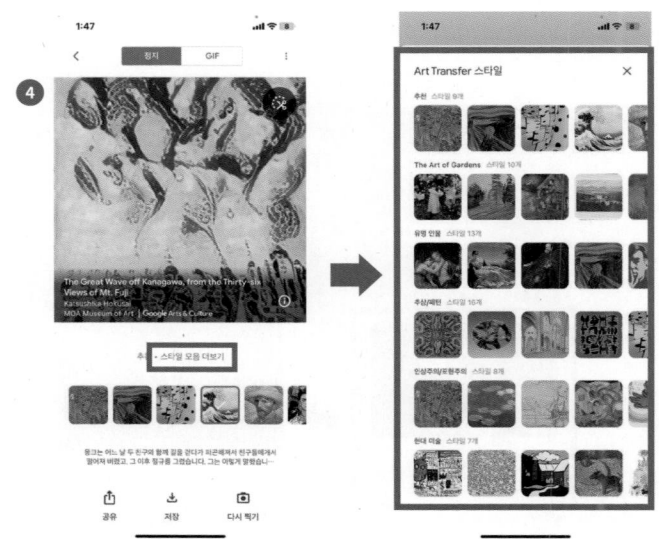

[그림 2-65] '스타일 모음 더보기' 버튼을 눌러서 나온 여러 가지 예술작품 스타일

F. Art Selfie (나와 닮은 초상화 찾기) 체험해 보기

① 7가지 체험 도구 중 Art Selfie 아이콘을 누른다.

② 카메라로 직접 셀피 사진을 찍는다.

[그림 2-66] 'Art Selfie' 실행 후 사진 촬영 및 업로드 방법

③ 셀피 사진 위에 작은 흰 점들이 생기며 비슷한 초상화를 찾는 과정이 진행된다.

④ 내 사진과 가장 비슷한 작품들이 일치하는 정도에 따라 순서대로 나열된다.

⑤ 목록 중 하나를 선택하면 작품과 일치하는 정도, 작품에 대한 정보가 나온다. 다시 찍기, 저장, 공유 등의 메뉴를 이용해 볼 수 있다.

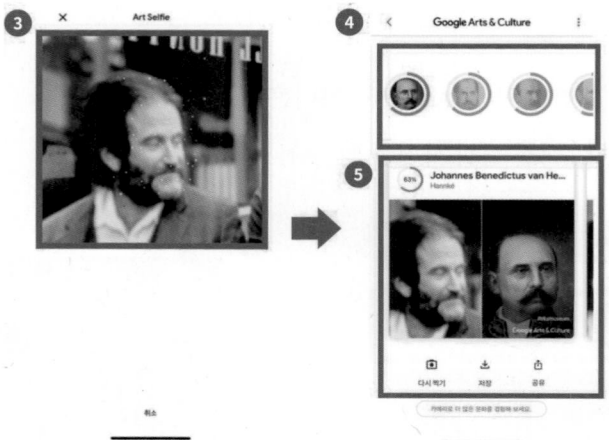

[그림 2-67] 내 사진과 비슷한 초상화 작품을 찾는 과정과 결과

G. Pocket Gallery (AR로 몰입형 갤러리 둘러보기) 체험해 보기

① 7가지 체험 도구 중 Pocket Gallery 메뉴에 들어간 후 원하는 전시회를 선택한다.

② 앱이 기기를 잘 인식할 수 있도록 안내 문구가 사라질 때까지 계속해서 움직여 준다.

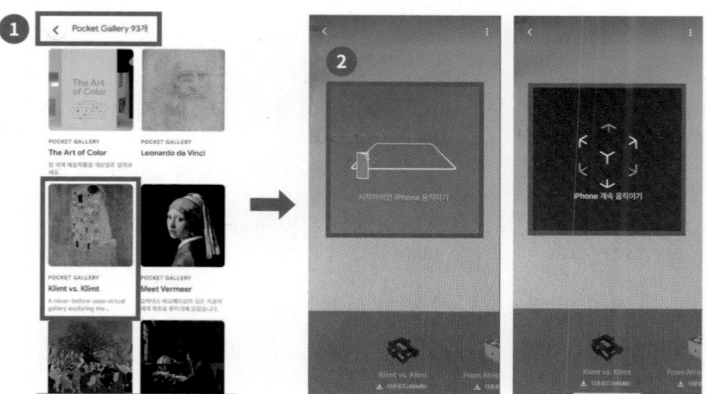

[그림 2-68] Pocket Gallery 실행 시 첫 화면

③ 기기를 인식했으면 화면에 동그란 구멍 모양이 생긴다. 하단의 여러 가지 전시회 중 원하는 전시를 누른다.

④ 다운로드가 완료되면 해당 전시에 대한 정보가 뜬다.

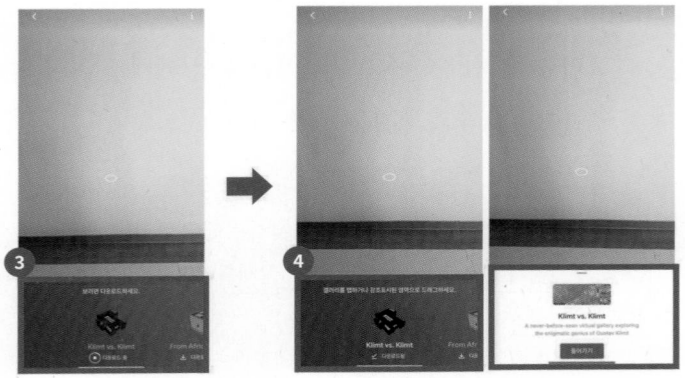

[그림 2-69] 원하는 전시를 다운로드하는 모습

⑤ 선택한 전시가 현재 내가 있는 공간에 실제 크기로 나타난다. 자유롭게 돌아다니며 AR로 구현된 몰입형 갤러리를 둘러본다.

[그림 2-70] 갤러리가 현재 있는 공간에 실제 크기로 나타나는 과정

2. 성취 기준 및 노벨 엔지니어링 수업 구성

　　AR이 가지는 장점은 멀리 가지 않아도 내가 있는 현재 자리에서 원하는 대상을 볼 수 있다는 점이다. 이러한 AR의 강점을 살린 주제를 선정하여 노벨 엔지니어링 기반 수업을 소개하고자 한다.

　　본 장에서는 AR 몰입형 갤러리를 이용하여 미술 수업 과제를 해결하지 못하여 난관에 봉착한 책 속 주인공들의 문제를 해결해 볼 것이다.

> [6국05-06] 작품을 읽고 자신의 삶과 연관 지어 성찰하는 태도를 지닌다.
> [4사09-01] 생활 주변에서 찾을 수 있는 여러 가지 문제를 파악하고, 그 문제를 합리적으로 해결하는 능력을 기른다.
> [6실03-01] 발명의 의미를 이해하고, 일상생활을 바꾼 발명품을 탐색하여 발명과 기술에 대한 중요성과 가치를 인식한다.
> [6미02-05] 미술과 타 교과의 내용과 방법을 융합하는 활동을 자유롭게 시도할 수 있다.
> [6미03-03] 공동체의 미술 문화 활동에 관심을 가지고 참여하며 경험을 공유할 수 있다.

차시	노벨 엔지니어링 수업 단계	활동
1~2차시	① 책 읽기 ② 문제 인식	▷ 『미술관 추격 사건』 동화 읽기 ▷ 기사문으로 바꾸어 쓰기
3~5차시	③ 해결책 설계 ④ 창작물 만들기	▷ 문화생활 AR 앱 조사 및 선정하기 ▷ AR 미술관 인증 사진 찍고 공유하기
6~7차시	⑤ 이야기 바꾸어 쓰기	▷ 이야기 바꾸어 쓰기 ▷ 미술 문화 생활화하기

3. 책 읽기 [NE 1단계]

『미술관 추격 사건』박그루 글, 김주경 그림, 밝은미래

학교에서 내준 미술 감상문 숙제를 인터넷에서 베껴 써서 제출하게 된 주인공들. 결국 미술관에 직접 방문하지만 안타깝게도 한 친구는 시간에 쫓겨 숙제할 작품을 찾지 못한 채 집으로 향하게 된다. 누군가에게는 미술관이나 박물관에 방문하는 것이 어려운 일이 될 수 있다. 책에 등장하는 어린 친구들을 비롯하여 장애를 가진 사람들, 시간과 비용 면에서 여유가 없는 사람들이 그렇다.

　구글 아트 앤 컬처Google Arts & Culture 와 같은 다양한 AR 앱을 활용한다면 미술관이나 박물관에 직접 가지 않아도 멋진 작품들을 감상하는 특별한 미술 체험 활동을 할 수 있다. 여기에 노벨 엔지니어링과 함께라면 주인공들의 문제에 공감함으로써 AR 기술의 필요성 역시 느낄 것이다.

4. 문제 인식 [NE 2단계]

　이야기를 다른 양식의 글로 바꾸어 써 보는 활동은 문장 하나하나에 집중하여 글을 읽은 학생들이 사건에 대해 한 번 더 정리하고 이야기 전체를 넓은 시야로 보게 해 준다. 즉 나무가 아닌 숲을 봄으로써 이야기 전반에 나타나는 문제에 대해 인식하고 원인과 결과를 생각해 볼 수 있는 셈이다.

　특히 기사문은 육하원칙에 따라 제삼자의 눈으로 쓰는 글이기 때문에 이야기 속 문제를 더 정확하게 인식할 수 있도록 도와줄 수 있을 것이다. 문제를 객관적이고 정확하게 파악하는 과정을 통해 수업에 몰입하고 맥락을 더하는 시간을 가져 보자.

[기사문으로 바꿔쓰기]

〈미술관 추격 사건〉을 기사문으로 바꿔 써봅시다.

1. 이야기의 인물, 배경, 사건을 육하원칙으로 간단하게 요약해봅시다.

누가	
언제	
어디서	
무엇을	
어떻게	
왜	

2. 위의 육하원칙을 바탕으로 기사문을 써봅시다.

[그림 2-71] 기사문으로 바꿔쓰기 활동지 예시

5. 해결책 설계 [NE 3단계]

　이번에는 문제 상황을 AR의 특성과 연결해 보자. 미술관이나 박물관의 명화와 작품들을 직접 가지 않고도 내가 있는 곳에서 즐길 수 있다면 어떨까? 우리가 앞에서 체험해 보았던 구글 아트 앤 컬처(Google Arts & Culture)와 같이 세계 미술관과 박물관의 작품들을 AR로 집에서 즐길 수 있게 해 주는 앱들이 많아지고 있다. 다음 예시를 참고해 보자.

[그림 2-72] 구글 아트 앤 컬처Google Arts & Culture, BBC문명AR BBC civilisations AR, 점프AR JumpAR

　이렇듯 상호작용을 바탕으로 적극적인 관람을 가능하게 해 주는 AR의 특성을 이용하여 학생들은 AR 전시회 관람을 하고 인증 사진을 남길 수 있다. AR 앱에 따라 제공하는 문화생활 콘텐츠가 다양하므로, 학생 스스로 자신에게 필요한 콘텐츠를 담은 AR 앱을 선정할 수 있도록 하자. 하지만 앱 선정 시 콘텐츠의 내용이나 나이 제한에 관해서는 수업 전 교사가 확인할 것을 권한다.

[문화생활 AR 앱 조사하기]

AR로 집에서 문화생활을 즐길 수 있게 해주는 앱들을 조사해봅시다.

| ▶ Google Play | Q 전시 AR, 문화 생활 AR, 미술관 AR, 박물관 AR, 음악회 AR 등 | × |

| App Store | Q **전시 AR, 문화 생활 AR, 미술관 AR, 박물관 AR, 음악회 AR 등** |

[문화생활 AR 앱 선정하기]

1. 문화생활 AR 앱을 선정해보고 체크리스트를 작성해봅시다.

내가 선정한 문화생활 AR 앱	

	예	아니오
내가 원하는 콘텐츠가 있습니까?		
콘텐츠를 AR로 즐길 수 있습니까?		
앱의 사용 나이가 맞습니까?		

2. 내가 선정한 문화생활 AR 앱을 다운로드해보고 사용 방법을 익혀봅시다.

[그림 2-73] 문화생활 AR 앱 조사 및 선정하기 활동지 예시

6. 창작물 만들기 [NE 4단계]

A. 전시회 선택하여 들어가기

내가 선정한 AR 앱을 이용하여 미술관 전시회를 증강현실로 관람한 후 인증 사진이나 영상을 남겨 보자. 구글 아트 앤 컬처^{Google Arts & Culture}에서 전시회를 관람하기 위해서는 Pocket Gallery 메뉴에 들어가 전시를 다운로드해야 한다. 이때 학생들이 원하는 전시를 자유롭게 선택할 수 있도록 한다.

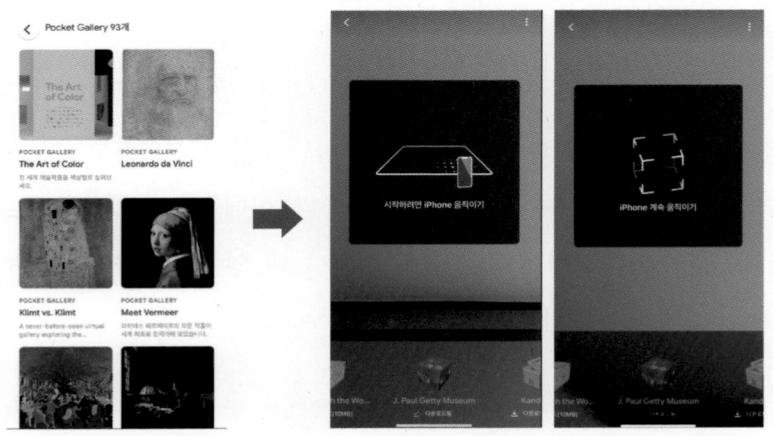

[그림 2-74] 구글 아트 앤 컬처^{Google Arts & Culture}의 Pocket Gallery에서 전시를 다운로드하는 장면

B. 전시회와 작품 정보 확인하기

구글 아트 앤 컬처^{Google Arts & Culture}의 장점은 단순히 작품만 사진이나 영상으로 띄워 주는 것이 아니라 전시회와 작품에 대한 여러 가지 정보를 안내해 준다는 점이다. 이러한 장점을 잘 살려 미술 교과의 감상 영역도 함께 지도할 수 있으니 참고해 보자.

1점

2점

3점

4점

5점

6점

7점

[그림 2-75] 구글 아트 앤 컬처 Google Arts & Culture 의 Pocket Gallery에서 전시를 관람하는 모습

C. 작품을 자세히 감상하기

작품을 자세히 감상할 때는 자신이 원하는 작품을 선택하고 충분히 관람할 수 있도록 시간을 여유롭게 부여해 주면 좋다. 이때 작품과 가까운 곳으로 다가가 작품을 누르면 그림에 대한 설명이 나오는데, 영어로 되어 있어 어렵다면 앱 내 구글 번역 버튼을 활용할 수 있다.

[그림 2-76] 작품과 가까운 곳으로 다가가 눌러 작품 설명을 확인하는 모습

D. 인증 사진 찍어 보기

이제 AR의 장점을 적극적으로 활용해 볼 시간이다. 지금 내가 있는 공간 위에 전시회의 모습을 덧씌워 인증 사진을 찍어 보자. 책 속 주인공들은 선생님께 미술 감상문 숙제를 낼 때 실제로 관람했다는 것을 증명하지 못하여 난감해하였는데, 이렇듯 AR을 이용하여 미술 작품을 관람한다면 내가 실제로 그 작품을 감상하였다는 것을 충분히 인증할 수 있다.

[그림 2-77] 내가 있는 곳에서 찍은 다양한 인증 사진

E. 친구들과 인증 사진 공유하기

자신이 찍은 인증 사진과 전시회 관람 및 작품 감상에 대한 소감을 공유함으로써 공동체의 미술 문화 활동에 참여해 보자.

[그림 2-78] 패들렛에 공유한 모습

F. 완성 예시

완성 예시 (1)	
완성 사진	완성 영상
완성 예시 (2)	
완성 사진	완성 영상

[표 2-5] 완성본 예시 QR 코드

7. 이야기 바꾸어 쓰기 [NE 5단계]

학생들은 이야기를 새롭게 구성하는 과정에서 문제를 합리적으로 해결한 것에 대한 성취감을 느끼고 우리 주변 여러 분야에서 AR 기술이 긍정적으로 활용될 수 있음을 다시 한번 느낄 수 있다. 즉 흥미나 재미 위주로 전락할 수 있는 AR 수업에서 이야기 바꾸어 쓰기 활동을 통한 마무리는 다시 한번 수업의 맥락을 상기시키고 배움을 생활 속으로 끌고 갈 수 있는 것이다.

나아가 AR 기술을 비롯하여 다양한 문화생활 콘텐츠를 쉽고 재밌게 즐길 수 있는 방법을 탐색하여 미술 문화를 생활화하는 활동을 추가할 수 있다. 생활에서의 불편함을 해결하기 위해 노벨 엔지니어링 수업으로 들어왔다면 이번에는 수업에서 얻은 것을 생활에 적용해 보자. 이렇듯 실생활로의 환류까지 더해진다면 더욱 기억에 남는 수업이 될 것이다.

[이야기 바꾸어 쓰기 활동지]

AR을 이용하여 미술 전시회를 관람할 수 있다면 주인공들에게는 어떤 일이 펼쳐질까요?

1. AR을 이용하여 미술 전시회를 관람하면 좋은 점을 써봅시다.

2. AR이 주인공들의 문제에 어떠한 도움을 줄 수 있는지 써봅시다.

3. 위 내용을 담아 〈미술관 추격사건〉을 새롭게 바꾸어 써봅시다.

[그림 2-79] 이야기 바꾸어 쓰기 활동지 예시

3장

/

코스페이시스 에듀(Cospaces Edu)로 내 눈 앞에 펼쳐지는 새로운 세상

PART

01

Why 코스페이시스 에듀(Cospaces Edu)

이번 장에서는 메타버스 중 가상현실^{Virtual Reality}에 대해 다룰 것이다. 가상현실은 간단하게 말하여 컴퓨팅 시스템, 그래픽 기술로 가상의 세계를 만드는 것을 말한다. 그 중 Cospaces Edu는 학습자가 다양한 오브젝트를 배치하고 프로그래밍할 수 있어 구성주의적 관점에서의 학습도 가능하다. 이렇듯 VR을 활용한 선행 연구를 [표 3-1]과 같이 분석하였다.

교과 및 주제	효과
과학	태양계(지구와 달) 단원의 교수학습 시 VR을 활용하여 과학 흥미의 긍정적인 영향을 확인하였음.
	신체의 구조와 기능(우리 몸의 소화와 순환) 단원 교수학습 시 VR을 통해 학습자들의 인지적 측면에 유의미한 효과를 줄 수 있었고, 몰입감이 강화되었음.
역사	과거의 일을 체험하는 방식의 VR 결합 방향성을 제시하였음.
미술	가상현실을 활용한 미술 감상 교수학습을 통하여 학습 동기의 유의미한 변화를 확인하였음.
창의적 체험활동 (진로)	VR을 활용한 진로 교육 프로그램을 통하여 진로 인식 변화의 긍정적인 효과가 나타남.
환경 교육	VR과 같은 기술과 환경 교육의 융합 필요성을 강조함.
역사	문화유산과 보훈 의식을 기르기 위한 새로운 역사 교육에서의 VR 기술의 방향을 제시하였음.
식생활 교육	푸드 시스템에 기반을 둔 지속 가능한 식생활 교육에서의 VR 교육 결합을 제시함.

[표 3-1] VR 선행 연구

기존의 VR 활용 교육 연구의 경우 이미 만들어진 시뮬레이션을 체험하는 방식으로 효과성을 분석하고 있다. 특히 시간적, 공간적 제약을 극복할 수 있다는 점과 학습자들의 몰입도를 자극할 수 있다는 점을 적극 활용한 것으로 판단된다. 더 나아가 최근 들어 활발해진 메타버스 교육 경향에 따라, 진로/환경 교육 등의 다양한 주제로 VR을 활용하고 있다. 그러나 교육 현장에서는 VR 기기 구매의 어려움 등을 이유로 연구 실행이 저조한 것이 아쉽다.

이러한 선행 연구에서 한 걸음 나아가, 본 도서에서는 학생들이 직접 VR을 구현하고 프로그래밍할 때의 교수학습 효과를 신장시키고자 한다. VR 제작의 효과는 무궁무진한데, **첫 번째로 자유도가 높다. 누구나 콘텐츠를 제작할 수 있는 것이다.** 콘텐츠 소비자에서 제작자로의 전환은 학습자의 주체성을 높인다. **두 번째로 몰입도가 높다. 특히 VR은 스토리텔링이나 게임화 학습 등으로 확장**될 수 있기 때문에 학습 흥미를 더욱 불러일으킬 수 있다. **셋째, 교실에서 제공하기 힘든 주제의 교육이 가능**하다. 앞서 선행 연구에서도 **안전사고 현장이나 소방 훈련, 수술 시뮬레이션 등의 분야의 활용도**가 높았듯이 교실에서도 마찬가지이다.

이제 단순한 체험형 교육이 아닌 VR 저작 과정을 통해 학생들의 몰입도와 흥미도를 높여 보자.

PART

02 코스페이시스 에듀(Cospaces Edu)

1. What is 코스페이시스 에듀(Cospaces Edu)

독일에서 만든 교육용 VR 저작 플랫폼이다. 다양한 오브젝트와 함께 코딩도 지원하고 있다. 교사용 계정으로 먼저 학급을 만들어 클래스를 관리하는 기능 또한 교수 학습에 효과적이다. 코딩까지 진행하는 것이 어렵다고 판단되면 3D로 보이는 오브젝트를 배치하고 간단한 애니메이션 효과만 넣어도 좋다. 웹 브라우저, 태블릿 둘 다 제작이 가능하고 핸드폰 앱을 다운로드하여 VR 모드로 만든 프로젝트를 감상할 수도 있다.

[그림 3-1] Cospaces Edu 플랫폼 화면

A. Cospaces Edu 시작하기

① 등록: 화면 상단 우측에서 등록하다 버튼을 찾을 수 있다.

[그림 3-2] Cospaces Edu 등록하기

B. 교사용 계정 만들기

① 선생님 유형 - 18세 이상 확인을 클릭한다.

② 간단한 이용 약관 동의 절차가 진행된다.

③ 애플, 구글, 마이크로소프트 계정과 연동할 것인지, 회원 가입을 진행할 것인지 묻는 창이 뜬다.

④ 회원 가입 시 활용한 계정으로 확인 메일이 온다.

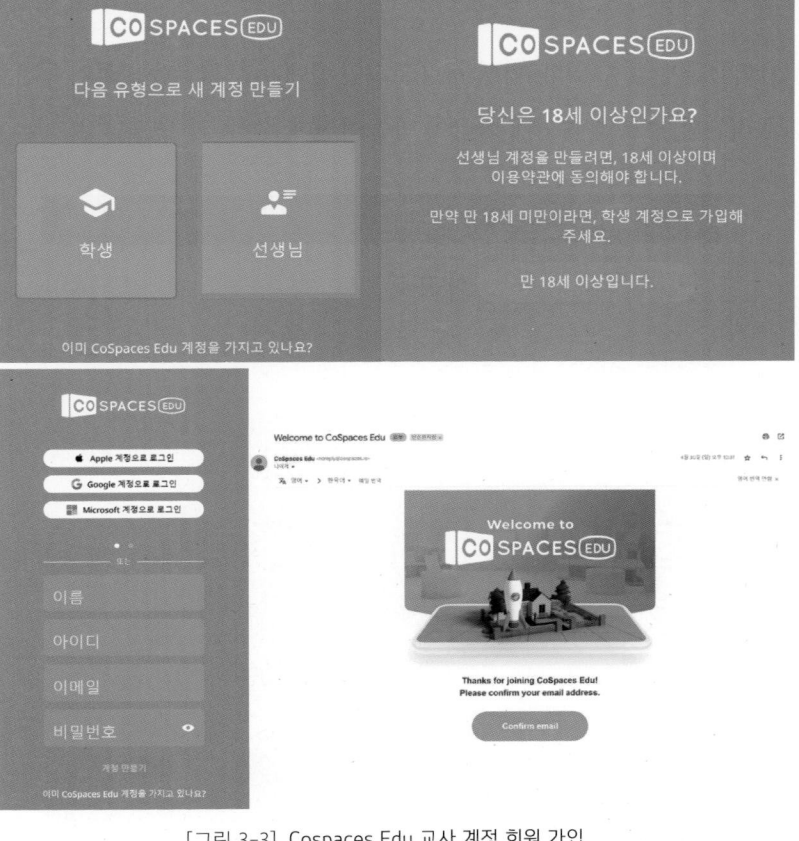

[그림 3-3] Cospaces Edu 교사 계정 회원 가입

C. 학급 만들기/계정 관리하기

① 학급을 만들 수 있다. 학생 계정 로그인 전에 미리 학급을 만들어 두자.

② 버튼만 누르면 손쉽게 학급이 만들어진다.

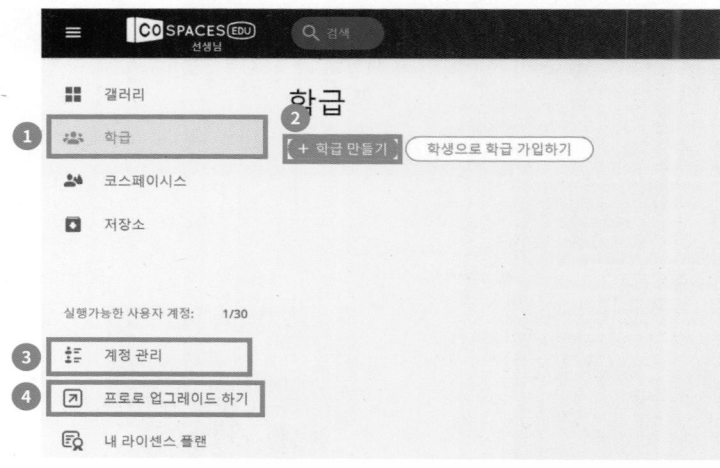

[그림 3-4] Cospaces Edu 교사용 화면

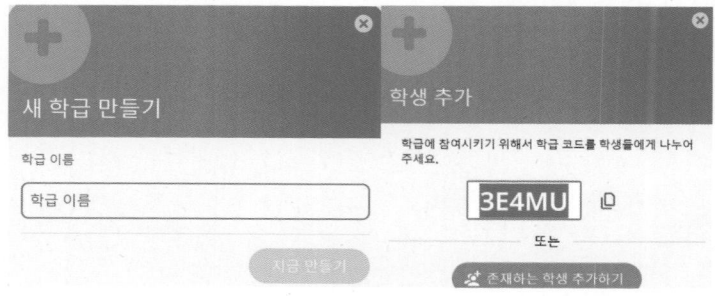

[그림 3-5] 학급 만들기 및 학급 코드

③ 메뉴를 클릭하면 라이선스 플랜을 구매하거나 체험판을 활성화시킬 수 있다.

㈜헬로소프트에서 코스페이스 프로 라이선스 키를 정식으로 구매할 수 있으며, 만약 코스페이스 에듀를 처음 활용한다면 체험판으로 시작해 봐도 좋다. 한

달간 무료로 사용할 수 있는 코드^{COSTEAM}를 제공하니 사용하고 구매를 결정해 봐도 좋겠다.

[그림 3-6] Cospaces Edu 프로 체험판 활성화

④ 메뉴를 클릭하여 권한을 설정할 수 있다. 학생들이 학급에 들어오고 난 후 공유 허용 버튼을 눌러 주면 된다. 이 과정은 학생들이 학급에 입장하기 전에 미리 해둘 수 없으니 유의하자.

[그림 3-7] 학생 공유 허용하기

D. 학생용 계정 접속하기

전의 등록 창에서 '학생' 계정을 선택하면, 학급 코드를 입력하라는 창으로 전환된다. 교사가 미래 안내한 학급 코드를 입력한 후에는 동일하게 애플, 구글, 마이크로소프트 계정과 연동할 것인지 회원 가입을 진행할 것인지 묻는 창이 뜬다.

[그림 3-8] 학생용 계정으로 들어가기

1) Cospaces Edu 체험하기

화면 왼쪽 메뉴에서   학급   을 선택하면 코스페이스를 만들 수 있다.

[그림 3-9] 코스페이스 만들기

A. 기초 조작

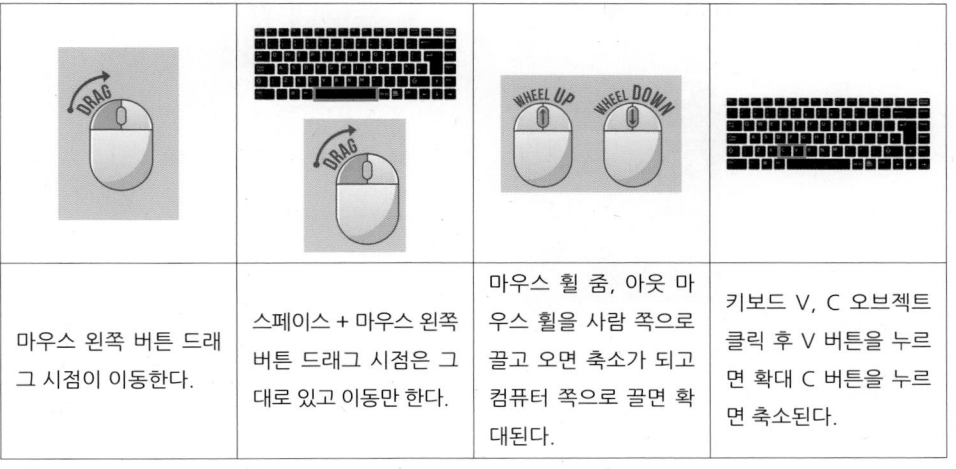

		마우스 휠 줌, 아웃 마우스 휠을 사람 쪽으로 끌고 오면 축소가 되고 컴퓨터 쪽으로 끌면 확대된다.	키보드 V, C 오브젝트 클릭 후 V 버튼을 누르면 확대 C 버튼을 누르면 축소된다.
마우스 왼쪽 버튼 드래그 시점이 이동한다.	스페이스 + 마우스 왼쪽 버튼 드래그 시점은 그대로 있고 이동만 한다.		

[표 3-2] 마우스 및 키보드로 기초 조작하기

B. 카메라 시점 확인

▸ 고정 위치: 카메라가 고정된 상태로 시점 이동만 가능하다. 학생들이 작품을 만들고 확대-축소가 되지 않는다고 이야기하는 대부분의 경우가 카메라를 고정 위치로 설정해서 그렇다. 미리 유의하여 VR을 제작할 수 있도록 하자. 물론 고정 위치가 더 편한 경우도 있다.

▸ 걸음: 방향키 또는 WASD를 눌러 걷는 것처럼 이동할 수 있다. 앞서 고정 위치와는 달리 가까이 다가가거나 멀어지는 확대-축소도 가능하다.

▸ 비행: 방향키 또는 WASD를 눌러 이동한다. 앞서 걸음과 큰 차이가 없어 보이지만, Q를 누르면 수직 상승하고, E를 누르면 수직 하강하여 마치 나는 듯한 느낌을 준다.

▸ 선회: 카메라 주변으로 그려지는 원의 경로로만 카메라를 움직일 수 있다. 둥글게 날아다니는 듯한 느낌이다.

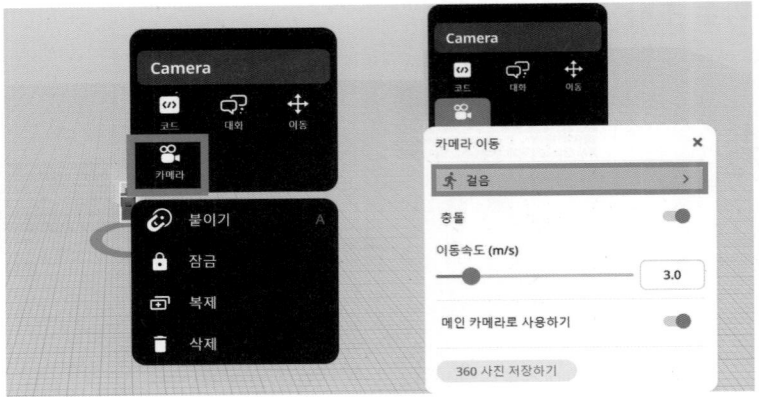

[그림 3-10] 카메라 시점 확인하기

C. 오브젝트 설정

화면 하단의 라이브러리에서 오브젝트를 추가하거나 배경을 설정할 수 있다.
체험판 활성화나 라이선스 구매를 하지 않으면 일부 오브젝트는 자물쇠로 잠겨
사용할 수 없으니 미리 확인하도록 하자. 오브젝트는 드래그 앤 드랍으로 화면
에 삽입할 수 있다.

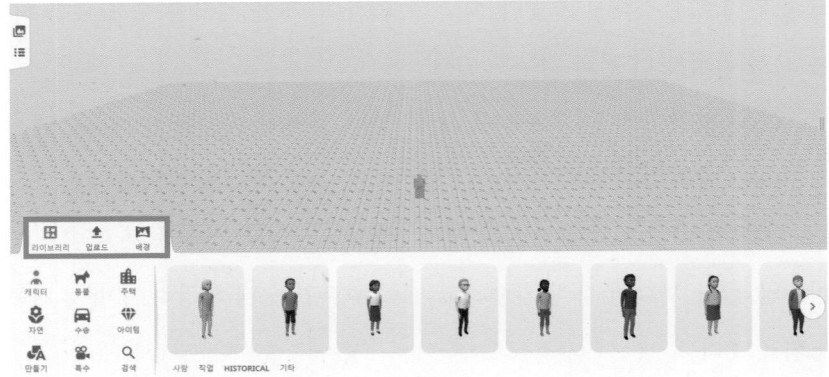

[그림 3-11] 오브젝트 삽입하기

　　오브젝트를 마우스 오른쪽 클릭하면 아래와 같은 메뉴가 나타난다. 코딩 없이 가장 쉽게 활용할 수 있는 대표적인 기능 3개를 소개하고자 한다. 여타 기능들은 뒤쪽에서 수업 사례와 함께 녹여 제시할 것이다.

　　① 대화: '생각하기'와 '말하기'로 나뉘며, 문장을 입력하면 생각 풍선과 말풍선으로 나타나는 것을 확인할 수 있다. 코딩 없이 스토리텔링 수업 시 활용하기 좋다.

　　② 애니메이션: 오브젝트가 가진 간단한 애니메이션을 설정하여 움직이게 할 수 있다. 오브젝트별로 소유하고 있는 애니메이션 종류가 다르기 때문에 이를 살펴보는 시간을 가져도 재미있겠다. 아쉬운 점은 애니메이션의 행동이 영어로만 기재되어 있다는 점이다. 하지만 run, dance 등의 간단한 수준이고 하나씩 눌러 보며 확인해도 괜찮으니 수업에 큰 무리는 없을 것이다. 애니메이션을 설정한 후에는 화면 상단 우측의 ④ 재생 버튼을 눌러서 확인할 수 있다.

　　③ 재질: 오브젝트의 색을 바꿀 수 있다. 클릭하면 팔레트 메뉴가 뜨기 때문에 직관적으로 이해 가능하다.

[그림 3-12] 오브젝트 기능

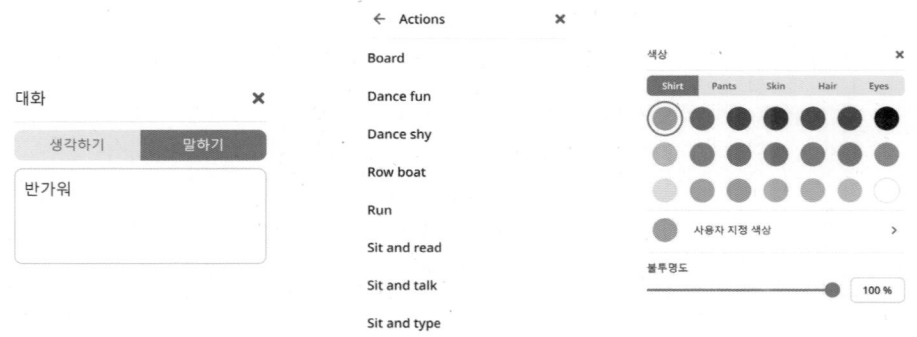

[그림 3-13] 오브젝트 설정 메뉴

D. 오브젝트 조절

오브젝트를 마우스로 클릭하면 4개 메뉴가 나타난다. 상단의 2개 메뉴는 클릭하면 오브젝트 주변으로 화살표나 원이 생기고, 하단의 2개 메뉴는 버튼 자체를 드래그해야 한다.

▸ 회전: 첫 번째 회전 메뉴를 클릭하면 오브젝트 주변으로 4개 색깔의 원이 생긴다. 돌리고 싶은 방향의 원을 클릭한 상태로 드래그하면 오브젝트가 회전한다.

▸ 위치 이동: 두 번째 메뉴를 클릭하면 오브젝트 주변으로 1개의 원과 3개의 화살표가 나타난다. 이동하고 싶은 방향의 화살표를 선택하여 드래그하면 오브젝트가 이동한다.

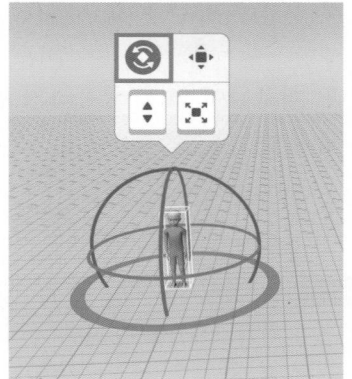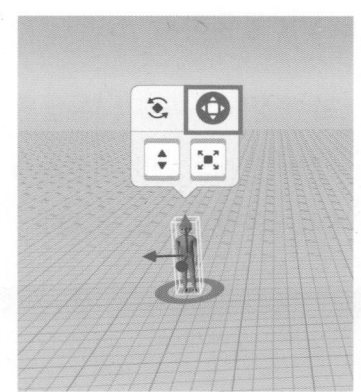

[그림 3-14] 오브젝트 회전 및 위치 이동

▸ 높이 이동: 세 번째 메뉴 버튼 자체를 드래그해 보자. 위, 아래로 높이를 이동시킬 수 있다.

▸ 크기 변경: 네 번째 메뉴 버튼 자체를 드래그해 보자. 오브젝트의 크기가 변한다.

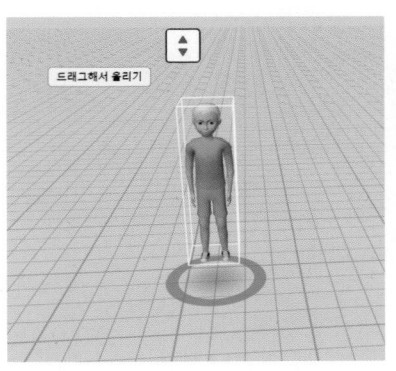

[그림 3-15] 오브젝트 높이 이동 및 크기 변경

E. VR 공유하기

화면 상단 우측에서 VR을 공유할 수 있다. 학생들이 VR을 공유하기 전에 앞서 언급한 대로 계정 관리를 통하여 공유 허용 권한을 주어야 한다. 공유 시에 VR의 제목을 설정할 수 있다.

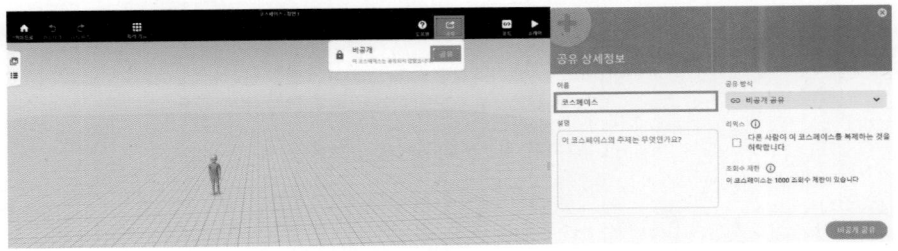

[그림 3-16] VR 공유하기

QR 코드와 함께 6개의 알파벳으로 공유 코드가 생성된 것을 확인할 수 있다.

[그림 3-17] VR 공유 코드 확인하기

컴퓨터 화면에서 VR을 재생하는 것도 충분히 실감나지만, 코스페이스 에듀 앱에서 VR 모드 관람이 가능하다. 코스페이스 에듀 앱은 iOS 및 안드로이드 모두 사용 가능하다.

[그림 3-18] iOS 및 안드로이드 앱

공유 QR 코드를 스캔하거나 6글자 공유 코드를 입력하여 핸드폰에서 VR을 재생시켜 보자. 이때 화면 하단에서 VR 모드로 관람할 수 있다. VR모드 관람을 위한 카드보드는 조립형, 반조립형 등 다양한 가격대로 판매된다.

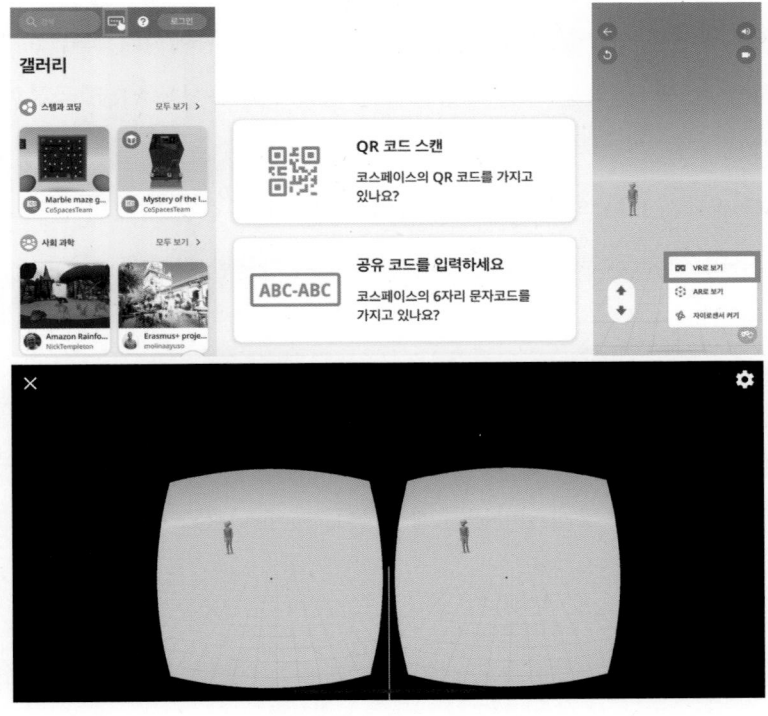
[그림 3-19] VR 모드로 보기

2. When use the 코스페이시스 에듀(Cospaces Edu)

1) VR 제작의 교육적 효과

앞선 선행 연구와 VR이 지닌 기술적 장점을 분석하여 교육적 효과를 제시하고자 한다.

첫째, 가상 시뮬레이션을 활용하여 교실 내에서 진행하기 힘든 실습이 가능하다. 국내의 학술지 논문을 분석한 결과 '안전'교육에 접목한 연구가 가장 많았고, '의료', '재활' 등의 영역의 도입도 활발하였다. 따라서 성취 기준에서 쉽게 구현하기 힘든 요소에 결합하기 좋을 것이라고 판단된다.

둘째, 시ㆍ공간적 제약을 극복할 수 있다. 특히 역사 교과에서의 교육 효과를 기대하기도 하였고, '독도'라는 공간에 방문하기 힘들다는 특성을 VR로 극복한 연구도 진행되었다.

셋째, 'Cospaces Edu'의 특성상 확장성이 높다. VR로 같은 형태의 전시회장을 만들더라도 음악/미술/본인의 작품 등 다양한 수업이 가능한 것이다.

2) 성취 기준 분석 및 연결

앞서 제시한 VR 및 Cospaces Edu 플랫폼에 대한 분석 결과를 성취 기준과 연결해 보았다. 각 학교급 상황에 맞게 얼마든지 재구성이 가능하니 참고하자.

교실에서 하기 힘든 실습 체험이 가능하다.

[4과01-01] 일상생활에서 힘과 관련된 현상에 흥미를 갖고, 물체를 밀거나 당길 때 나타나는 현상을 관찰할 수 있다.

[6과10-03] 속력과 관련된 안전 수칙과 안전장치를 조사한 결과를 공유하고 일상생활에서 교통안전을 실천할 수 있다.

[6실03-05] 수송 수단의 구성 요소를 이해하고, 친환경 에너지를 적용한 다양한 수송 수단의 시제품을 만들어 수송기술의 가치를 인식한다.

[6실04-08] 생활 속 동식물을 기르고 가꾸는 방법을 알고, 동식물을 기르고 가꾸는 체험을 통해 생태 존중감을 가진다.

시·공간적 제약을 극복할 수 있다.

[4사02-02] 오래된 물건이나 자료들을 주변에서 찾아보고, 이를 통해 과거의 모습을 살펴볼 수 있음을 이해한다.

[6사01-02] 독도의 지리적 특성과 독도에 대한 역사 기록을 바탕으로 영토로서 독도의 중요성을 이해한다.

[6사04-03] 다양한 역사 자료를 활용하여 고려 시대 사회 모습과 사람들의 생활을 추론한다.

[4과13-02] 태양계 구성원을 알고, 태양과 행성을 조사할 수 있다.

[6과04-02] 소화, 순환, 호흡, 배설 기관의 구조와 기능을 알아보고, 우리 몸의 여러 기관이 서로 관련되어 있음을 설명할 수 있다.

확장성이 높다.

[4도03-02] 디지털 사회에서 발생하는 다양한 문제를 살펴보고, 해결 방안을 탐구하여 정보통신 윤리에 대한 민감성을 기른다.

[6도04-02] 지속가능한 삶의 의미를 탐구하고 미래 세대에 대한 책임을 강화하여 자연의 다양성을 존중하고, 생산성을 유지할 수 있는 미래를 위한 실천 방안을 찾는다.

[6음02-02] 다양한 문화권의 음악을 듣고 음악적 특징과 음악의 간단한 구성을 인식한다.

[4미03-03] 미술 문화에 관심을 가지고 전시 및 행사에 참여할 수 있다.

[표 3-3] 관련 성취 기준

1. 독도 만들기

도서	성취 기준	추천 수준
여기는 대한민국 푸른 섬 독도리입니다	[6사01-02] 독도의 지리적 특성과 독도에 대한 역사 기록을 바탕으로 영토로서 독도의 중요성을 이해한다.	코딩 없이도 독도를 구현할 수 있어 4학년도 충분히 가능해요! 퀴즈 기능을 코딩한다면 5~6학년에게 추천해요!

A. 배경 및 독도 오브젝트 구성하기

① 3D 환경 - 비어 있는 VR 공간을 생성한다.

② 카메라 관점을 생각하며 배치한다.

③ 배경 - 수정 버튼을 클릭하여 독도와 어울리는 배경을 넣는다.

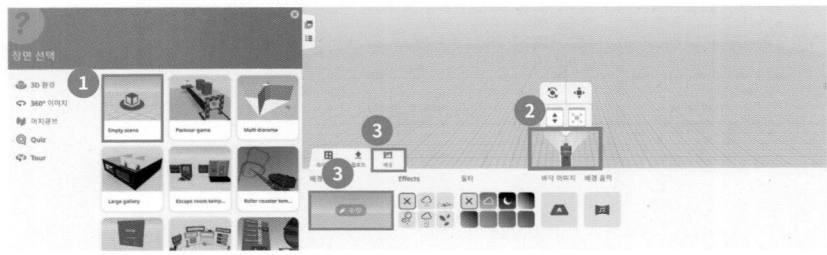

[그림 3-20] VR 생성 및 배경 선택

④ 독도 오브젝트를 배치한다. 라이브러리-자연에서 활용 가능한 오브젝트를 탐색할 수 있다.

⑤ 독도 오브젝트 선택 - 마우스 오른쪽 버튼 클릭하여 잠글 수 있다. 오브젝트를 잠그면 고정되어 여러 가지 오브젝트를 배치할 때 효율적이다.

[그림 3-21] 독도 오브젝트 배치 및 잠금

B. 오브젝트 배치하기

① 강아지 오브젝트를 추가한다.

독도의 삽살개를 의미하는 것으로, 독도에 사는 생물이나 독도 경비대 등의 책 속 맥락과 연결 할 수 있는 오브젝트면 무엇이든 좋다.

② 오브젝트 클릭 후 A 키를 눌러 보자. 파란색 점이 뜰 것이다. 점을 클릭하면 독도 위에 강아지를 붙일 수 있다.

[그림 3-22] 강아지 오브젝트 붙이기

C. 스토리텔링 하기

① 어울리는 애니메이션을 추가할 수 있다.

② 책을 읽고 느낀 점, 독도가 우리 땅인 이유를 대화 - 말하기 기능으로 구현해 보자.

[그림 3-23] 오브젝트 애니메이션 및 말하기 기능 넣기

D. 퀴즈 코딩 추가하기(수준별 선택 활동)

① 오브젝트를 마우스 오른쪽 버튼으로 클릭 - 코블록스에서 사용을 활성화한다.

② 화면 상단 우측의 코드 버튼을 누르면 코딩 언어를 선택할 수 있다. 블록형 코딩을 진행하기 위해서는 코블록스를 선택해 주면 된다.

[그림 3-24] 코블록스 사용하기

③ 여타 EPL 플랫폼처럼 코딩 명령마다 색깔이 다른 팔레트가 있다. 블록을 드래그하여 명령어를 쌓으면 된다.

④ 강아지 오브젝트를 눌렀을 때 퀴즈를 내도록 해 보자. '퀴즈창 보이기' 명령이 형태 탭에 있다. 블록을 살펴보면 문제와 대답을 입력할 수 있도록 직관적으로 구성되어 있음을 알 수 있다. 대답은 총 4개까지 추가할 수 있으니 학생들마다 독도에 관련된 문제를 내도록 해 보아도 좋겠다.

[그림 3-25] 퀴즈 코딩 블록

⑤ 문제 칸에 문제를 입력할 수 있고, 정답을 설정하면 된다.

⑥ 정답일 때와 오답일 때로 나누어서 오브젝트의 반응을 코딩해 보자.

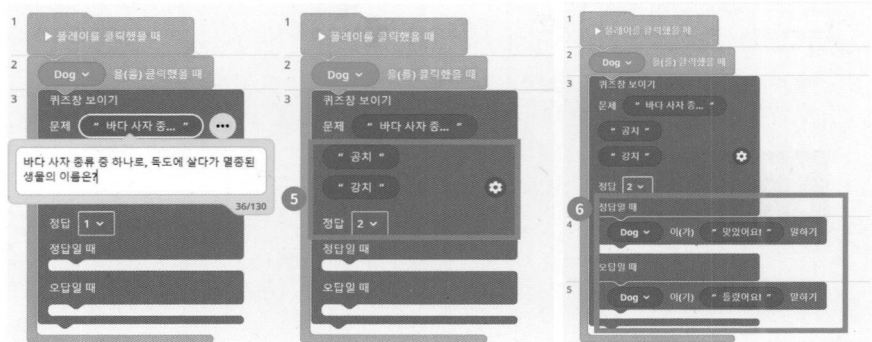

[그림 3-26] 퀴즈 코딩 예시

E. 완성 예시 및 학생 산출물

완성 예시	학생 산출물	

[표 3-4] 산출물 QR 코드

2. 지속 가능한 미래 상상하기

도서	성취 기준	추천 수준
	[6도04-02] 지속가능한 삶의 의미를 탐구하고 미래 세대에 대한 책임을 강화하여 자연의 다양성을 존중하고 생산성을 유지할 수 있는 미래를 위한 실천 방안을 찾는다.	코딩 없이도 미래 사회를 나타낼 수 있어요! '지속 가능'이라는 단어의 뜻을 구체적으로 이해할 수 있는 5~6학년에게 더 적합해요!

A. 배경 및 오브젝트 구성하기

지속 가능한 미래와 어울리는 배경과 오브젝트를 선택해 보자. 예시 프로젝트로 『장애인도 편리하게 교통수단을 사용할 수 있는 사회』를 만들기 위해 휠체어, 버스, 사람 오브젝트 등을 배치하였다. 휠체어와 버스는 라이브러리-수송 탭에 있다.

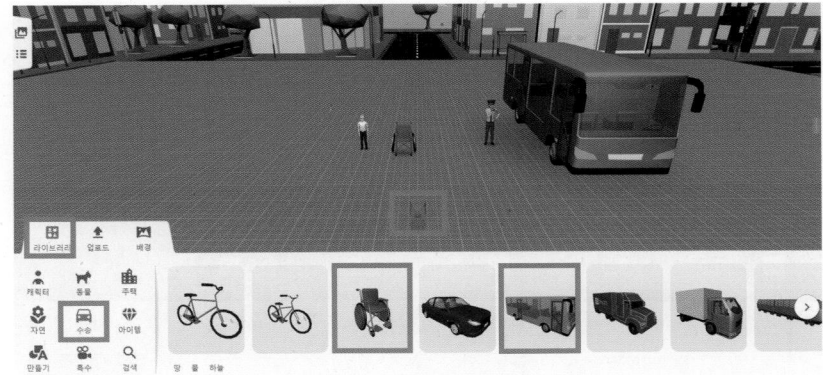

[그림 3-27] 배경 및 오브젝트 예시

B. 오브젝트를 휠체어에 앉히기

① 사람 오브젝트를 선택하고 A키를 눌러 휠체어 오브젝트에 부착시킬 수 있다.

② 만약 오브젝트가 서 있는 모습으로 휠체어 오브젝트에 부착된다면, 애니
메이션에서 포즈를 바꾸어서 앉는 모습을 구현하면 된다.

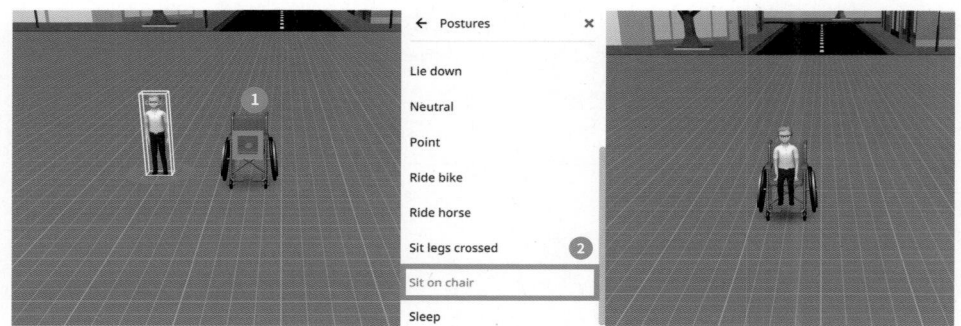

[그림 3-28] 오브젝트 애니메이션 선택 후 붙이기

C. 스토리텔링 하기

경찰 오브젝트와 휠체어를 탄 사람 오브젝트에서 말하기, 생각하기를 이용하
여 다양한 스토리를 나타낼 수 있다.

[그림 3-29] 대화 기능으로 스토리텔링 하기

D. 완성 예시 및 학생 산출물

완성 예시	학생 산출물	

[표 3-5] 산출물 QR 코드

3. 충돌 시뮬레이션으로 안전 교육하기

도서	성취 기준	추천 수준
	[6과10-03] 속력과 관련된 안전 수칙과 안전장치를 조사한 결과를 공유하고 일상생활에서 교통안전을 실천할 수 있다.	충돌 구현을 위해서는 코딩이 필요해서 5~6학년에게 추천해요!

A. 배경 및 오브젝트 구성하기

① 자동차가 지나갈 수 있는 배경과 도로 오브젝트를 배치한다.

라이브러리-주택 탭에서 여러 가지 모양의 도로 오브젝트를 확인할 수 있다.

② 도로 오브젝트 양 끝의 초록색 점을 드래그하면 노란색으로 변하며 길이가 조절된다.

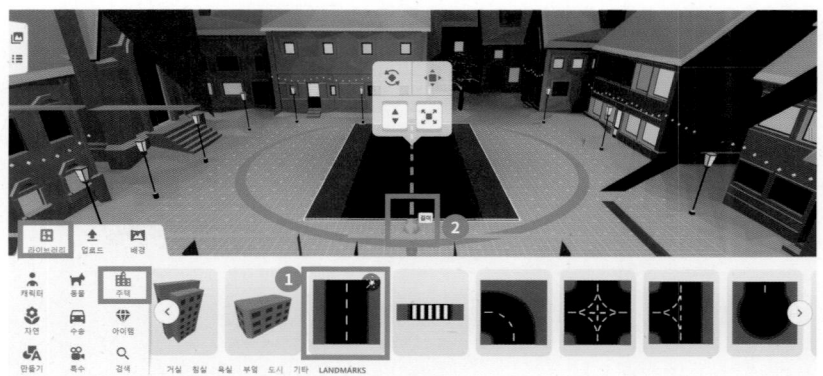

[그림 3-30] 배경 구성 예시

③ 자동차 오브젝트와 행인 오브젝트를 추가한다.

④ 두 오브젝트를 도로 오브젝트 위에 올리기 위해서는 붙이기 기능을 활용하자. 오브젝트를 클릭 후 A 키를 누르면 붙일 수 있는 파란색 점이 뜬다. 점을 누른 후 드래그하면 도로 위에 붙은 채로 위치가 이동한다.

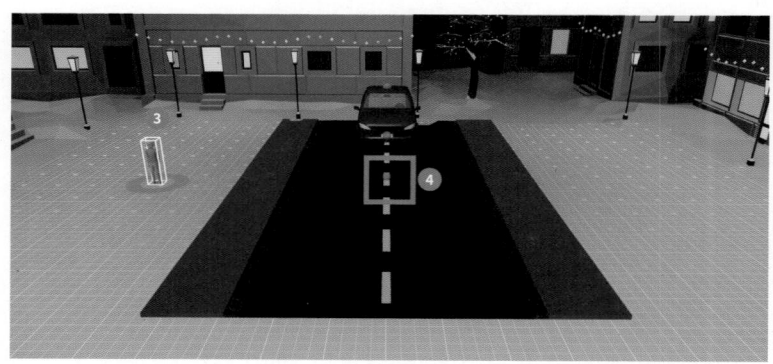

[그림 3-31] 오브젝트 배치

B. 물리 기능 사용

① 오브젝트 마우스 오른쪽 버튼 클릭하여 물리 기능을 활성화한다.

② 충돌을 구현하기 위해서는 자동차 오브젝트의 질량을 더 크게 설정해야 함을 유의하자.

[그림 3-32] 오브젝트 물리 활성화 및 질량 설정

C. 충돌 코딩하기

① 자동차 오브젝트에서 마우스 오른쪽 버튼 클릭하여 코블록스에서 사용을 활성화한다.

② 이제 화면 상단 코드-코블록스에서 간단한 코딩이 가능하다.

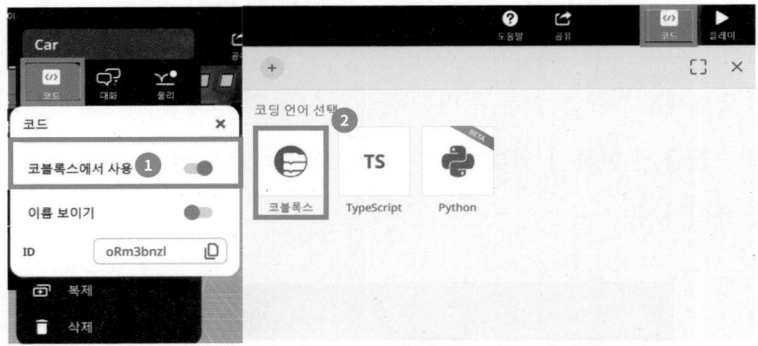

[그림 3-33] 코블록스 사용하기

③ 코블록스 가장 하단 메뉴인 설정에서 고급자용 코블록스를 설정한다.

④ '물리' 탭이 생성되었을 것이다. 시작하면 자동차가 앞으로 나가도록 코딩한다. 속도를 크게 할수록 충돌이 크게 일어나니, 여러 번 실행시키며 적당한 속도를 찾아보자.

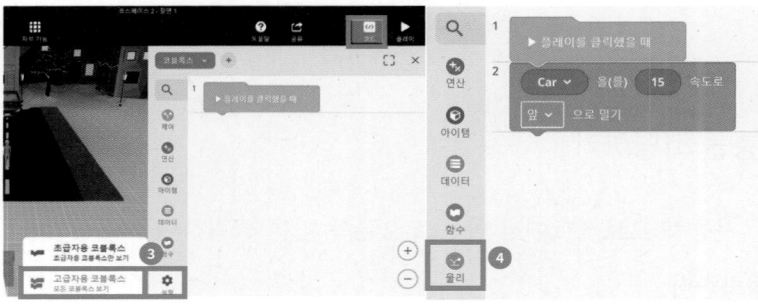

[그림 3-34] 충돌 구현하기

D. 스토리텔링 하기

스토리텔링을 강조하지 않으면 학생들이 장난식으로 수업에 참여할 수 있기 때문에 꼭 맥락을 강조해 주자.

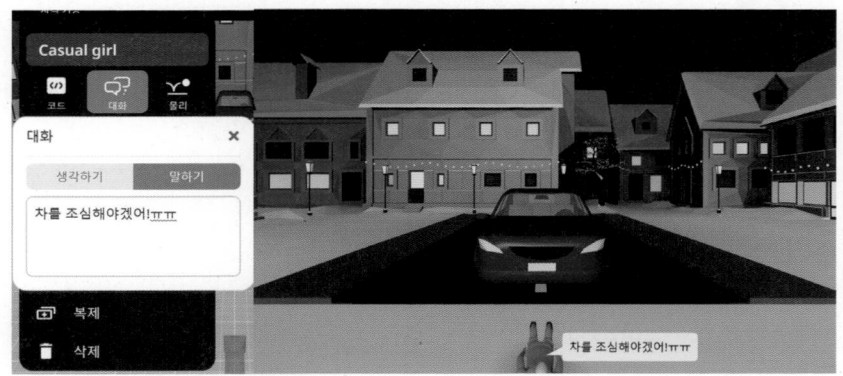

[그림 3-35]. 대사 및 구현 화면

E. 완성 예시 및 학생 산출물

완성 예시	학생 산출물

[표 3-6] 산출물 QR 코드 및 화면

4. 역사 전시관 꾸미기

도서	성취 기준	추천 수준
유관순	[6사04-03] 다양한 역사 자료를 활용하여 고려 시대 사회 모습과 사람들의 생활을 추론한다. [6사06-01] 일제의 식민 통치와 이에 대한 저항이 사회와 생활에 미친 영향을 이해한다.	역사 단원을 활용해서 문화재, 인물을 탐구할 수 있어서 5~6학년에게 추천해요! 위인 탐구 수업으로 3~4학년도 가능해요!

A. 전시관 구성하기

① 3D 환경 - Large gallery를 생성한다.

② 큰 박물관 형태의 템플릿이다. 카메라 시점을 확인해서 배치한다.

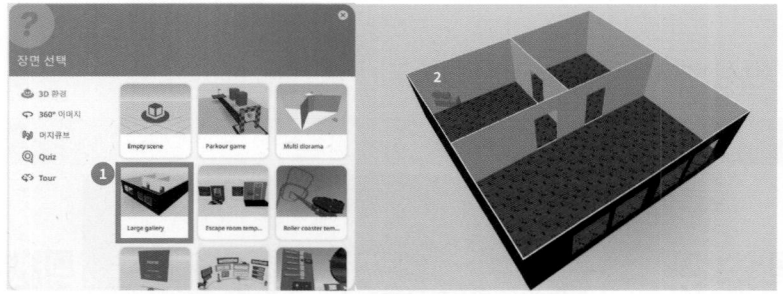

[그림 3-36] 템플릿 구성 및 카메라 배치

B-1. 이미지 오브젝트 업로드하기

① 업로드 - 이미지 메뉴에서 책 표지를 업로드할 수 있다,

② 책 표지가 오브젝트로 생성되면 드래그 앤 드랍으로 삽입할 수 있다.

[그림 3-37] 책 표지 이미지 업로드

B-2. 이미지 오브젝트 검색하기

① 업로드 - 웹 검색을 활용해 보자.

② 인터넷 검색 결과를 오브젝트로 활용할 시에는 저작권에 유의해야 한다. 역사 수업의 경우 인물의 초상화나 유물의 대표 사진 등만 삽입할 수 있도록 안내하자.

[그림 3-38] 웹 검색 결과 업로드

B-3. 텍스트 오브젝트 삽입하기

① 라이브러리 - 만들기에서 텍스트를 삽입할 수 있다.

② 삽입된 기본 텍스트 오브젝트에서 마우스 오른쪽 버튼을 클릭하여 텍스트
메뉴에서 글자 내용을 변경할 수 있다.

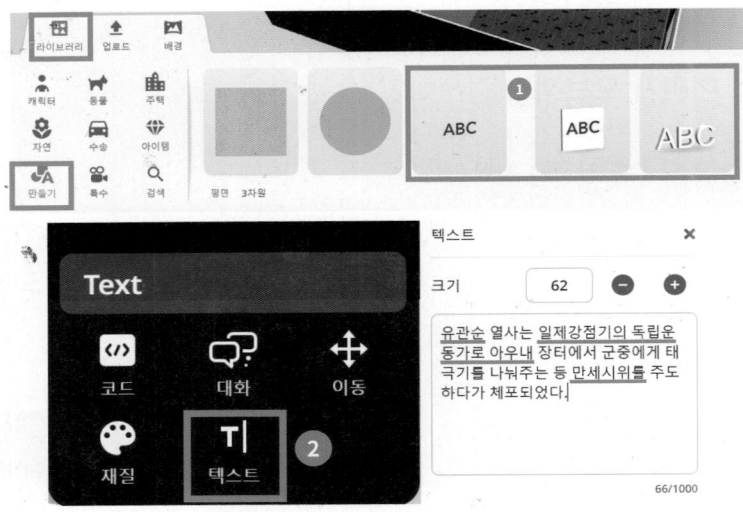

[그림 3-39] 텍스트 오브젝트 배치

C. 배경 음악 넣기

① 무료 음악 사이트 www.bensound.com 등에서 전시관 분위기와 어울리는 배경음악
을 다운받는다.

② 배경 - 배경 음악을 클릭하여 선택한 음악을 업로드한다.

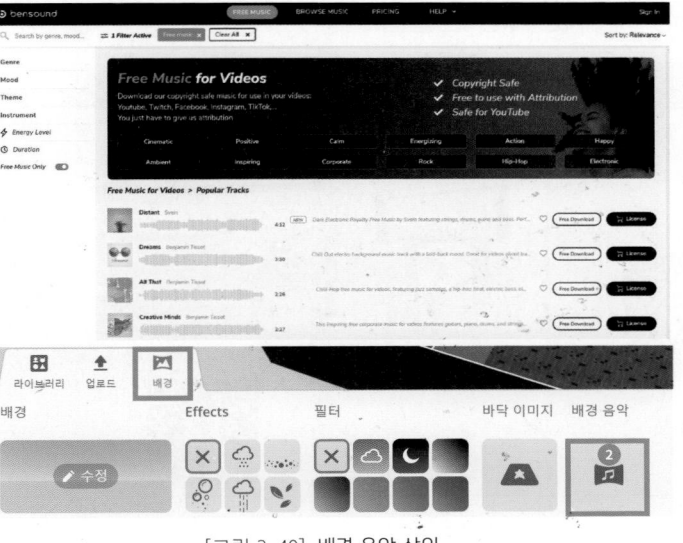

[그림 3-40] 배경 음악 삽입

D. 큐레이터 만들기

유관순 열사를 설명하거나 스토리텔링을 위한 큐레이터 오브젝트를 삽입하고 대사나 애니메이션으로 이야기를 펼칠 수 있다.

[그림 3-41] 큐레이터

E. 완성 예시 및 학생 산출물

완성 예시	학생 산출물

[표 3-7] 산출물 QR 코드 및 화면

How to Project(미래의 문제를 눈으로 볼 수 있다면)

1974년 조지아대학교에서는 기존의 영재성 프로젝트에 '미래의 문제'라는 토픽을 던져 미래 문제 해결 프로그램[FPSP]을 제시하였다.

이러한 FPSP에서 VR을 활용한다면 어떨까? 미래 문제라는 것은 아직은 일어나지 않은 상황을 내포하고 있어 학생들이 문제 상황을 정교화하거나 초점을 맞추는 것이 다소 어려울 수 있다. 이 과정에서 실제로 보기 힘든 미래의 문제 상황을 VR로 시각화한다면, 학생들의 창의적인 문제 해석 과정에 도움을 줄 수 있을 것이다.

1. 성취 기준 및 노벨 엔지니어링 수업 구성

학생들의 창의력을 강조하면서 사회·과학적으로 이슈가 될 수 있는 미래 문제는 무엇이 있을까? 또 노벨 엔지니어링 수업을 기반으로 하여, VR을 윤리적인 방향으로 활용하기에 적합한 주제를 선정하고자 한다.

본 도서에서는 미래의 '우주 쓰레기' 문제를 노벨 엔지니어링으로 해결하는 프로젝트 수업을 제시할 것이다. 2023년 현재 우주 쓰레기 추락으로 인한 피해를 막기 위한 법이 발의되는 등 우주의 환경 오염 문제는 미래 사회의 이슈로 부각되고 있다. 또 과학 태양계 단원이나 도덕, 사회의 지속 가능성 단원과도 연관성이 높기에 교과 내용으로도 재구성이 가능하다.

[6국05-06] 작품을 읽고 자신의 삶과 연관 지어 성찰하는 태도를 지닌다.

[6국06-03] 적합한 양식과 수용자의 반응을 고려하여 복합양식 매체 자료를 제작하고 공유한다.

[6사12-02] 지구촌을 위협하는 다양한 문제들을 파악하고, 지속가능한 미래를 위한 해결 방안을 탐색한다.

[6도04-01] 지구의 환경 위기 상황을 이해하고, 이를 극복하기 위한 다양한 방안을 찾아 자신의 일상에서 실천하고자 노력한다.

[4과13-02] 태양계 구성원을 알고, 태양과 행성을 조사할 수 있다.

[6과12-03] 지구의 공전을 알고, 계절에 따라 달라지는 별자리를 관찰할 수 있다.

[6과16-01] 미래 사회에 일어날 수 있는 문제를 조사하고, 문제를 해결하는 데 과학이 기여할 수 있는 방법을 토의할 수 있다.

차시	노벨 엔지니어링 수업 단계	활동
1~2차시	① 책 읽기 ② 문제 인식	▷ 〈우주 쓰레기〉 동화 읽기 ▷ 우주 쓰레기 추락 10분 전! 뉴스 쓰기
3~5차시	③ 해결책 설계 ④ 창작물 만들기	▷ 조사 및 스토리보드 짜기 ▷ 우주 쓰레기 예방 VR 만들기
6~7차시	⑤ 이야기 바꾸어 쓰기	▷ 이야기 바꾸어 쓰기 ▷ 법안 발의서 발표하기

2. 책 읽기 [NE 1단계]

『우주 쓰레기』 고나영 글, 김은경 그림, 와이즈만 북스

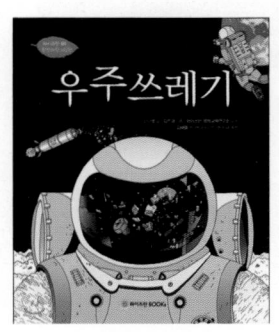

인공위성에서 사용된 쓰레기는 어디로 가는 걸까? 지구 주위를 떠돌던 쓰레기가 인공위성과 부딪히면 어떻게 될까? 쓰레기와 인공위성이 충돌하여 산산조각나면 지구는 어떻게 될까?

우주는 어느 한 국가에 속한 영역이 아니기 때문에 우주 쓰레기 문제는 어느 한 집단의 상황이라기보다 미래 사회를 살아갈 어린이 모두의 문제이다. 해당 도서에는 중·고등학교의 『지구과학』 교과에도 언급되는 우주 쓰레기에 대하여 초등학생 수준에서 쉽게 풀어 설명하고 있다.

어떻게 우주 쓰레기 문제를 해결해야 할까? 학생들에게 물음표를 던지는 이야기로 노벨 엔지니어링에 적합하다.

3. 문제 인식 [NE 2단계]

미래의 문제는 쉽게 심각성을 인지하거나 상황에 몰입하는 것이 어렵다. 이에 디자인 사고 기법 중 '시나리오 쓰기'에서 고안된 뉴스 쓰기 활동을 제시하고자 한다. 지금은 2123년이고 우주에서 떨어지는 쓰레기 문제가 심각한 상황이다. 10분 뒤 대한민국에 큰 폭발을 불러일으킬 우주 쓰레기가 떨어질 것이다. 이렇게 간단한 상황을 제공하고, 뉴스 앵커가 되어 문제 상황의 위험성과 심각성을 보도해 보자. 다음 영상을 함께 신청하면서 학생들의 몰입을 시켜 주어도 좋다.

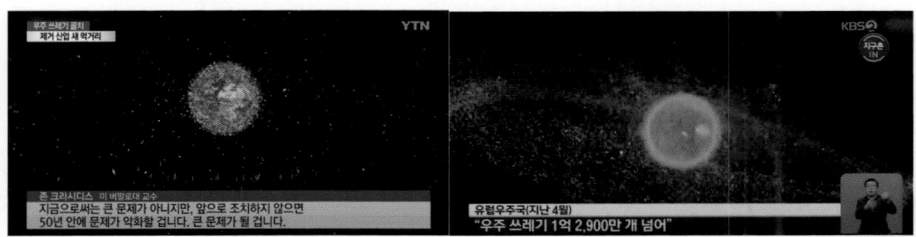

[그림 3-42] 관련 뉴스 자료

[우주 쓰레기 추락 10분 전! 뉴스 쓰기]

당신은 8시 뉴스 앵커입니다. 다음 문제 상황을 많은 사람들에게 알리는 뉴스 보도를 하고자 합니다. 뉴스 내용을 글이나 그림, 키워드 등으로 나타내어 봅시다.

> **〈문제 상황〉**
>
> 지금은 2123년, 10분 후 대한민국에 큰 폭발을 불러 일으킬 우주 쓰레기가 떨어질 예정입니다. 10년 전 대한민국에서 쏘아 올린 인공위성 소나무 13호가 수명을 다한 것이지요. 우리나라가 쏘아 올리고 우리 항공우주과학 발전을 위해 열심히 일한 소나무 13호, 하지만 대한민국에 떨어지면서 서울의 20% 면적을 파괴시킬 정도의 폭발이 예상됩니다.
> 어떻게 하면 오늘 피해를 최소화할 수 있을까요? 또 앞으로도 반복될 우주 쓰레기 문제를 어떻게 해결하면 좋을까요?

우주 쓰레기가 추락하고 나면 어떤 일이 벌어질지 시나리오를 간단하게 나타내어 봅시다.
(글, 그림으로 간단하게/만화처럼 구성해도 좋습니다.)

위의 시나리오를 바탕으로 앵커가 되어 뉴스로 표현하여 봅시다.

[그림 3-43] 우주 쓰레기 추락 10분 전! 뉴스 쓰기 활동지 예시

4. 해결책 설계 [NE 3단계]

앞선 활동에서 우주 쓰레기 문제의 심각성에 몰입하였다면, 이를 VR의 특성과 연결해 보자.

사람들의 인식을 바꿀 수 있는 콘텐츠를 VR로 제공한다면 어떨까? 실제로 SHARE BOX라는 VR 교육 콘텐츠 기업은 우주 쓰레기 청소 등의 내용을 게이미피케이션처럼 제공하고 있다.

[그림 3-44] SHARE BOX 홈페이지 화면

이때 VR에 정확한 정보를 담을 것에 유의할 필요가 있다. 학생들에게도 우주 쓰레기는 다소 생경할 문제일 수밖에 없기 때문에 직접 여러 정보를 수집/검색할 수 있도록 시간을 제공해 주자.

[우주 쓰레기 조사하기]
우주 쓰레기 문제에 대해 정확하게 검색하여 봅시다.

우주 쓰레기 🔍

1. 우주 쓰레기의 정확한 뜻은 무엇인가요?

2. 우주 쓰레기가 왜 위험한가요?

3. 우주 쓰레기 문제는 어떻게 해결할 수 있을까요?

[스토리보드 짜기]
우주 쓰레기 문제를 알리기 위해 어떤 내용의 VR을 만들지 스토리보드를 구상하여 봅시다.

담고 싶은 장면	담고 싶은 장면
대사, 장면 또는 음악	대사, 장면 또는 음악
담고 싶은 장면	담고 싶은 장면
대사, 장면 또는 음악	대사, 장면 또는 음악

[그림 3-45] 우주 쓰레기 조사 및 스토리보드 짜기 활동지 예시

　미리 뉴스 기사나 과학관 등의 공식 사이트에서만 정보를 검색하게끔 언급해 준다면, 학생들은 스스로 정보를 선별하고 어떤 내용의 VR을 구성해야 할지 초점을 맞추어 갈 것이다. 조사 내용을 기반으로 바로 스토리보드를 짤 수 있도록 안내해 주어도 좋겠다.

5. 창작물 만들기 [NE 4단계]

A. 배경 및 오브젝트 구성하기

우주와 어울리는 배경을 선택하고, 다양한 오브젝트로 우주 쓰레기를 표현하도록 허용적인 분위기를 조성해 주자. 학생들은 코스페이스 에듀를 활용하여 자신만의 이야기를 그려 나갈 수 있다.

우주 쓰레기 문제와 관련된 오브젝트인 우주선, 물건 등은 수송 탭과 아이템 탭에서 탐색해 볼 수 있다. 특수 탭에서 연기나 불과 같은 효과를 추가해도 재미있을 것이다.

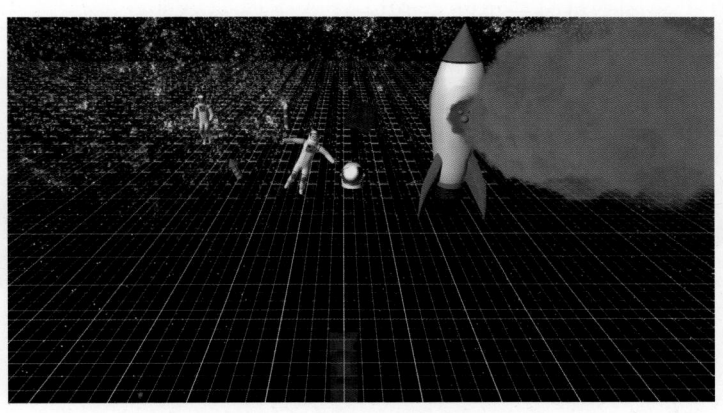

[그림 3-46] 배경 및 오브젝트 예시

B. 스토리 디자인하기

우주 쓰레기 문제에 대해 조사한 정보를 오브젝트가 말하도록 해 보자. 코딩까지 가지 않더라도 앞서 검색하여 수집한 정보를 담기만 해도 나만의 VR이 만들어진다.

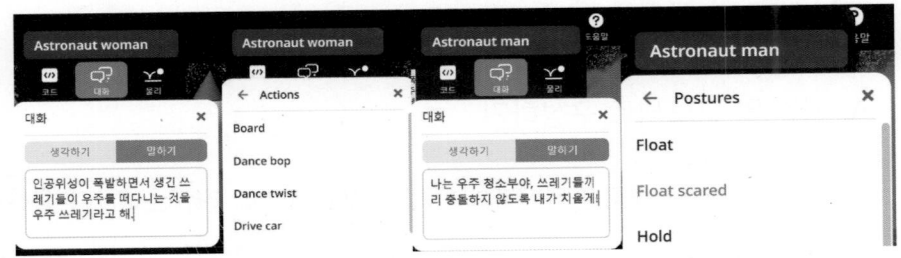

[그림 3-47] 스토리 예시

C. 우주 쓰레기 코딩하기

이제 우주 쓰레기가 떠다니도록 만들 것이다. 우주 쓰레기의 동작을 간단하게 '경로'를 삽입하여 구현할 수 있다.

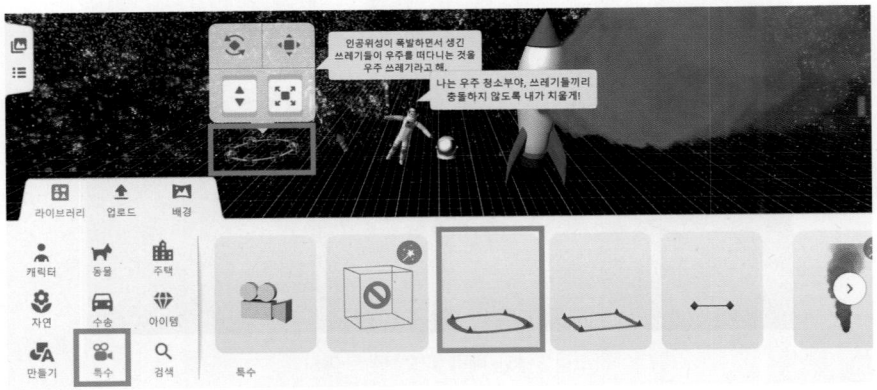

[그림 3-48] 경로 삽입하기

경로를 만들면 오브젝트가 해당 경로를 따라 움직이게 코딩할 수 있다. 예를 들어 태양계 행성들의 공전을 구현할 때도 각도를 계산하여 공전 궤도 움직임을 만드는 것보다, 경로를 따라다닐 수 있도록 해 주는 것이 효율적일 것이다.

[그림 3-49] 경로 만들고 이름 바꾸기

　우주 쓰레기는 일정한 궤도 없이 움직이는 것이 특징이므로 경로를 구성하는 파란색 점을 1개씩 움직여 궤도를 불규칙하게 만들어 보자.

　이때 주의할 점은 경로를 하나 설정할 때마다 이름을 바꾸어야 한다는 것이다. 예를 들어 폭죽, 헬멧, 상자가 우주를 떠다닌다고 생각해 보자. 세 개의 오브젝트가 이동할 경로가 각각 있을 것이다. 추후 블록 코딩 시에 어떤 경로가 폭죽의 경로인지, 헬멧의 경로인지 헷갈리지 않도록 이름을 미리 수정해 주는 것이 용이하다.

[그림 3-50] 여러 가지 경로 예시

　이제 우주 쓰레기가 각각의 경로를 따라 움직이도록 블록 코딩을 해 줄 수 있다. 앞서 제시한 여러 사례에서 소개한 대로 코딩을 하기 위해서는 코블록스에서 사용을 활성화해 주어야 한다.

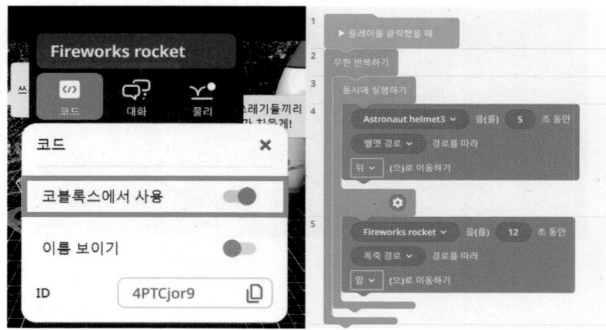

[그림 3-51] 코딩 예시

여러 가지의 우주 쓰레기가 있다면 2개씩 묶어 동시에 실행하기 블록을 활용하면 효율을 기할 수 있다. 핵심이 되는 블록은 단 한 가지로, 오브젝트가 몇 초동안 경로를 따라 이동하게 하는 블록만 활용하였다. 앞서 말한 대로 헬멧은 헬멧 경로를, 폭죽은 폭죽 경로를 다닐 수 있도록 짝을 잘 지어 주도록 하자. 이동하는 초 수를 늘리거나 방향을 앞, 뒤로 선정하여 다양한 우주 쓰레기의 모습을 구현할 수 있다.

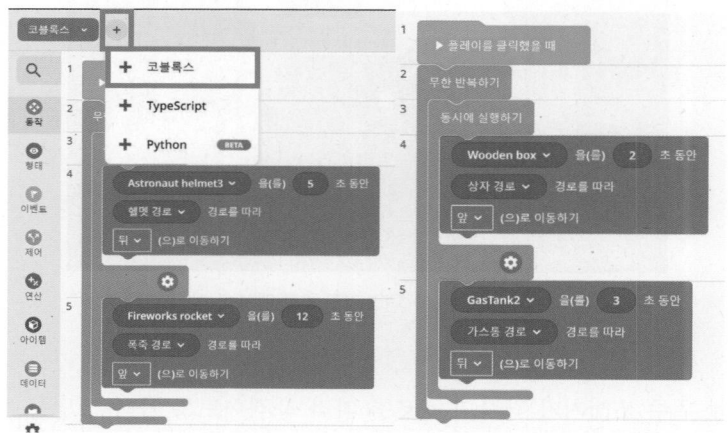

[그림 3-52] 코딩 예시

동시에 실행하기 블록에 4개의 우주 쓰레기를 모두 코딩해도 괜찮지만, 초 수가 다양하다면 움직임이 어색할 수 있다. 예를 들어 헬멧은 5초 동안 경로를 이동하는데 상자가 1초 만에 경로를 이동한다면, 상자의 이동이 다 끝난 후 4초 동안 멈춰 있는 모습이 구현된다. 따라서 코블록스를 하나 더 추가하여 2개씩 묶어서 코딩해 봐도 좋다.

D. 완성 예시 및 학생 산출물

완성 예시	학생 산출물

[표 3-8] 산출물 QR 코드 및 화면

학생들의 산출물을 보면 많은 쓰레기를 삽입하는 것이 힘들 법도 한데, 생생한 VR을 위하여 20개가 넘는 오브젝트를 배치하기도 하였으며, 앞서 학습한 물리 기능을 바탕으로 인공위성의 충돌을 직접 구현하기도 하였다. 또 우주 쓰레기가 지구에 떨어졌을 때의 상황을 시뮬레이션하여 그 심각성을 강조한 작품도 있었다.

6. 이야기 바꾸어 쓰기 [NE 5단계]

　노벨 엔지니어링의 힘은 학생들이 새로운 이야기를 구성하며 학습 결과를 내면화하는 것에 있다.

　프로젝트 수업에서 배운 지식적인 내용과 VR 기술이 가져올 사회적 효과를 연결지어 '법안 발의서'라는 활동을 제안하였다. 학생들은 우주 쓰레기 문제 해결을 위해 필요한 법과 함께 VR이 가져올 새로운 미래를 상상하여 저마다의 이야기를 작성하고, 수업의 결과를 삶과 연결 지을 수 있을 것이다.

[법안 발의서]

우주 쓰레기 문제를 VR로 해결한다면 어떤 미래가 펼쳐질까요?

1. VR을 본 사람들의 반응을 상상하여 봅시다.

2. 우주 쓰레기 문제를 어떻게 해결하면 좋을까요?

위 내용을 담아 우주 쓰레기 문제를 해결하기 위한 법을 요청하는 〈법안 발의서〉를 작성하여 봅시다. 법을 만들어야 하는 이유와 법이 가져올 효과를 구체적으로 담아야 합니다.

[그림 3-53] 법안 발의서 쓰기 활동지 예시

4장

젭(ZEP)으로 소통하며
함께 만드는 세상

PART

01 | Why 젭(ZEP)

이번 장에서는 메타버스 중 2D 기반 가상현실^{Virtual Reality} 플랫폼인 ZEP을 살펴볼 것이다. 2022 개정 교육과정에서는 학습자의 성향을 고려한 개별 맞춤형 교육을 강조하며 웹 기반 개인화 학습 공간의 필요성을 역설하였다. ZEP은 맵의 자유도가 높아 사용자가 원하는 방향으로 커스터마이징이 가능하고, 외부 웹 링크를 불러오거나 다양한 파일을 업로드할 수 있어 확장성이 뛰어나다. 또한, 한국어가 기본 언어로 제공되어 기능 사용의 어려움을 최소화할 수 있고, 별도의 설치 과정이 필요하지 않아 교육용 플랫폼으로서의 가치가 높다. [표 4-1]은 ZEP을 활용한 여러 교과 및 주제에 대한 선행 연구를 정리한 것이다.

교과 및 주제	효과
수학	교실 수업에서 다른 미션을 수행함으로써 학생 수준별 맞춤형 수업의 새로운 방향성을 제시하였고, 정의적 영역에서 긍정적인 변화를 확인함.
국어	아바타를 활용한 다양한 의사소통이 학습자 간 상호작용을 촉진하여 새로운 교수·학습 전략의 가능성을 보여 주었음.
영어	영어 말하기 영역에서 아바타를 활용한 교육으로 학습자의 정서적 두려움을 해소하고 자신감을 향상시키는 데 도움을 주었음.
한국어 교육	ZEP은 학습자들 간의 상호작용이 활발하게 이루어지는 공간이므로 말하기 수업에 적합하며, 학습 흥미와 동기에 긍정적인 효과가 나타남.
미술	가상 세계 안에서 전시실을 기획하는 미술 감상 수업에서 자기주도학습에 의한 학습 몰입을 가능하게 함.

교과 및 주제	효과
음악	학습자들이 기보한 악보, 가상 악기로 제작한 음원 및 영상을 가상공간에서 공유 및 보관하며 온라인에서 음악 활동의 실현 가능성을 확인하였음.
놀이 교육	ZEP으로 제작한 전통놀이 교육 자료의 현장 적용 가능성을 검증하였음.

[표 4-1] 메타버스 ZEP 선행 연구

ZEP을 활용한 선행 연구 결과를 정리해 보면 **첫째, 학습자의 정서적 두려움을 극복하여 학습 태도의 긍정적인 변화를 유도한다. 둘째, 학습자 간 상호작용이 활발하게 일어나 가상공간에서의 학습 몰입도를 향상시킨다.** ZEP에서는 아바타로 존재하기 때문에 자신을 드러내지 않고도 가상공간을 체험할 수 있다는 점이 특장점으로 작용하는 것이다. **셋째, 새로운 방향의 교수ㆍ학습 전략을 제시하였다.** ZEP은 여러 형태의 자료를 교환하기에 용이하며, 창작과 공유가 동시에 온라인상에서 이루어진다.

이처럼 높은 교육적 가치를 지닌 ZEP이지만, 교육 현장에서의 적용성은 아직 그리 높지 않다. 교과 수업에서 활용할 수 있도록 ZEP 맵이 꾸준히 업데이트되고 있으나 그 수가 많지 않고, ZEP 공간 구성을 수업 주제와 연결하기에는 어떤 방향성을 가져가야 할지 갈피를 잡기 어렵기 때문이다.

이에 따라 '스토리텔링' 맥락을 도입하여 노벨 엔지니어링 기반 ZEP 수업 사례를 제공하고자 한다. **ZEP을 하나의 세계관으로 보고, 책 속 상황을 맵과 오브젝트로 구현한다면 책의 주제에 따라 수업 적용의 방향성은 무궁무진해진다.** 책 속 상황과 현실 세계, 가상공간을 모두 하나로 연결하는 메타버스 플랫폼, ZEP을 시작해 보자.

1. What is 젭(ZEP)

모바일 게임 제작사 슈퍼캣과 '제페토' 운영사인 네이버제트가 공동으로 제작한 모두를 위한 메타버스 플랫폼^{https://zep.us/}이다. ZEP의 특징을 정리하면 다음과 같다.

> ㉠ 나만의 아바타를 쉽고 재미있게 꾸밀 수 있으며, 특색 있는 공간을 디자인할 수 있다.
> ㉡ 기본 서비스는 모두 무료이며, ZEP Edu라는 교육용 버전이 출시되어 모든 학교급에서 사용 가능하다. 특히 동시 접속 수용 인원이 약 50,000명 정도로 서버의 안정성이 높다.
> ㉢ 스마트폰 애플리케이션과의 호환성이 좋아 다양한 스마트 기기에서 활용이 가능하다.

본 장에서는 모든 연령에서 사용 가능한 교육용 플랫폼인 ZEP Edu를 중심으로 다루고자 한다.

[그림 4-1] ZEP 플랫폼 화면

1) ZEP Edu 시작하기

A-1. ZEP 홈페이지에서 로그인하기

① 화면 상단 우측에서 [로그인] 버튼을 클릭한다.

② 로그인 창이 뜨면 [웨일 스페이스로 로그인하기]를 들어가 교육기관을 통해 발급받은 웨일 스페이스 계정을 입력해 보자.

③ ZEP Edu 이용 동의 화면에서 이용 약관에 동의한 후 확인을 누르면 ZEP Edu 화면으로 전환되며 로그인이 완료된다.

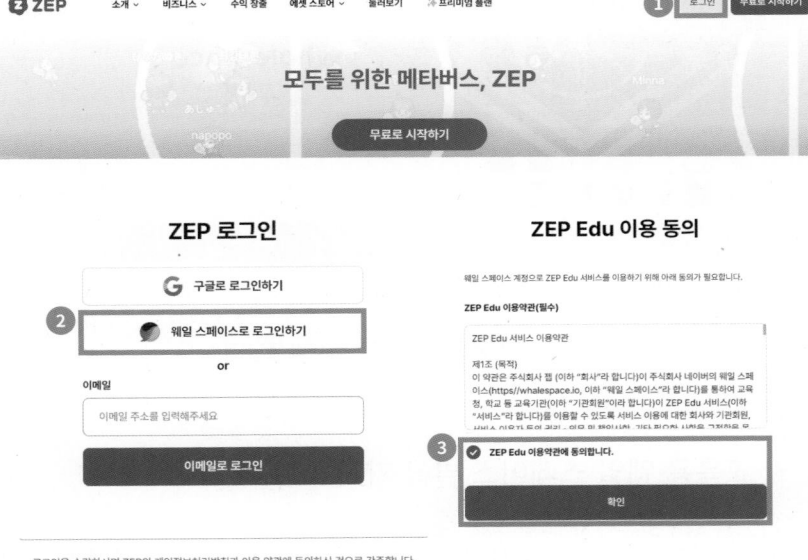

[그림 4-2] ZEP Edu 로그인하기[1]-ZEP 홈페이지 접속

A-2. 네이버 웨일에서 로그인하기

① 네이버 웨일 브라우저로 접속하여 우측 상단의 ⊙ 아이콘을 누른다.

② 아이콘 하단에 로그인 창이 생성되면 [네이버 웨일 로그인] 버튼을 클릭한다.

③ [학교/기관 로그인] 탭으로 들어가 교육기관용 웨일 스페이스 계정으로 로그인해 보자.

④ ZEP 홈페이지^{https://zep.us/}로 접속하면 ZEP Edu로 자동 로그인되는 것을 볼 수 있다.

[그림 4-3] ZEP Edu 로그인하기[2]-네이버 웨일 접속

A-3. 교육용 웨일 스페이스 발급 가이드

네이버 웨일 브라우저 고객센터에서는 각 시도별 웨일 스페이스 학교 가입 방법을 가이드로 제공하고 있다. ZEP Edu 수업을 시작하기 전 다음의 가이드에 따라 교육용 웨일 스페이스 계정을 생성해 두도록 하자.

▶ 학교 관리자 계정: 각 시도 교육청 담당 부서에서 학교 대표 관리자가 신청하여 발급받을 수 있으며, 교육청별 상세 가이드는 [그림 4-4]를 참고하면 되겠다.

▸ 교사/학생 계정: 학교 관리자 계정으로 로그인하여 각 학년/반에서 필요한 계정을 만들 수 있다.

[그림 4-4] 교육용 웨일 스페이스 가이드 QR ^{2023년 7월 기준}

B. 튜토리얼 스페이스 체험하기

① 화면 상단 ZEP Edu 로고 옆 [소개] 탭을 클릭한다.

② [소식&가이드]를 선택한다.

③ [전체 가이드]를 클릭하면 ZEP 초심자 가이드 화면을 볼 수 있다.

④ 튜토리얼 스페이스 방문하기 버튼을 클릭해서 튜토리얼 스페이스로 들어간다.

[그림 4-5] ZEP 튜토리얼 들어가기

⑤ ZEP 튜토리얼 스페이스를 탐험하며 이동 버튼, 리액션 버튼, 아바타 꾸미기, 프라이빗 공간과 같은 기초 조작 방법을 체험해 보자.

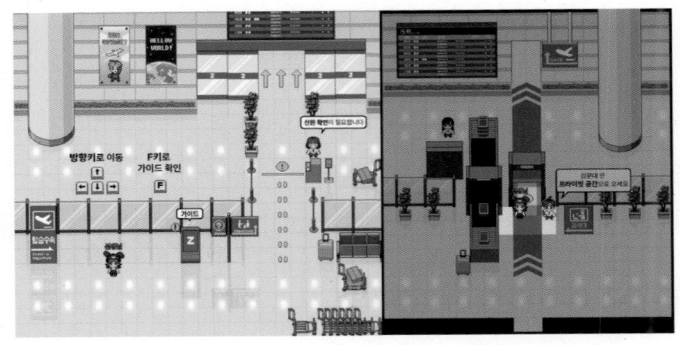

[그림 4-6] ZEP 튜토리얼 스페이스 화면

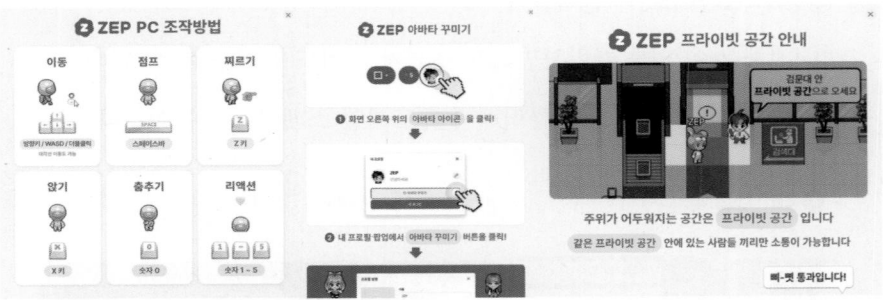

[그림 4-7] ZEP 튜토리얼 기초 가이드

⑥ 마지막 튜토리얼 스페이스 화면에서 'F키'를 누르면 튜토리얼이 종료되며 둘러보기 화면으로 이동한다. 종류별 ZEP 활용 사례를 체험해 보며 스페이스 공간 구성에 대한 아이디어를 얻어가는 기회로 삼아도 좋을 것이다.

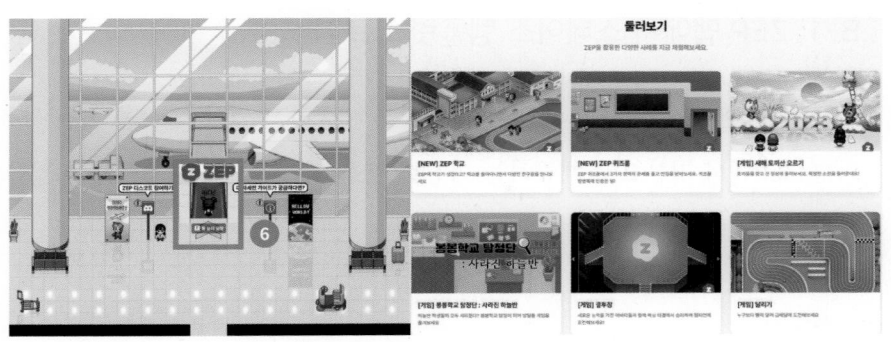

[그림 4-8] ZEP 튜토리얼 종료 및 둘러보기 화면

2) ZEP 탐구하기

A. 스페이스 만들기

① 우측 상단의 프로필 이름을 클릭한다.

② [나의 스페이스 목록]을 선택한다.

③ [+ 스페이스 만들기] 버튼을 누른다.

[그림 4-9] ZEP 스페이스 만들기

B-1. ZEP 맵에서 스페이스 템플릿 고르기

ZEP Edu에서는 60여 개의 기본 템플릿을 제공하고 있다. ZEP을 처음 사용한다면 ZEP에서 기본으로 제공하는 다양한 맵을 적극적으로 활용해보는 것을 추천한다.

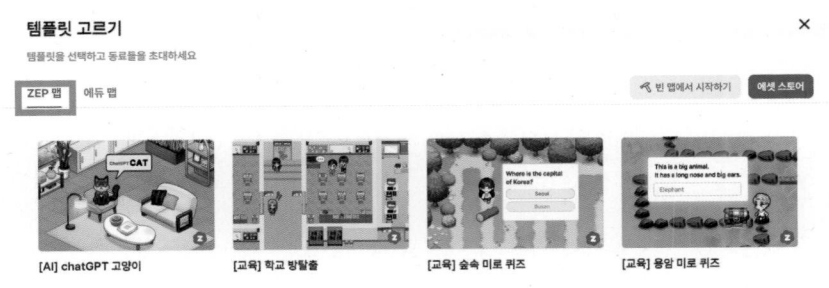

[그림 4-10] ZEP 기본 제공 맵 예시

B-2. 에셋 스토어에서 새로운 맵 추가하기

에셋 스토어에서는 교과와 연계된 100여 개의 추가 맵을 제공하고 있으므로 원하는 교육 주제에 어울리는 맵을 골라 보자.

① ZEP Edu 홈페이지 상단에서 [에셋 스토어]를 클릭한다.

② [맵]을 선택한다.

③ 여러 개의 템플릿 중 원하는 맵을 클릭한다.

④ 템플릿 상세 안내 화면에서 템플릿 구성을 확인하고, 마음에 든다면 [추가하기]를 눌러 보자.

⑤ 템플릿 고르기 창에서 [에듀 맵] 탭에 들어가 에셋 스토어에서 추가한 맵을 선택한다.

[그림 4-11] ZEP Edu 에셋 스토어에서 맵 추가하기

이전에 작업한 맵을 에셋 스토어에 등록하면 ① [에셋 업로드] - ② [맵 업로드]
의 과정을 거쳐 다시 사용할 수 있으니 참고하자.

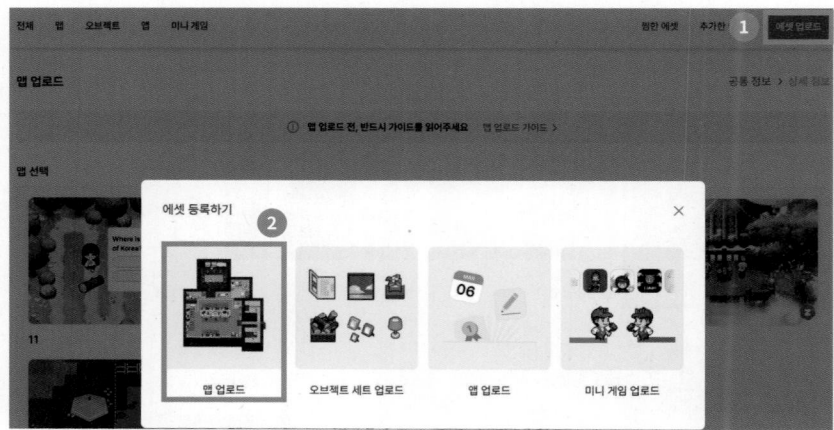

[그림 4-12] ZEP Edu 에셋 업로드 과정

C. 스페이스 설정하기

템플릿을 고르고 나면 스페이스 설정 창이 뜬다. 만들고자 하는 스페이스의
목적에 맞게 ① 이름, ② 비밀번호, ③ 검색, ④ 태그 선택을 완료한 후 [만들기]
버튼을 누르면 공간이 생성된다.

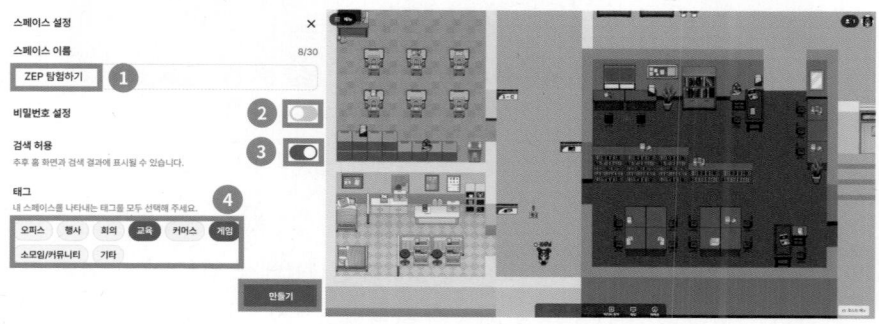

[그림 4-13] ZEP 스페이스 설정 화면 및 공간 생성 예시

D-1. 스페이스 구성 이해하기 - 편집 메뉴

① 초대 링크 복사: 버튼을 누르는 즉시 초대 링크가 복사되며, 해당 링크만 있으면 로그인 없이 외부에서도 ZEP 스페이스 입장이 가능하다.

② 입장 코드: 7자리 숫자로 되어 있다. 코드로 입장 시 필요한 번호이다.

③ 미니 게임: 맵 내부에 설치할 수 있으며, 총 10가지가 있다. ZEP Edu에서는 미니 게임 기능을 지원하지 않으니 참고하자.

④ 맵 에디터: 스페이스를 자유자재로 수정 및 추가할 수 있다. 세부 기능은 'E. 맵 에디터 활용하기'에서 다루도록 하겠다.

⑤ 설정: 스페이스에 대한 각종 권한 부여가 가능하다.

⑥ 공지, 이동, 링크, 앱: 호스트가 추가해야만 참가자에게 보이는 기능이다.

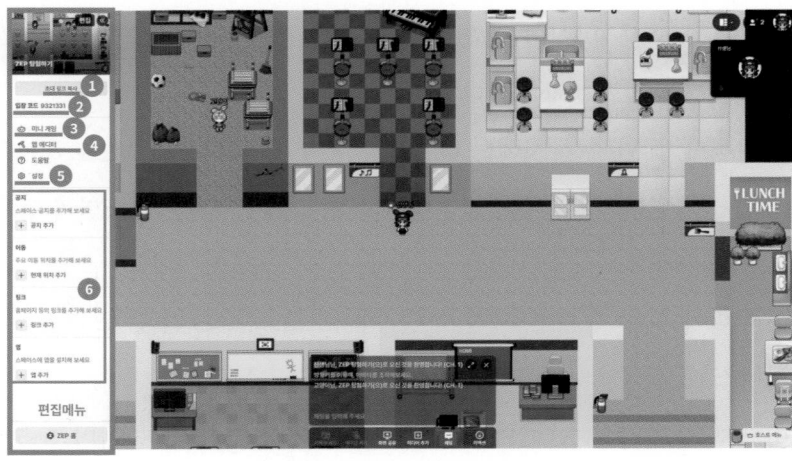

[그림 4-14] ZEP 스페이스 편집 메뉴

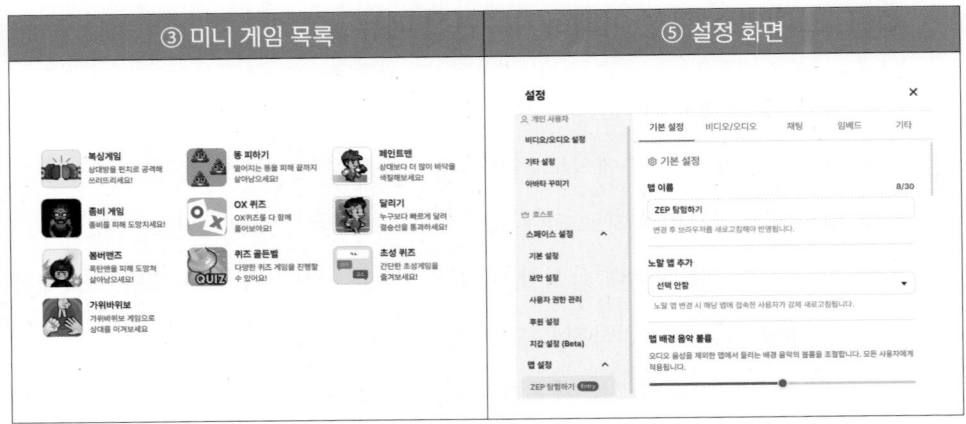

[표 4-2] ZEP 스페이스 편집 메뉴 세부 기능

D-2. 스페이스 구성 이해하기 - 하단 메뉴

채팅 창, 카메라, 마이크, 화면 공유와 같이 참가자와 실시간으로 상호작용이 가능한 기능으로 구성되어 있다.

① 마이크: 대면 수업 시에는 하울링 현상이 발생할 수 있으므로 사용하지 않는 것을 권장한다. 전부 다른 공간에서 소통이 이루어지는 비대면 수업 시 적극적으로 활용해 보자.

② 미디어 추가: 유튜브, 사진, 파일, 화이트보드, 스크린 숏 등 다양한 자료를 스페이스 내 구성원과 공유 가능하다.

③ 리액션: 아바타가 다양한 행동과 반응을 할 수 있는 기능이며, 0~5, Z와 같은 단축키로도 바로 실행할 수 있다.

[그림 4-15] ZEP 스페이스 하단 메뉴

D-3. 스페이스 구성 이해하기 - 참가자 설정

① 비디오 화면 정렬: 우측 정렬, 그리드 보기, 숨기기 중에 선택할 수 있다.

② 사용자 목록: 같은 맵 내에 있는 사용자를 검색하거나 친구 초대가 가능하다.

③ 프로필 설정: 프로필 설정에서 스포트라이트를 지정하면 참가자끼리 멀리 떨어져 있어도 스포트라이트 참가자의 비디오를 모두가 볼 수 있다. 많은 사람에게 내용 전달할 일이 있다면 적극적으로 활용해 보자.

④ 아바타 꾸미기: 아바타 꾸미기에서는 닉네임/상태 메시지 수정이 가능하고, 아바타의 헤어나 옷을 사용자의 취향대로 변경할 수 있다. 좌측 하단에 [랜덤 꾸미기]를 누르면 아바타의 기본 설정이 임의대로 바뀐다.

[그림 4-16] ZEP 스페이스 참가자 설정

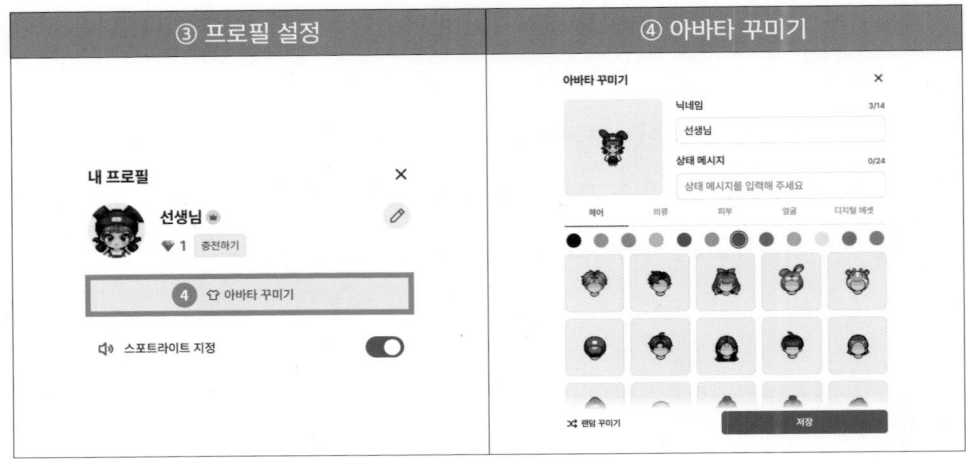

[표 4-3] ZEP 스페이스 참가자 설정 세부 기능

E. 맵 에디터 활용하기

맵 에디터에서는 스페이스 내부 맵을 호스트가 원하는 대로 디자인할 수 있다. 자동 저장 기능이 없으므로 수시로 우측 상단에 있는 [🖬 저장] 버튼을 눌러 주는 것이 좋으며, 수정 사항은 [▷ 플레이]를 클릭해야 확인 가능하다. 각 기능 실행을 위한 단축키는 괄호 안에 숫자와 영어로 명시되어 있으니 참고하자.

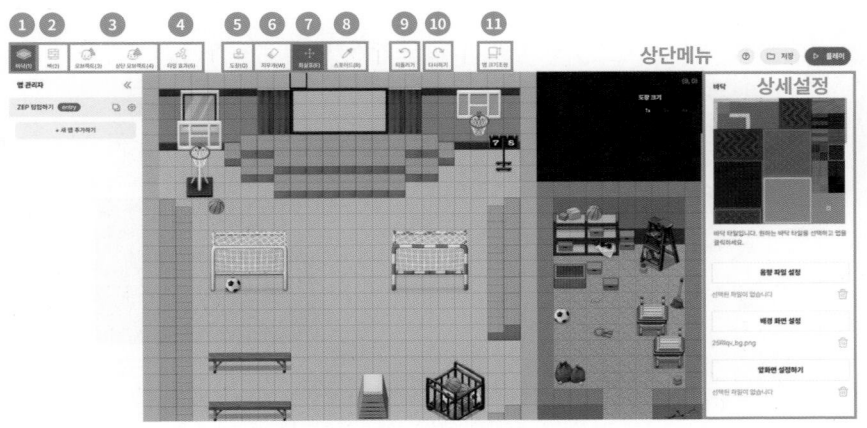

[그림 4-17] 맵 에디터 화면 구성

① 바닥[1]: 상세 설정에서 원하는 타일을 클릭하여 바닥을 새롭게 꾸미거나 음향 파일을 업로드하여 맵 전체의 배경 음악을 추가할 수 있다. 스페이스 목록에서 보이는 배경 화면과 섬네일 화면 설정도 그림 파일로 업로드하여 변경 가능하다.

② 벽[2]: 상세 설정에서 원하는 타일을 클릭하여 벽을 추가하거나 삭제할 수 있으며, 벽으로 설정된 타일은 아바타가 지나다니거나 통과할 수 없는 공간이다.

③ 오브젝트[3]/상단 오브젝트[4]: 맵 내부에 오브젝트를 추가할 수 있다. 오브젝트는 아바타가 오브젝트 위에 위치하며, 상단 오브젝트는 아바타가 오브젝트

아래에 위치하는 차이점이 있다. 상세 설정의 에셋 스토어에서 원하는 텍스트 & 이미지 오브젝트를 클릭한 후 위치나 크기 설정, 도장 크기를 정하여 알맞은 곳에 배치해 보자.

[표 4-4] 맵 에디터 세부 기능 화면[1] - 오브젝트 세부 설정

④ 타일 효과[5]: 각 타일에 대한 통과 여부를 결정하거나 다른 맵으로 이동, 프라이빗 공간 지정, 외부 미디어[유튜브 링크, 웹 링크, 배경 음악]를 삽입하는 등 여러 효과를 부여할 수 있다.

⑤ 도장[Q]: 오브젝트 또는 타일 효과를 하나씩 추가할 수 있다.

⑥ 지우개[W]: 오브젝트 또는 타일 효과를 하나씩 제거할 수 있다.

⑦ 화살표[E]: 맵을 드래그하여 맵 내부의 다른 공간을 살펴볼 때 사용한다.

⑧ 스포이드[R]: 오브젝트 또는 타일 효과를 복사할 수 있는 기능이다.

⑨ 되돌리기: 이전에 수행했던 동작을 되돌린다.

⑩ 다시하기: 되돌린 동작을 다시 실행시키고 싶을 때 사용한다.

⑪ 맵 크기 조정: 맵의 전체 크기를 수정할 수 있으며, 맵/오브젝트/타일 초기화가 가능하다.

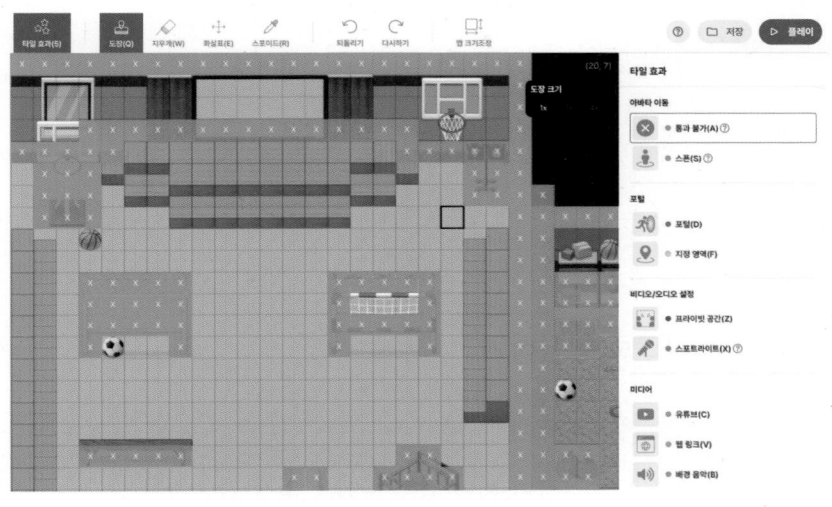

[그림 4-18] 맵 에디터 세부 기능 화면[2] - 타일 효과

이름	맵 표시 모양	세부 기능
통과 불가[A]	X	통과할 수 없는 타일을 지정한다.
스폰[S]	S	아바타가 생성되는 포인트를 지정한다.
포털[D]	P	스페이스 내에 텔레포트를 만든다. (스페이스 내 다른 맵, 맵 내 지정 영역, 외부 스페이스 이동 가능)
지정 영역[F]	F	ZEP Script로 동작하는 특수한 영역을 지정하며, 포털(P)과 연계하여 순간 이동을 할 때 많이 활용한다.
프라이빗 공간[Z]	PA 1	비공개 토론 영역을 지정하며, 같은 ID 번호끼리 음성 및 비디오, 채팅이 공유된다.
스포트라이트[X]	★	스포트라이트 영역을 지정한다.
유튜브[C]	Y	유튜브를 맵에 배치하며, 너비와 높이 숫자로 창의 크기를 정할 수 있다.

이름	맵 표시 모양	세부 기능
웹 링크[V]	E	타일에 웹사이트가 열리는 포털을 설치하며, 팝업/새 탭/고정 영역에 배치 중 선택할 수 있다.
배경 음악[8]	♫	타일에 배경 음악을 삽입한다. 한 번만 재생/반복 재생 중 선택 가능하다.

[표 4-5] 타일 효과 세부 기능 설명

3) ZEP 스페이스 입장하여 체험하기

A-1. 초대 링크로 입장하기

교사용 호스트 화면에서 [초대 링크 복사]를 누르면 그 즉시 링크가 복사된다.
링크만 있으면 ZEP 로그인이 되어 있지 않아도 입장 가능하다.

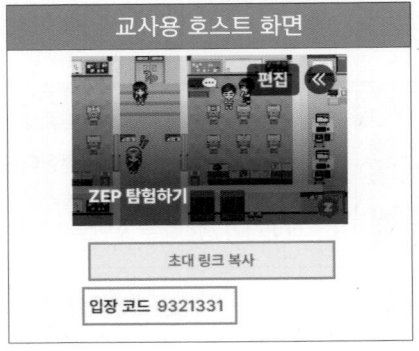

[표 4-6] ZEP 스페이스 입장하기

A-2. 코드로 입장하기

① 우측 상단의 프로필 이름을 클릭한다.

② [나의 스페이스 목록]을 선택한다.

③ [코드로 입장] 버튼을 누른다.

④ 입장 코드 숫자를 창에 입력하고 [입장하기]를 클릭하면 입장할 수 있다.

[표 4-7] ZEP 스페이스 입장하기

B. 상대방 아바타와 소통하기

ZEP 스페이스 내에서 다른 아바타를 클릭하면 상대방 아바타의 프로필 창이 뜬다. 다음 설명하는 다양한 기능을 바탕으로 아바타 친구와 함께 소통하며 ZEP 스페이스의 공간을 구석구석 체험해 보자.

① 호스트 표시: 호스트 권한을 가지고 있는 경우에만 왕관 표시가 보인다.

② 메시지 보내기: 로그인했을 때만 사용할 수 있으며, 상대방에게 개인 메시지를 보낼 수 있다.

③ 옷 따라입기: 버튼을 누르면 상대방 아바타의 옷으로 바로 갈아입을 수 있다.

④ 따라가기: 위치 이동키를 누르기 전까지 자동으로 상대방의 아바타를 따라다닌다.

[그림 4-19] 상대방 아바타 프로필 창

2. When use the 젭(ZEP)

1) ZEP의 교육적 효과

이제 ZEP 플랫폼에 대해 이해가 되었다면 교육적 효과를 확인해 보자. **첫째, ZEP에서는 사회적 상호작용이 활발히 이루어진다.** '아바타'를 통한 상호작용은 차별 없는 교육의 실현을 이루어내어 공동체 의식 함양에 도움을 준다. 이를 토의·토론과 같은 협업 활동이나 소통을 기반으로 한 자치 활동과 연계해 보면 어떨까?

둘째, 학습자에게 창작자로서의 경험을 제공한다. ZEP은 공간 구성의 자유도가 높은 편으로 무한한 자율성을 바탕으로 학습자 스스로 공간을 탐색하고 다른 이의 창작물에서 아이디어를 얻어 가는 자기 주도적인 학습을 경험할 수 있다. 새로운 나만의 세계관을 구축할 수 있기에 미술, 사회, 창의적 체험활동까지 다양한 교과/주제의 성취 기준과의 연계가 가능할 것이다.

2) 성취 기준 분석 및 연결

사회적 상호작용이 활발히 이루어진다.
[4국01-06] 주제에 적절한 의견과 이유를 제시하고 서로의 생각을 교환하며 토의한다.
[4사08-01] 학교 자치 사례를 통하여 민주주의의 의미를 이해하고, 학교생활에서 민주주의를 실천하는 능력을 기른다.
[4도02-02] 친구 사이의 배려에 대한 올바른 이해를 바탕으로 일상생활에서 배려에 기반한 도덕적 관계를 맺을 수 있는 방안을 탐색한다.
[4도02-03] 공감의 태도가 필요한 이유를 이해하고 도덕적 상상력을 바탕으로 대상과 상황에 따라 감정을 나누는 방법을 탐구하여 실천한다.
[6도02-02] 편견이 발생하는 이유를 탐색하여 해결 방안을 살펴보고, 다양성 존중을 바탕으로 다른 사람과 올바른 관계를 맺기 위한 실천 방안을 탐구한다.
[6도03-02] 정의에 관한 관심을 토대로 공동체 규칙의 중요성을 살펴보고 직접 공정한 규칙을 고안하며 기초적인 시민의식을 기른다.

창작자로서의 경험을 제공한다.
[6사01-01] 우리나라 산지, 하천, 해안 지형의 위치를 확인하고 지형의 분포 특징을 탐구한다.
[6사01-02] 독도의 지리적 특성과 독도에 대한 역사 기록을 바탕으로 영토로서 독도의 중요성을 이해한다.
[6사04-02] 역사 기록이나 유적과 유물에 나타난 고대 사람들의 생각과 생활을 추론한다.
[6도01-03] 자기가 하고 싶은 일을 선택할 때 도덕적 고려의 필요성을 알고 자신의 특기와 적성을 탐색하여 진로계획을 수립한다.
[6도04-02] 지속가능한 삶의 의미를 탐구하고 미래 세대에 대한 책임을 강화하여 자연의 다양성을 존중하고 생산성을 유지할 수 있는 미래를 위한 실천 방안을 찾는다.
[6실04-01] 친환경 건설 구조물을 이해하고, 생활 속 건설 구조물을 탐색하여 간단한 구조물을 체험하면서 건설기술에 대한 가치를 인식한다.
[6미02-01] 다양한 방법으로 아이디어를 연결하여 확장된 표현 주제로 발전시킬 수 있다.

[표 4-8] 관련 성취 기준

노벨 엔지니어링의 맥락을 더하여 다채로운 ZEP 모듈을 주제별로 제공하고자 한다. '2. 다문화 놀이터에서 편견 날려 보내기'에서는 맵 에디터의 기초 기능을, '3. 시간 여행 탐험대: 역사 대탈출'에서는 맵 에디터의 심화 기능을 활용하므로 성취 기준과 추천 수준을 고려하여 학급/학교 상황에 맞게 시작해 보자.

1. 감정 정원으로 서로를 이해하기

도서	성취 기준	추천 수준
오늘 기분은 어때?	[4도02-03] 공감의 태도가 필요한 이유를 이해하고 도덕적 상상력을 바탕으로 대상과 상황에 따라 감정을 나누는 방법을 탐구하여 실천한다.	간단한 오브젝트 설정만으로 감정 정원을 만들 수 있어 3학년 이상에게 추천해요! 교사가 만든 감정 정원을 학생이 체험한다면 1~2학년도 가능해요!

A. 스페이스 불러오기

① 감정 정원에 어울리는 템플릿을 선택한다.

② 스페이스 설정 화면에서 스페이스 이름을 입력하고, 비밀번호 설정 & 검

색 허용 여부, 태그를 어울리는 것으로 고른다.

③ [만들기]를 클릭한다.

④ 내 스페이스 목록에서 감정 정원 스페이스를 확인할 수 있다.

[그림 4-20] 감정 정원 스페이스 불러오기

B. 스페이스 배경 음악 삽입하기

① 맵 에디터에서 [바닥] 탭을 클릭한다.

② [음향 파일 설정]에서 감정 정원에 어울리는 배경 음악을 삽입해 보자. 무료 음원은 'YOUTUBE STUDIO' 의 '오디오 보관함' 에서 다운받을 수 있다.

③ [플레이] 버튼을 누르면 해당 맵 전체에서 삽입한 배경 음악이 반복 재생된다.

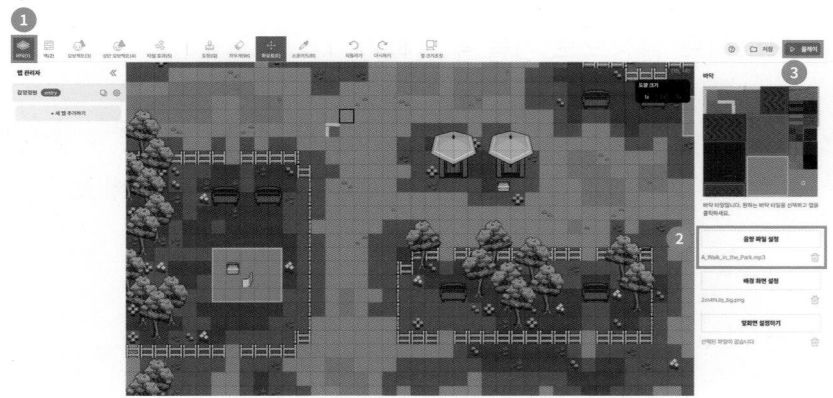

[그림 4-21] 배경 음악 삽입하기

C. 오브젝트 추가하기

① [오브젝트] 탭을 클릭한다.

② [도장] 기능을 선택한다.

③ 원하는 도장 크기와 오브젝트를 고른다.

④ 오브젝트의 크기/위치 등을 설정한 후 맵 위에 추가해 보자.

⑤ 원하는 오브젝트가 목록에 없다면 [에셋 스토어]에서 가져올 수 있다.

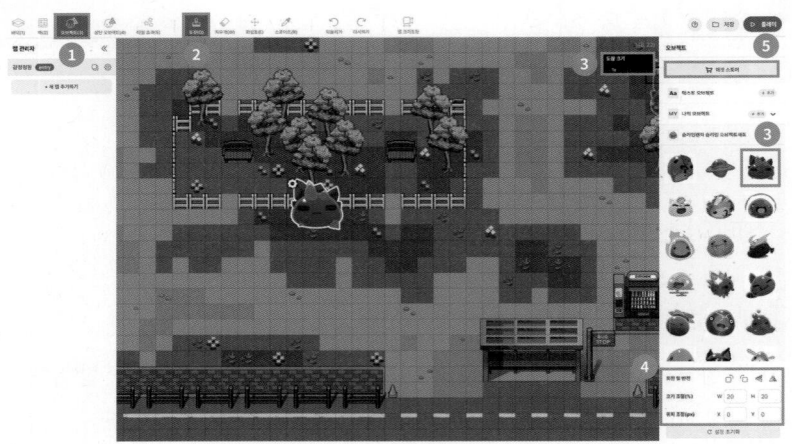

[그림 4-22] 오브젝트 추가하기

D. 오브젝트 설정으로 기능 추가하기

① 텍스트 팝업 사용하기: 어떤 감정을 느낄 때 할 수 있는 행동을 안내하는 문장을 추가해 보자. 오브젝트 이름에 감정을 나타내는 단어를 적어 보아도 좋다.

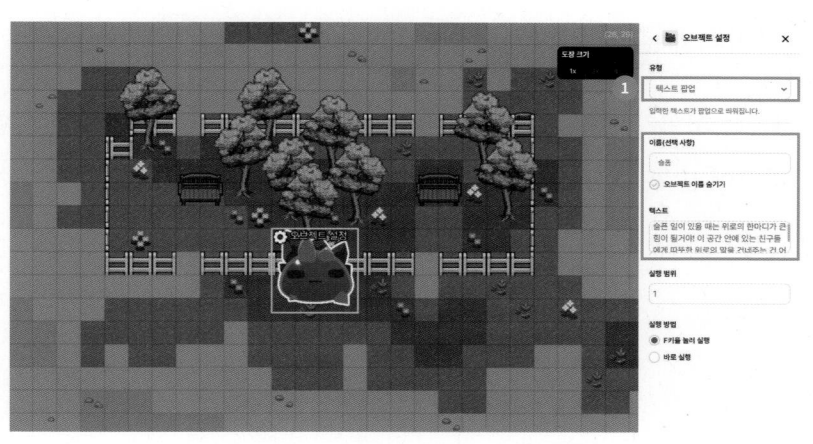

[그림 4-23] 오브젝트 설정하기 – 텍스트 팝업

② 비밀번호 입력 팝업 사용하기: 공간에 입장하기 위한 간단한 미션을 제공해 보는 것도 추천한다. 비밀번호는 책 속 상황에서 공간 속 감정과 어울리는 유의미한 맥락을 찾아 설정할 수 있다.

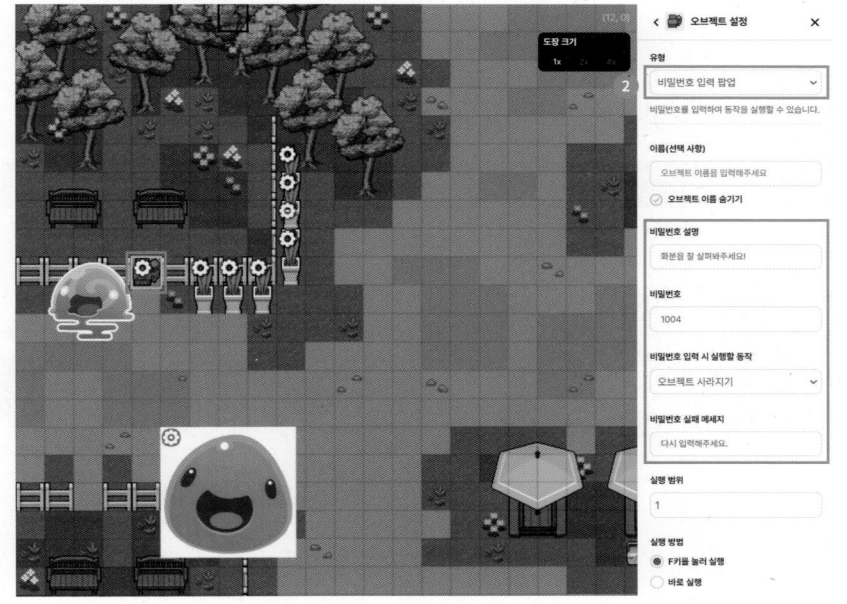

[그림 4-24] 오브젝트 설정하기 – 비밀번호 입력 팝업

E. 아바타에 감정 더하기

아바타 꾸미기 설정 화면에서 닉네임과 상태 메시지를 오늘 나의 기분에 맞게 바꾸어 본 후 감정 정원을 거닐며 서로의 감정을 나누어 보자.

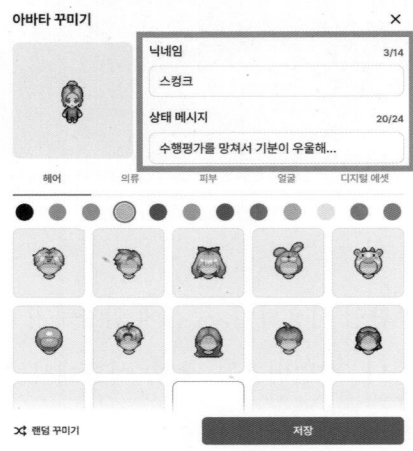

[그림 4-25] 아바타 꾸미기

F. 완성 예시 및 학생 산출물

[표 4-9] 산출물 QR 코드 및 화면

2. 다문화 놀이터에서 편견 날려 보내기

도서	성취 기준	추천 수준
	[4사03-02] 우리 사회에 다양한 문화가 확산되면서 나타나는 긍정적 효과와 문제를 분석하고, 나와 다른 사람이나 집단의 문화를 존중하는 태도를 기른다. [6도02-02] 편견이 발생하는 이유를 탐색하여 해결 방안을 살펴보고, 다양성 존중을 바탕으로 다른 사람과 올바른 관계를 맺기 위한 실천 방안을 탐구한다.	맵 에디터의 기초 기능을 활용하여 퀴즈를 만들기 때문에 4학년 이상이면 충분히 할 수 있어요! 사회/도덕 교과와 연계하여 학년 수준에 어울리게 퀴즈의 난이도를 조절해 봐요!

A. 스페이스 불러오기

① 퀴즈를 차례대로 풀어 나갈 수 있는 미로형 템플릿을 선택한다.

② 스페이스 설정 화면에서 스페이스 이름을 입력하고, 비밀번호 설정 & 검색 허용 여부, 태그를 어울리는 것으로 고른다.

③ [만들기]를 클릭한다.

④ 내 스페이스 목록에서 다문화 놀이터 스페이스를 확인할 수 있다.

⑤ '다문화 놀이터'의 성격이 잘 드러나도록 스페이스에 입장하기 전 에셋 스토어에서 '다양한 시민 캐릭터'와 같은 오브젝트를 미리 추가하는 것도 좋은 방법이다.

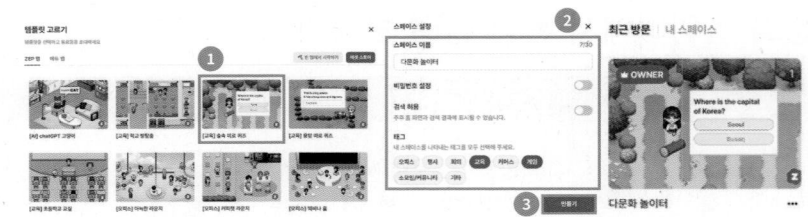

[그림 4-26] 다문화 놀이터 스페이스 불러오기

B. 오브젝트 설정으로 나만의 퀴즈 만들기

① 말풍선 표시 사용하기: 고정 말풍선 기능으로 퀴즈 주제, 진행 방법 등 퀴즈 시작을 위한 간단한 안내가 보이도록 한다.

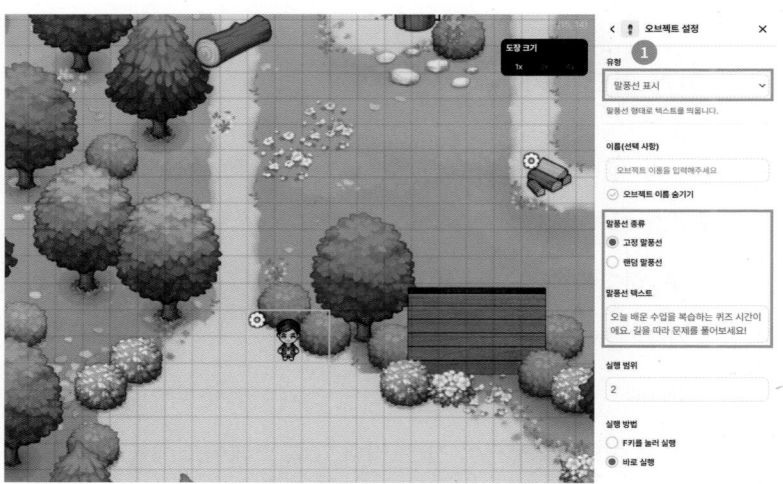

[그림 4-27] 오브젝트 설정하기 - 말풍선 표시

② 객관식 팝업 사용하기: 질문과 선택지를 입력하고 정답을 표시해 보자. 정답 선택 시 실행할 동작과 오답 메시지까지 넣으면 퀴즈가 손쉽게 완성된다.

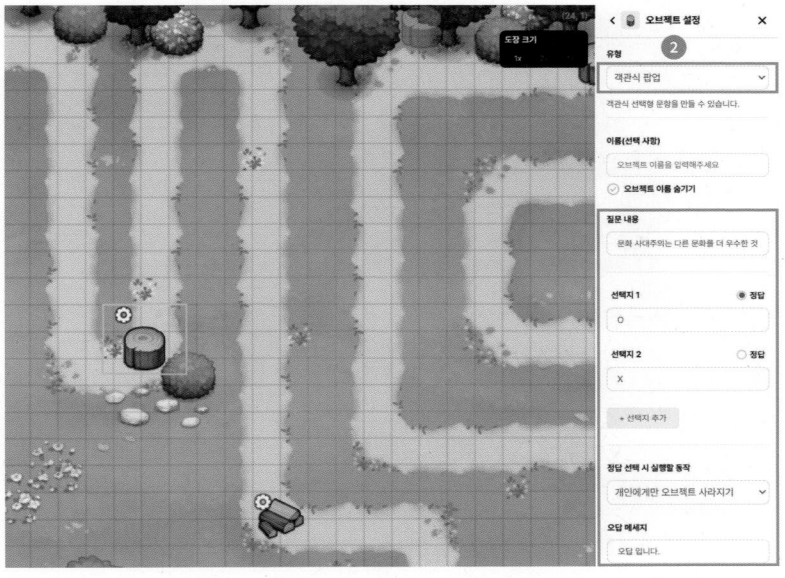

[그림 4-28] 오브젝트 설정하기 - 객관식 팝업

③ 팝업으로 웹사이트 열기 사용하기: 패들렛이나 띵커벨, 미리캔버스 등 다양한 에듀테크로 활용하여 편지 쓰기, 방명록 남기기, 캠페인 등으로 다문화 놀이터 활동을 마무리해 보자.

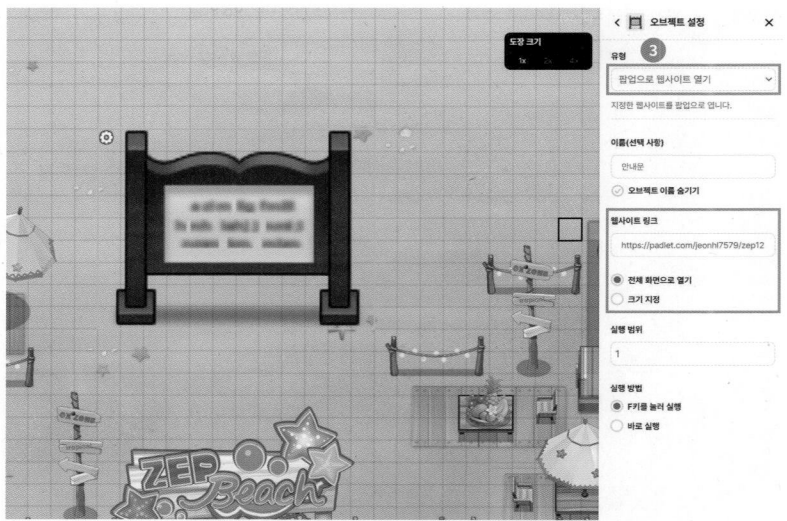

[그림 4-29] 오브젝트 설정하기 - 팝업으로 웹사이트 열기

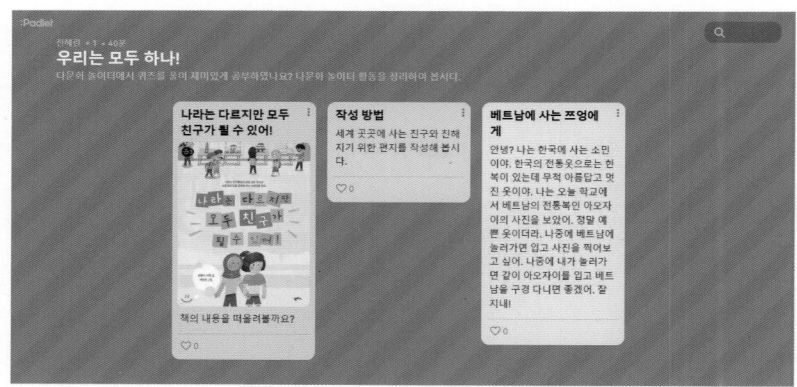

[그림 4-30] 웹사이트 링크 연결 화면 - '패들렛' 편지 쓰기 활동 예시

C. 맵 추가 및 이동하기

① 스페이스에 입장했을 때 처음 접속한 맵은 스페이스 이름 옆에 entry 표시가 되어 있다. 스페이스 내에 새로운 맵을 추가하기 위해 좌측에 위치한 맵 관리자에서 [+새 맵 추가하기]를 클릭한 후 마음에 드는 템플릿을 골라 보자.

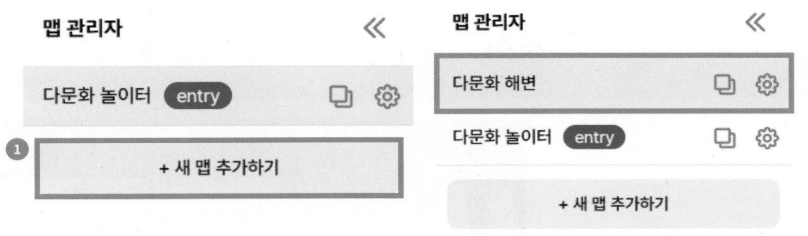

[그림 4-31] 새로운 맵 추가하기

② 퀴즈를 다 풀고 새로운 맵으로 이동하기 위해 퀴즈가 있는 맵에 포털을 설치해 보자. 추가한 맵으로 이동할 수 있도록 '스페이스 내 다른 맵으로 이동'을 선택하여 추가한 맵의 스폰 영역으로 이동할 준비를 마친다. 새로운 맵으로 이동했을 때 처음 등장할 장소를 스폰으로 정할 수 있다.

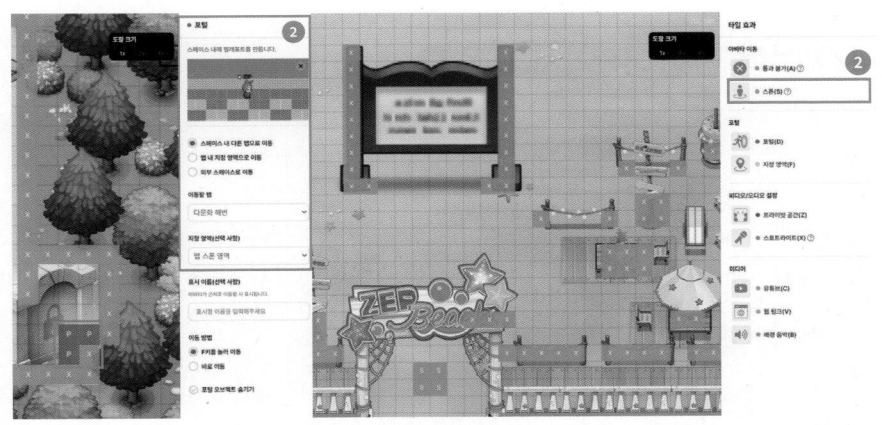

[그림 4-32] 맵 이동을 위한 타일 효과 설정하기 – 포털 & 스폰

D. 완성 예시 및 학생 산출물

완성 예시	학생 산출물
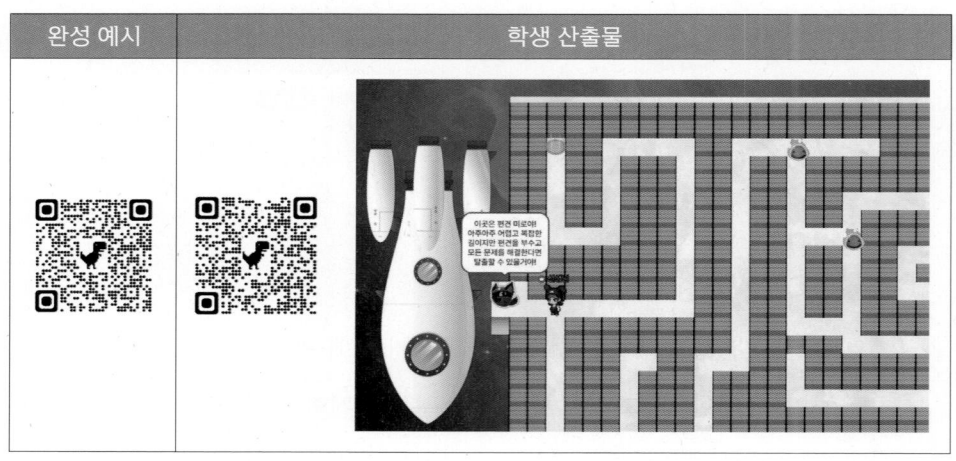	

[표 4-10] 산출물 QR 코드 및 화면

3. 시간 여행 탐험대: 역사 대탈출

도서	성취 기준	추천 수준
내가 옛날에 태어났다면?	[4사04-01] 옛날 풍습에 대해 알아보고, 오늘날과 비교하여 변화상을 파악한다. [6사04-02] 역사 기록이나 유적과 유물에 나타난 고대 사람들의 생각과 생활을 추론한다. [6사05-02] 조선 후기 사회·문화적 변화와 개항기 근대 문물 수용 과정에서 달라진 사람들의 생활을 이해한다.	맵 에디터의 심화 기능을 활용해서 방탈출 게임을 제작하기 때문에 ZEP 경험자에게 추천해요! 역사적 사실에 근거하여 퀴즈 문제를 짜임새 있게 구성할 수 있는 5~6학년에게 적합해요!

A. 입장용 스페이스 불러오기

① 역사 대탈출을 떠나기 위한 시작 장소에 어울리는 템플릿을 선택해 보자.

② 스페이스 설정 화면에서 스페이스 이름을 입력하고, 비밀번호 설정 & 검색 허용 여부, 태그를 어울리는 것으로 고른다.

③ [만들기]를 클릭한다.

④ 내 스페이스 목록에서 역사 대탈출 스페이스를 확인할 수 있다.

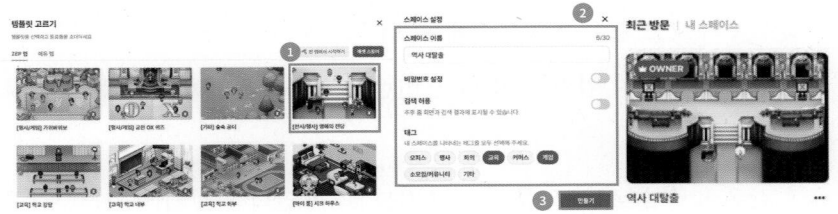

[그림 4-33] 역사 대탈출 스페이스 불러오기

B. 역사 대탈출 게임 맵 추가하기

역사 대탈출을 떠나기 위한 맵을 필요한 게임 개수만큼 추가할 것이다. 역사 대탈출 맵 에디터에 들어가 '새로운 맵 추가하기'를 눌러 다양한 형태의 공간을 구성할 수 있다. 역사 대탈출 맵에서 추가한 맵으로 이동할 때에는 '2. 다문화 놀이터에서 편견 날려보내기'처럼 '포털'과 '스폰' 기능을 활용하면 된다. ZEP Edu에서는 미니 게임 기능을 지원하지 않으므로 퀴즈 심화 기능을 활용하기 위한 핵심 스페이스인 '퀴즈룸 맵'은 꼭 포함시키도록 하자.

ZEP EDU 2022.10.13   교육부17시도교육청직능연 2023.01.27   [기타] 숲속 공터   [오피스] 아늑한 라운지
퀴즈룸 맵   **동굴탐험대 컨셉 배경 맵**

[그림 4-34] 맵 추가 예시

C. 역사 퀴즈룸 맵 구성하기

① 우측의 오브젝트 상세 설정에서 '텍스트 오브젝트'를 [+추가]한다.

② 상단에 메시지 입력 창이 뜨면 빈칸에 퀴즈로 출제하고 싶은 문제를 적고 [확인]을 누른다.

③ 같은 방식으로 퀴즈 문제와 보기를 모두 입력해 보자. 주관식 입력할 때 띄어쓰기가 필요한 답이 있다면 관련 힌트를 제공하여 답안 입력 오류를 최소화하도록 유의한다.

^예 인류 최초로 농경 문화가 시작된 시대는? □ □ □ □ □

[그림 4-35] 오브젝트 설정하기-텍스트 오브젝트로 퀴즈 만들기

④ ZEP Edu에서 제공하는 퀴즈룸 템플릿에서는 퀴즈 실행을 위한 '지정 영역' 타일 효과가 기본으로 세팅되어 있다. 기본 세팅 값에서 변경하고 싶은 사항이 생기는 경우 다음의 ZEP Script를 참고하여 '지정 영역' 타일 효과를 수정해 보자.

- 정답: quiz[번호]_correct   예 quiz1_correct
- 오답: quiz[번호]_incorrect   예 quiz1_incorrect
- 퀴즈 총 문제 수 설정: !zep_quizroom_set_quiz_[문제 수]
  예 !zep_quizroom_set_quiz_10

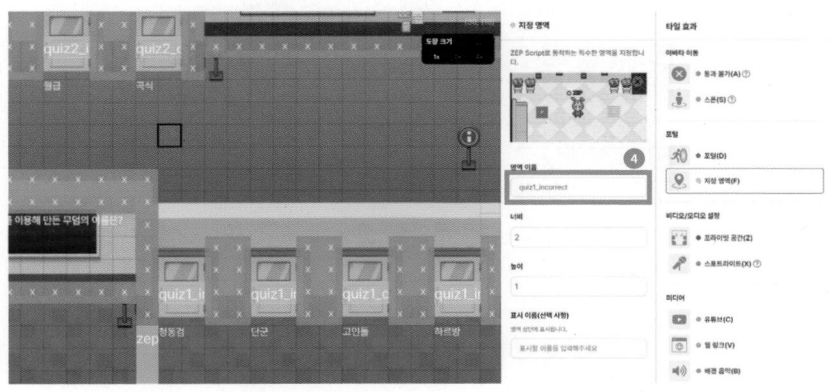

[그림 4-36] 퀴즈 실행을 위한 타일 효과 설정하기 – 지정 영역 ^{ZEP Script}

D. 게임으로 역사 대탈출 스토리텔링 하기

게임이 완성되면 '일본군이 우리 조선 땅에 쳐들어왔으니 봉화를 피워 소식을 전달하기 위해 북쪽으로 달려가 보자!'와 같은 역사적 사실 기반의 스토리텔링을 더해 보자.

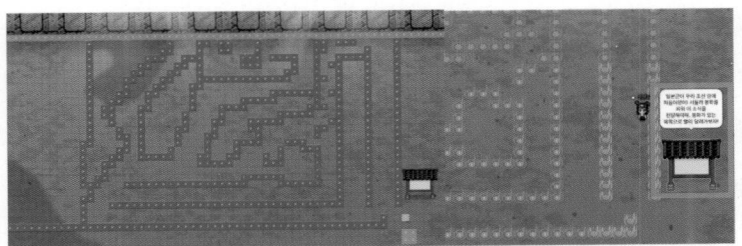

[그림 4-37] 역사 대탈출 게임 스토리텔링 맵 예시

E. 완성 예시 및 학생 산출물

완성 예시	학생 산출물

[표 4-11] 산출물 QR 코드

How to project(ZEP으로 나누는 비밀 이야기)

우리나라 아동·청소년의 전반적인 삶의 만족도는 감소하는 반면 부정 정서는 증가하고 있어 스트레스와 우울 정도가 높아진 것으로 나타났다. 아동은 언어 발달 정도가 성인과 비교했을 때 낮은 편이므로 다른 상담 방법으로의 접근이 필요하다. 그중 음악 치료는 음악 감상, 창작, 악기 연주 등의 다양한 음악적 경험을 통하여 몸과 마음을 회복시키는 치료 방법이다. 음악 치료는 전통적인 대면 방법에서부터 비대면 원격 진료까지 다양한 방식으로 이루어지고 있으며, 가상공간에서 아바타를 페르소나로 삼아 타인과 정서적 교감을 나누었을 때 사회성이 향상되었다는 연구 결과가 있다.

이렇듯 ZEP에서는 학습자가 세계관을 스스로 디자인할 수 있고, 아바타에 나의 정체성을 부여하여 사회적 상호작용이 가능하다. 이 점을 활용한다면 고민 상담이 필요한 학생들에게 평소 말로 하기 어려웠던 마음속 이야기를 끌어낼 수 있을 것이다.

1. 성취 기준 및 노벨 엔지니어링 수업 구성

ZEP이라는 가상현실에서 다른 이의 상처를 음악으로 치유하는 경험을 제공하는 것은 어떨까? '아바타'라는 페르소나를 활용하여 나의 상처를 치유하고, 서로의 고민을 '음악'이라는 매개체로 소통하고자 한다.

본 프로젝트는 음악을 기반으로 한 노벨 엔지니어링 수업으로 노래로 상처를 치유하는 경험을 공유하는 데 그 중점을 두었다. 특히 ZEP 공간 속 상호작용을 통해 고민을 함께 해결하며, 학교 상담실 프로그램과 연계해 보아도 좋겠다.

[4국05-04] 감각적 표현에 유의하여 작품을 감상하고, 감각적 표현을 활용하여 자신의 생각이나 감정을 표현한다.
[6국05-05] 자신의 경험을 소설, 극, 수필 등 적절한 갈래로 표현한다.
[4도01-01] 자신의 감정을 소중히 여기며 존중하는 태도를 바탕으로 내가 누구인가를 탐구한다.
[4도02-03] 공감의 태도가 필요한 이유를 이해하고 도덕적 상상력을 바탕으로 대상과 상황에 따라 감정을 나누는 방법을 탐구하여 실천한다.
[4음03-01] 느낌과 상상을 즉흥적으로 표현하며 음악에 대한 흥미를 갖는다.
[6음03-04] 생활 주변 상황이나 이야기를 활용하여 음악을 만들며 열린 태도를 갖는다.

차시	노벨 엔지니어링 수업 단계	활동
1~2차시	① 책 읽기 ② 문제 인식	▷ 『노래하는 은빛 거인』 책 읽기 ▷ 음악으로 상처 치유하기
3~5차시	③ 해결책 설계 ④ 창작물 만들기	▷ 은빛 상담소 공간 디자인하기 ▷ 은빛 상담소 제작하기 ▷ 음악으로 채우는 은빛 상담소 ▷ 은빛 상담소 체험하기
6~7차시	⑤ 이야기 바꾸어 쓰기	▷ 노래에 은빛 날개 달아 주기

2. 책 읽기 [NE 1단계]

『노래하는 은빛 거인』 신원미 글, 강창권 그림, 머스트비

장애를 가지고 있지만 긍정적인 성격의 진이는 현장체험 학습 장소에서 노래하는 은빛 거인 조각상을 마주친다. 은빛 거인은 고장 나 제대로 된 노래를 부를 수 없기에 지나가는 사람들의 가시 돋친 말에 오랜 기간 상처를 받아 왔다. 진이와 은빛 거인이 노래를 통해 서로 교감하게 된다면, 은빛 거인의 상처 입은 마음을 치료해 줄 수 있지 않을까?

3. 문제 인식 [NE 2단계]

노래는 사람에게 큰 영향력을 행사한다. 내가 상처받았을 때, 기분이 좋지 않을 때 노래를 통해 기분을 전환하거나 노래 가사에 감동받은 적이 있었는가? 각자 이와 관련된 경험을 떠올려 보고, 친구들과 함께 나눠 보자. 이 과정에서 다른 이의 부정적인 감정을 해소하는 방법을 새롭게 배울 수도 있다. 모두의 경험을 하나로 모아 정리한다면, 우리 반의 특색 있는 음악 치유 플레이리스트가 완성될 것이다.

[음악으로 상처 치유하기]

1. 기분이 우울할 때, 기분을 전환하기 위해 노래를 들은 적이 있나요? 또는 노래를 통해
   감동받은 적이 있나요? 자신의 경험을 노래 정보와 함께 적어봅시다.

2. 친구들의 경험을 들으며, 우리 반 음악 치유 플레이리스트를 완성하여 봅시다.

친구 이름	노래 제목	가수 이름	관련 경험 요약하기

[그림 4-38] 음악으로 상처 치유하기 활동지 예시

4. 해결책 설계 [NE 3단계]

　문제 인식 활동에서 상처를 치유하기 위해 음악을 활용한 경험을 공유하였다면, 이번에는 ZEP의 특성을 살려 다양한 방법으로 고민을 나눌 수 있는 '은빛 상담소' 공간을 계획해 볼 것이다. 혼자 속으로만 가지고 있던 고민을 타인에게 이야기할 때 가장 걱정하는 부분은 '나의 비밀이 다른 사람으로부터 지켜질 수 있을까?' 이다. ZEP 공간 속에서 만나는 아바타는 서로 누구인지 알 수 없으므로 고민을 털어놓는 것에 대한 부담감을 낮춰줄 수 있을 것이다. 더불어 ZEP의 '프라이빗 공간' 기능을 활용한다면 같은 스페이스에 다수가 있더라도 나와 동일한 프라이빗 공간에 있는 아바타끼리 선택적으로 소통할 수 있으므로 '상담소'라는 공간을 만들기에 적합하다.

　이를 위해 ZEP의 여러 가지 기능을 떠올려보고, 그 기능을 살려 ZEP 스페이스로 상담소 공간을 설계해 보자. 위로를 받기도 하고, 음악으로 안정을 찾는 휴식을 취할 수도 있다. 상담소 공간을 디자인하기 위해 [그림 4-39]와 같은 활동지를 활용해 보아도 좋겠다.

[은빛 상담소 공간 디자인하기]

※ ZEP을 활용하여 서로의 고민을 나누며 음악으로 소통할 수 있는 은빛 상담소를 디자인하여 봅시다.

1. 지난 시간에 ZEP을 탐구하며 사용했던 기능에는 어떤 것들이 있었나요?

2. 1번에서 적은 ZEP의 기능을 고려하여 은빛 상담소에 어떤 공간을 구성하면 좋을지 계획을 세워봅시다.

 (1) 은빛 상담소에는 어떤 공간이 필요할까요?

 (2) ZEP.US에 들어가 웨일 스페이스로 로그인한 후, [스페이스 만들기]-[ZEP 맵]에서 원하는 맵을 골라봅시다.

우리 모둠이 선택한 맵	

 (3) 좌측 메뉴에서 [맵 에디터]에 들어가 맵 전체 공간을 확인해봅시다. 맵 에디터 화면을 바탕으로 은빛 상담소 공간 구성 계획을 아래에 스케치하여 봅시다.

[그림 4-39] 은빛 상담소 공간 디자인하기 활동지 예시

상담소 공간을 디자인할 때 ZEP 속 공간을 함께 탐색해 보면서 계획할 수 있도록 시간을 충분히 제공해 주자. 혹은 이미 기존에 만들어져 있는 ZEP 사례를 탐험하며 공간 구성에 대한 아이디어를 얻어 갈 수도 있다. 맵의 자유도가 높기 때문에 학생들이 원하는 대로 공간을 구성해 나가는 자기 주도적 학습 경험의 기회를 제공할 것이다.

5. 창작물 만들기 [NE 4단계]

A. 은빛 상담소 스페이스 구성하기

이제 ZEP을 활용하여 은빛 상담소를 제작할 것이다. 원하는 템플릿을 골라 ZEP 스페이스를 불러오고, 에셋 스토어에서 공간 구성에 필요한 오브젝트나 앱을 추가해 보자. 추가한 앱은 스페이스에 들어가면 좌측 메뉴에서 바로 볼 수 있으며, 추가한 오브젝트는 맵 에디터 우측 메뉴에서 확인 가능하다.

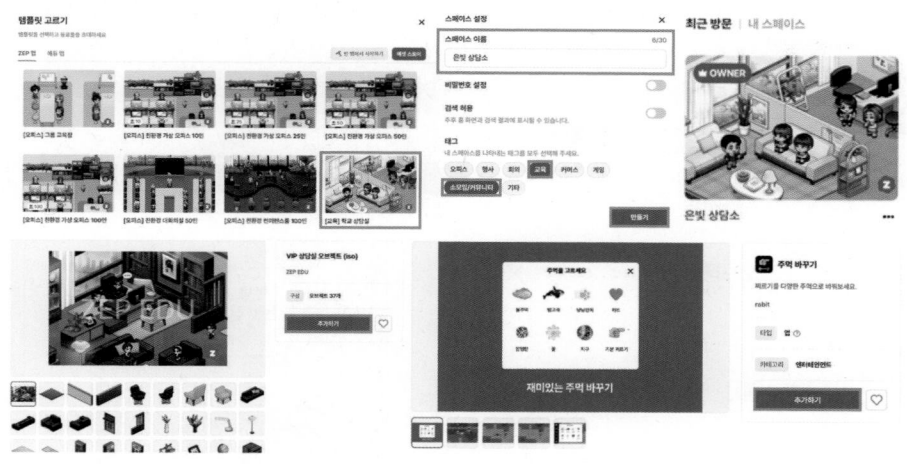

[그림 4-40] 은빛 상담소 스페이스 만들기

B. 오브젝트 설정으로 은빛 상담소 제작하기

오브젝트의 다양한 설정을 활용하여 은빛 상담소 곳곳을 꾸며 보자. 노벨 엔지니어링의 맥락을 살려 은빛 상담소에 '진이'와 같이 책 속 주인공을 사람 오브젝트로 활용하여 등장인물과 이야기하는 경험을 제공해 보아도 재미있을 것이다.

상담소 간판을 텍스트 오브젝트로 나타내고, 맵에 입장하면 책 속 주인공이 었던 '진이'가 웃으며 말풍선으로 환영해 준다. 비밀 상담실에서 의사 선생님 오브젝트가 텍스트 팝업으로 상담실의 특징을 안내해 주고, 휴식 공간에 입장 하기 위해 맵을 돌아다니며 비밀번호를 찾아다니는 재미 요소를 추가할 수도 있다. 이외에도 다양한 오브젝트를 추가하여 특색 있는 우리만의 상담소를 만 들어 보자.

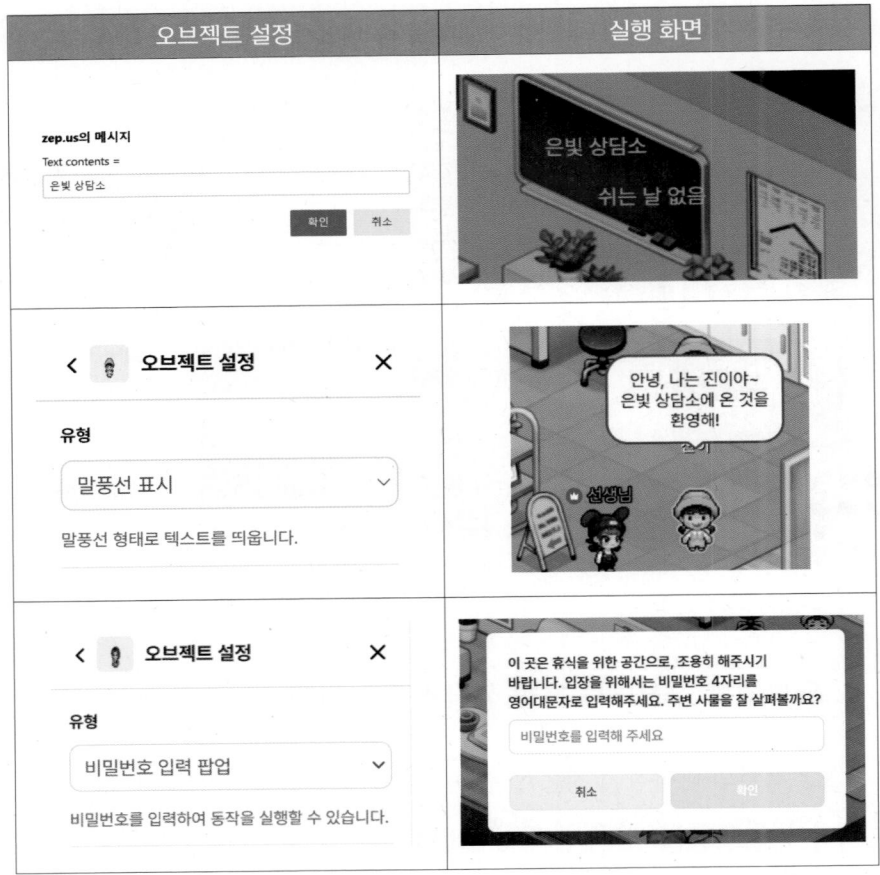

오브젝트 설정	실행 화면

[표 4-12] 오브젝트 설정과 실행 화면 예시

C. 음악으로 채우는 은빛 상담소

실제 상담소에 방문하면 아늑한 분위기의 음악이 흘러나와 우리의 마음을 편안하게 만들어 준다. 은빛 상담소에서 활용하기 위한 음악을 인터넷으로 조사한 후 ZEP 스페이스에 추가해 보자. 이때 '3. 문제 인식'에서 만든 우리 반 음악 치유 플레이리스트를 참고하는 방법도 추천한다.

① 유튜브 https://www.youtube.com/ 에 접속한다.

② 은빛 상담소 공간 계획서를 참고하여 어울리는 분위기의 음악을 검색한다.

③ 원하는 음악을 찾았다면 [공유] 버튼을 클릭한다.

④ 공유 창에서 링크를 복사한다.

[그림 4-41] 유튜브로 음악 검색 및 공유하기

⑤ 은빛 상담소 맵 에디터에서 [타일 효과[5]] 버튼을 클릭한다.

⑥ 우측 타일 효과 상세 설정에서 [유튜브[6]]를 선택한다.

⑦ '연결할 유튜브 URL'에 ④에서 복사한 유튜브 링크를 붙여넣기 한다.

⑧ 상단 메뉴에서 [도장[9]] 버튼을 클릭하고 맵 위의 원하는 위치에 타일 효과를 생성한다.

⑨ 너비와 높이, 재생 방법을 적절하게 설정한다.

[그림 4-42] 타일 효과 설정 - 유튜브 활용하여 음악 추가하기

그밖에 학생들이 실물 악기로 연주하는 것을 녹음하거나 인터넷에서 저작권 무료 음악을 다운로드하여 사용할 수도 있으며, 직접 어울리는 음악을 '크롬 뮤직랩 https://musiclab.chromeexperiments.com/' - [송 메이커]로 직접 제작해보아도 좋겠다. 학급 상황에 맞게 원하는 방법을 선택하여 은빛 상담소를 음악으로 채워 보자.

D. 비밀 상담실 만들기

비밀 상담실에서는 상담하는 내용이 다른 사람에게 알려지지 않도록 타일 효과 중 '프라이빗 공간'을 활용할 수 있다. 같은 ID^{채널} 번호끼리 음성 및 비디오를 공유할 수 있으므로 비밀 상담실이 여러 곳이라면 영역 ID를 각각 다르게 설정해야 함에 유의하자.

[그림 4-43] 프라이빗 공간으로 비밀 상담실 만들기

E. 앱을 활용한 은빛 상담소 이벤트 기획하기

은빛 상담소에 방문한 사람들에게 행복한 추억을 선물하기 위한 이벤트를 만들어 줄 수도 있다. 맵 에디터를 나와 ZEP 스페이스 화면 좌측 편집 메뉴에서

‘추첨 앱’을 추가해 보자. 3명 이상의 참가자가 있을 때 실행할 수 있으며, 1명의 당첨자를 랜덤으로 추첨한다. 10초 카운트다운이 진행되며 추첨 번호가 하나씩 공개되고, 마지막에 당첨자가 발표된다. 간단한 조작 방법으로 은빛 상담소 내에서의 즐거운 설렘을 느낄 수 있도록 도와주는 것은 어떨까?

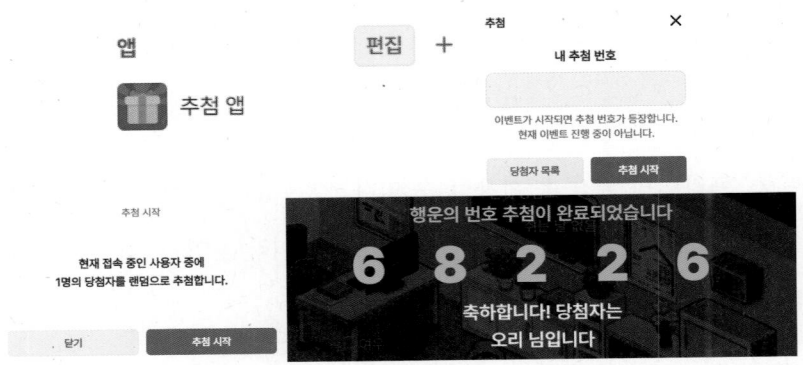

[그림 4-44] 앱 추가하여 이벤트 만들기

F. 완성 예시 및 학생 산출물

완성 예시	학생 산출물	
QR	QR	QR

[표 4-13] 산출물 QR 코드

학생들은 모두 한 명의 크리에이터가 되어 창의적인 산출물을 제작하였다. 참가자에게 개별 미션을 부여하거나 음악을 듣고 어울리는 리액션을 따라 하도록 유도하는 소통 중심의 활동을 구현하는 작품이 특히 인상적이다.

우리 반 친구들이 만든 은빛 상담소를 가상의 이름을 지닌 아바타로 체험하며 실제 가지고 있던 고민을 해결하기도 하고, 평소 내성적인 성격의 학생이 ZEP 안에서 가장 활발하게 돌아다니며 채팅하는 의외의 모습까지! 기존에 보기 어려웠던 학생들의 색다른 모습을 확인할 수 있을 것이다.

6. 이야기 바꾸어 쓰기 [NE 5단계]

노벨 엔지니어링의 핵심은 이때까지의 프로젝트를 마무리하며 얻게 된 가치를 내면화하는 이야기 바꾸어 쓰기 단계에 있다. 이 수업은 음악을 기반으로 한 노벨 엔지니어링 프로젝트인 만큼 음악으로 마무리하고자 한다. 은빛 상담소를 체험한 후의 소감을 책 마지막 페이지에 등장하는 '노래하는 거인'의 가사 속에 녹여 노래를 불러 보는 활동을 진행할 수 있다. 책 속 '노래하는 거인'의 악보는 해당 도서의 마지막 페이지에 나와 있으니 참고해 보자. 바꾼 가사에 맞게 노래 제목을 새롭게 지어 보거나 가사에 어울리는 그림을 추가로 그려 보는 활동을 추가로 진행해 보아도 좋다.

앞으로 주변 사람들에게 상처를 받거나 고민이 생긴다면 학생들은 지금의 경험을 떠올릴 수 있을 것이다. 내가 느낀 부정적인 감정을 줄이기 위해 음악으로 소통하는 방법을 삶 속에서 지속적으로 실천하는 좋은 기회가 되지 않을까?

5장

/

마인크래프트(Minecraft)로
쌓는 나만의 세상

Why 마인크래프트(Minecraft) Education Edition

마인크래프트는 가상의 세계에서 창의적으로 구조물을 제작할 수 있는 샌드박스형 게임이다. 사용자가 원하는 형태로 지형을 변경하거나 건축물을 지을 수 있다는 점에서 높은 창작 자유도를 갖췄다. 또한, 실제 세계를 그대로 반영하되, 외부 환경 정보를 통합하여 제공하는 MR$^{Mirror\ World, 거울\ 세계}$를 구현한다. 거울 세계에서는 현실의 공간을 가상의 공간으로 확장시켜 현실의 공간에서 이루어지던 교수학습 활동을 가상의 세계로 이동시킬 수 있다. 마인크래프트를 활용한 수업 연구 결과를 [표 5-1]로 정리하였으니 살펴보자.

교과 및 주제	효과
국어	국어(인물의 관점 파악하기) 단원의 교수학습 시 학생들의 수업 참여도에 긍정적인 영향을 확인하였음.
사회	우리 지역의 지리, 역사를 알아보는 사회 단원 교수학습 시 장소감과 학생들 간의 협력적 대화에 긍정적인 영향을 주는 것을 확인하였음.
	사회(도시의 발달과 주민생활) 단원에서 마인크래프트 활용 교수학습이 학생들의 창의적 문제 해결력과 학습 몰입도에 유의미한 영향을 주었음.
수학	수학(공간과 입체 도형) 수업에서 블록을 쌓아 다양한 쌓기 나무를 만드는 활동을 통해 메타버스 리터러시를 향상함.
	가상공간에서 블록을 쌓으며 평면 도형과 입체 도형의 구성 요소와 성질을 알아보는 수업이 학생들의 공간 감각에 긍정적인 영향을 미침.
미술	명화를 감상하고 가상공간에서 명화 속 비례와 동세를 표현하는 움직임을 표현하는 수업이 학습자의 STEAM 태도와 학습자 만족도를 함양함.

교과 및 주제	효과
환경 교육	지구의 기후 변화를 이해하고 메타버스에서 지구의 날을 알리는 슬로건을 만들어 알리는 수업이 학습자의 협력적 문제 해결력을 향상함.

[표 5-1] Minecraft 선행 연구

　선행 연구를 통해 다음과 같은 효과가 있음을 확인하였다. **블록을 쌓아 우리 지역의 모습을 자유롭게 설계하거나 역사적 장소를 건축하는 과정은 학생들의 독창성과 창의적 문제 해결력을 길러 주었다. 또 학생들이 공동의 문제를 해결하기 위해 소통하고 협력하는 과정은 협력적 문제 해결력 향상의 발판이 되었다.** 하지만 기존 연구는 도달하고자 하는 교과의 성취 기준이 분명하여, 학생들에게 해결해야 할 문제 상황이 정해진 채로 제시되는 점이 아쉬웠다. 그렇다면 **마인크래프트의 장점을 살려 학생들이 직접 문제 상황을 정의하고 해결책을 설계하여 자신만의 이야기를 구성해 보게 하면 어떨까?** 이번 장에서는 이야기와 마인크래프트를 융합한 노벨 엔지니어링 수업 사례를 살펴보고자 한다. 1,000여 개의 다양한 3D 아이템으로 나만의 스토리와 건축물을 만들어내는 과정은 창의력의 한계를 무궁무진하게 넓혀 줄 것이다.

1. What is 마인크래프트(Minecarft) Education Edition

　　마인크래프트는 스웨덴의 게임 개발사 모장 스튜디오가 제작한 샌드박스형 게임
https://education.minecraft.net/ko-kr 이다. 모양과 기능이 다른 블록을 자유롭게 배열하여 자신이
상상하는 건축물이나 세계를 만드는 것이 가능하다. 게임 모드로는 자원을 생성하여
생존하는 '서바이벌 모드', 자유롭게 세계를 가꾸는 '크리에이티브 모드' 등이 있다.
M:EE은 교육용으로 배포되는 마인크래프트로 교사가 수업을 관리할 수 있도록 학생
들의 학습 환경을 통제하고 활동 내용을 저장할 수 있는 권한을 부여한다.

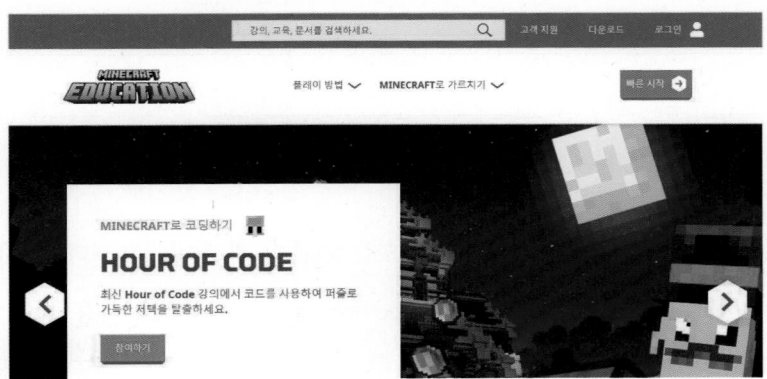

[그림 5-1] Minecraft Education Edition 홈페이지

1) M:EE 시작하기

A. 설치하기

M:EE은 공식 홈페이지^{http://education.minecraft.net} 다운로드 에서 설치 파일을 받을 수 있다. M:EE은 Windows뿐 아니라 Chromebook, Android, iOS 등 다양한 운영 체제와 플랫폼에서 사용이 가능하다. 홈페이지 우측 상단의 다운로드를 클릭하면 다운로드 페이지가 열린다. 활동할 기기에 맞는 플랫폼을 선택해 보자.

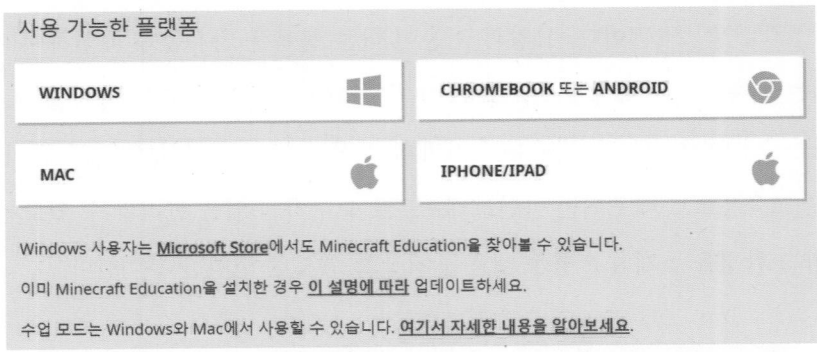

[그림 5-2] M:EE 다운로드 화면

B. 계정 만들기

M:EE에 접속하기 위해서는 학교 또는 기관의 계정이 필요하다. 교사와 학생들은 마이크로소프트의 교육용 Office 365 계정으로 무료로 사용할 수 있다. 그 밖의 경우 개별 라이선스를 구매할 수 있다. 교육용 Office 365와 구매에 대한 안내는 마이크로소프트 홈페이지^{https://www.microsoft.com/ko-kr/education/products/office} 에서 확인할 수 있다.

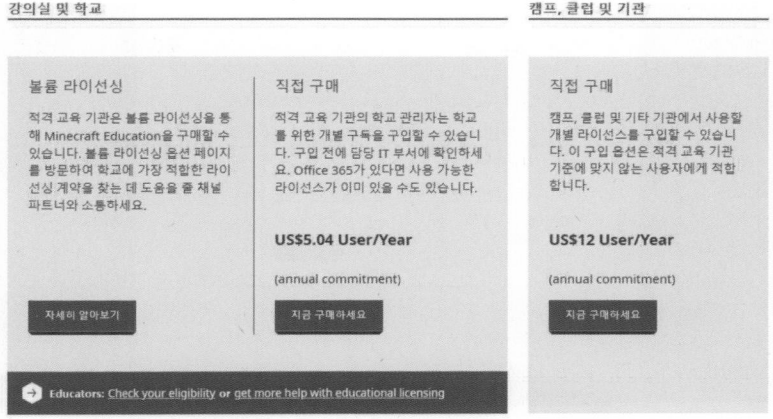

[그림 5-3] Minecraft Education Edition 구매 방법

Office 365 Education

[그림 5-4] 마이크로소프트 교육용 Office 365 안내

C. M:EE 접속하기

M:EE 시작 화면에 마이크로소프트 Office 365 계정과 비밀번호를 입력하고 로그인한다.

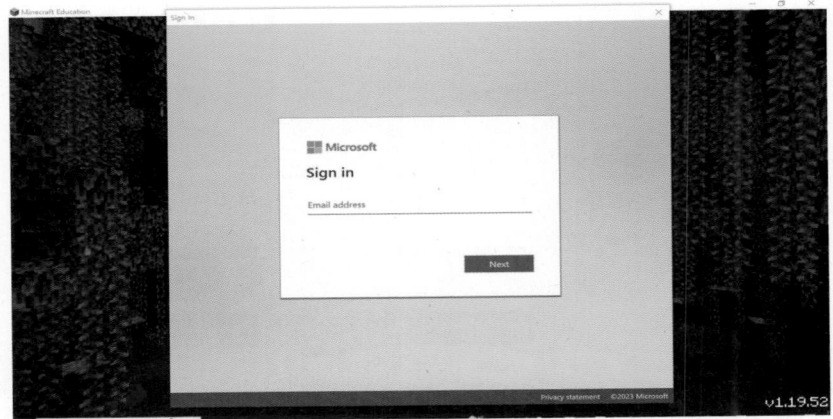

[그림 5-5] Minecraft Education Edition 접속하기

D. M:EE 인터페이스 살펴보기

시작 화면의 우측에는 나의 캐릭터가 표시되고 마인크래프트 설정 및 사용을
위한 버튼들이 표시된다.

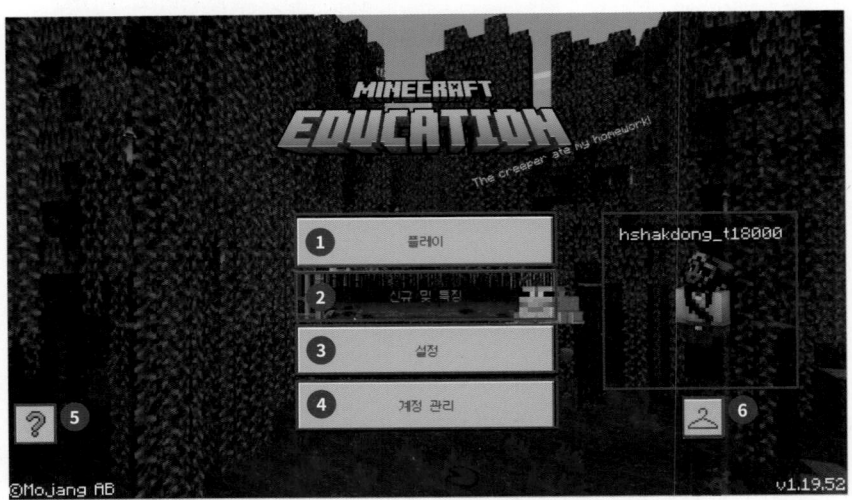

[그림 5-6] Minecraft Education Edition 시작 화면

① [플레이] : 첫 번째 버튼 [플레이]를 클릭하면 게임을 시작할 수 있다. [플레이]에 대한 자세한 설명은 '2) M:EE 체험하기' 에서 다루도록 하겠다.

② [신규 및 특징] : 두 번째 버튼 [신규 및 특징]을 클릭하면 라이브러리에 새롭게 추가된 월드와 월드 하이라이트, 즐겨찾기를 볼 수 있다.

③ [설정] : 세 번째 버튼 [설정]을 클릭하면 자세한 게임 방법과 함께 키보드, 마우스에 대한 설정과 비디오, 오디오, 언어, 글로벌 리소스 등에 대한 세부 설정을 할 수 있다.

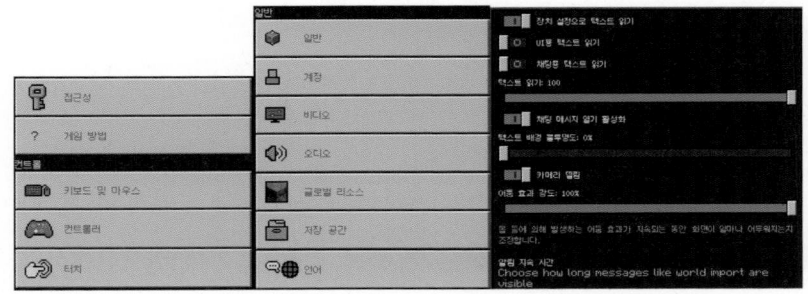

[그림 5-7] Minecraft Education Edition 설정 화면

④ [계정 관리] : 마지막 버튼 [계정 관리]를 클릭하면 [설정]의 계정 관리로 바로 이동하게 된다. 계정 전환 및 로그아웃을 할 수 있다.

⑤ : 좌측 하단에 있는 물음표를 클릭하면 마인크래프트 에듀케이션 에디션의 기능과 업데이트 정보, 사용법에 대한 설명을 볼 수 있다.

⑥ : 우측 하단에 있는 옷걸이 버튼을 클릭하면 플레이어의 스킨을 설정할 수 있는 창이 나타난다. 선택한 스킨은 자유롭게 선택이 가능하며 로그아웃 후에도 유지된다.

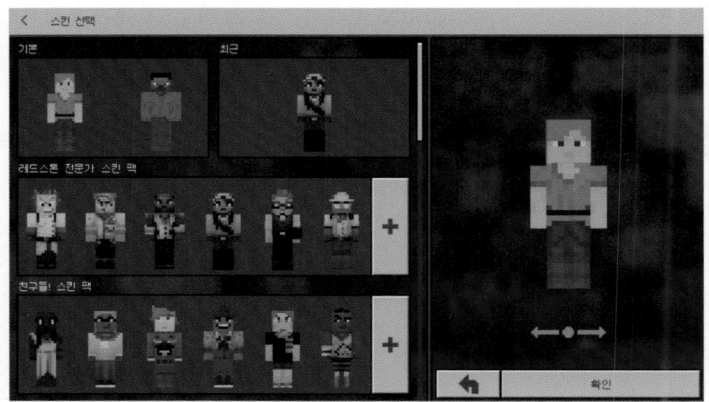

[그림 5-8] 스킨 선택

E. 클래스룸 모드

M:EE 클래스룸 모드는 수업을 진행하는 교사가 보다 손쉽게 학생들과 마인크 래프트를 관리할 수 있도록 도와주는 프로그램으로 에듀케이션에서만 지원되 는 기능이다. 공식 홈페이지 http://education.minecraft.net 에서 [다운로드]를 클릭하여 진한 글씨로 적힌 [여기서 자세한 내용을 알아보세요.]를 눌러 다운받을 수 있다.

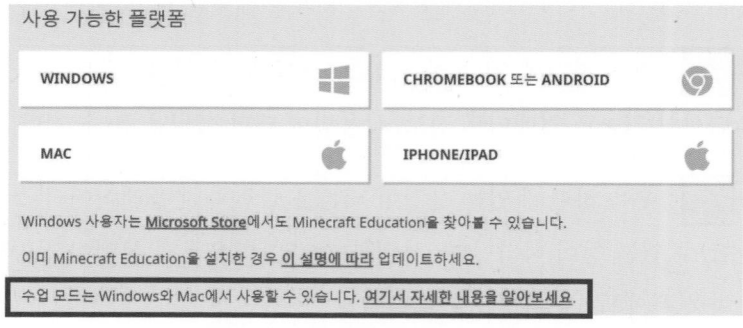

[그림 5-9] 클래스룸 모드 다운받기

① 로그인을 완료하면 로그인 창이 뜬다. 클래스룸에 로그인하는 계정은 방을 만든 선생님의 계정과 일치하는 계정이어야 한다.

② 로그인을 완료하면 클래스룸 모드 창과 함께 명령어 코드가 뜨는데 📋 버튼을 클릭하거나 〈Ctrl+C〉를 눌러 복사한다.

③ 마인크래프트 화면으로 돌아와 키보드 T를 눌러 채팅창을 켜고 〈Ctrl+V〉를 눌러 명령어 코드를 붙여넣는다.

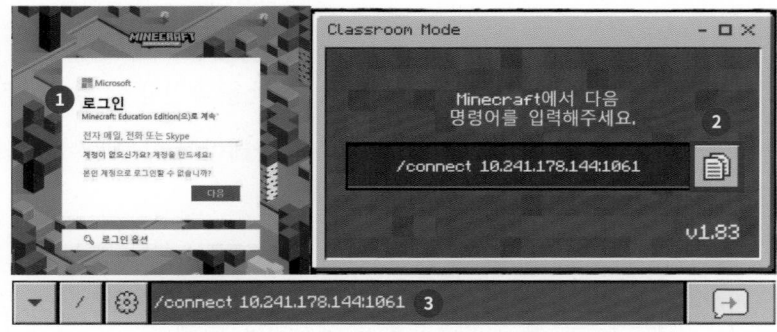

[그림 5-10] 클래스룸 모드 로그인 화면과 명령어 화면

M:EE에서 클래스룸 모드가 실행되면 미니맵과 플레이어 명단, 채팅 영역을 볼 수 있다.

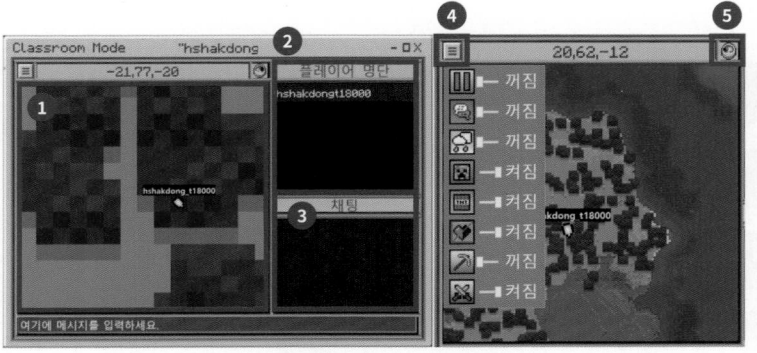

[그림 5-11] 클래스룸 모드 실행 화면

① 미니 맵: 마우스 커서의 위치를 좌표로 나타낸다. M:EE은 3D 게임이기 때문에 3차원 좌표 $X^{동서}$, $Y^{높이}$, $Z^{남북}$로 나타낸다. 좌푯값은 특정 위치에서 명령어를 실행할 때 유용하게 사용된다. 필요에 따라 지도는 이동할 수 있으며 스크롤을 위아래로 조작하여 확대 및 축소할 수 있다. 미니 맵의 넓은 검은색 영역은 아직 플레이어가 로드하거나 발견하지 않은 곳이다. 교사는 플레이어의 이름을 드래그하여 원하는 위치에 놓아 플레이어를 이동할 수 있다. 또는 마우스 오른쪽 버튼을 클릭$^{모두 여기로 텔레포트}$하여 모든 플레이어를 해당 좌표로 순간 이동하기가 가능하다.

② 플레이어 명단: 현재 접속한 플레이어의 명단을 확인할 수 있다. 각 플레이어는 고유한 색상을 갖게 되고, 이러한 색상은 플레이어 이름과 아이콘으로 맵에서 공유된다.

③ 채팅: 월드에서 이루어지는 채팅을 실시간으로 확인하고 메시지를 입력할 수 있다. 마인크래프트 창에서 채팅을 할 경우에는 '플레이어'로 메시지가 표시되지만, 클래스룸 모드의 채팅 창에서 메시지를 입력할 경우 '교사'라고 메시지가 전송되는 것을 기억하자.

④ 게임 옵션: 좌측 상단의 ▤ 버튼을 클릭하면 8가지의 다양한 게임 옵션들이 나타난다. 게임 옵션의 기능은 다음과 같다.

⏸	모든 플레이어를 위해 게임 일시 중지	TNT	다른 블록을 파괴할 수 있는 아이템 사용 여부
🐛	모든 플레이어에 대해 채팅 비활성화	💔	플레이어의 손상 허용 여부
☁	항상 맑은 하늘과 날씨 설정	⛏	만들어진 월드 수정 금지
🟩	몹(살아 움직이는 생물) 등장 설정	⚔	플레이어 간에 공격 허용 여부

[표 5-2] 게임 옵션 기능

⑤ 시간 표시기: 미니 맵의 우측 상단에는 마인크래프트 월드가 낮인지 밤인지 알려주는 시간 표시기가 있다. 밤이 되면 시계는 달이 가로지르는 검은색으로 표시되고, 낮에는 노란색 태양이 가로지르는 밝은 파란색으로 표시된다. 마인크래프트의 시간은 실제 시간과 일치하지 않는다.

2) M:EE 체험하기

A. 플레이 화면 살펴보기

플레이 버튼을 클릭하면 새로 만들기와 월드에 참여하기를 비롯한 버튼들이 나타난다.

[그림 5-12] 플레이 화면

① 내 월드 보기

[내 월드 보기]를 클릭하면 내가 생성하거나 저장한 월드를 볼 수 있다. 원하는 목록 위에 오른쪽 마우스를 클릭하여 수정하거나 삭제를 할 수 있고 [새로운 월드]를 클릭하여 새로운 월드를 생성할 수 있다.

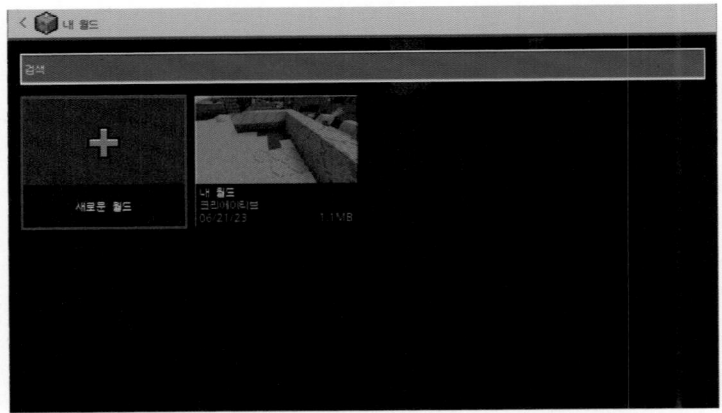

[그림 5-13] 내 월드 보기 화면

　새로운 월드를 만들면 다양한 게임을 설정할 수 있다. 먼저 게임 모드를 설정해야 하는데, 기본 게임 모드에는 '서바이벌'과 '크리에이티브' 2가지가 있다. 학생들이 재료를 자유롭게 사용해서 자신만의 월드를 만들기 위해서는 [크리에이티브] 모드를 선택한다.

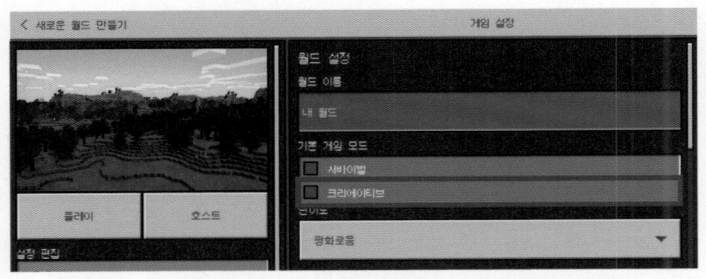

[그림 5-14] 새로운 월드 만들기 게임 설정 창

② 라이브러리 보기

　라이브러리에서는 다양한 주제의 월드를 체험해 볼 수 있다. [플레이 방법]을 클릭하여 M:EE 활용 방법을 익힐 수 있는 튜토리얼을 체험해 보자.

[그림 5-15] 라이브러리

[여기에서 시작]을 클릭하면 이동 방법에서부터 블록을 깨고 배치하는 방법, 카메라와 칠판, NPC를 활용하는 기술 등을 배울 수 있다.

[그림 5-16] 플레이 방법 화면

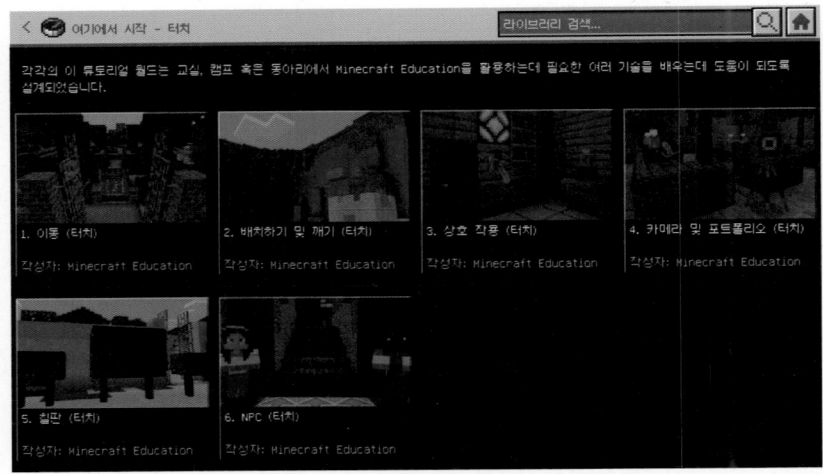

[그림 5-17] 여기에서 시작 튜토리얼 화면

③ 새로 만들기

새로 만들기 버튼을 클릭하면 신규로 월드를 만들거나 템플릿을 선택할 수 있다.

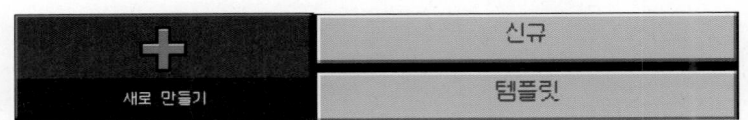

[그림 5-18] 새로 만들기 화면

④ 월드에 참여하기

[월드에 참여하기]를 누르면 호스트가 보내 준 참여 코드를 입력하는 창이 생긴다. 호스트는 월드의 [설정]을 눌러 플레이어들을 초대할 수 있는 참여 코드를 복사할 수 있다. 참여 코드는 4개의 아이템으로 이루어져 있다. 학생들을 월드에 참여시킬 때 교사가 참여 코드를 제공한다.

[그림 5-19] 월드에 참여하기 참여 코드 입력창

⑤ 가져오기

외부에 저장한 마인크래프트 파일을 가져올 수 있다.

[그림 5-20] 가져오기 버튼

B. 키보드 · 마우스 조작하기

M:EE의 플레이어는 키보드의 조작키와 마우스를 사용하여 움직이거나 블록을 선택하고 쌓을 수 있다. 키보드 조작키를 사용하면 더 빠르고 편리하게 게임을 할 수 있으니 잘 살펴보도록 하자.

기능 설명				
	W: 앞으로 이동	S: 뒤로 이동	A: 왼쪽으로 이동	D: 오른쪽으로 이동
	Q: 아이템 버리기	E: 인벤토리 창 열기	T/ ENTER: 대화창 열기	Shift: 허리 숙이기/ 2번-비행기 모드 해제	Space: 점프하기/ 2번-비행기 모드
	숫자를 눌러 1~9번의 아이템 선택하기			
	Esc: 설정 메뉴/ 취소	F1: 슬롯 보이기 & 감추기	F5: 시점을 변경하기(1인칭, 3인칭)	

[표 5-3] 키보드 조작키

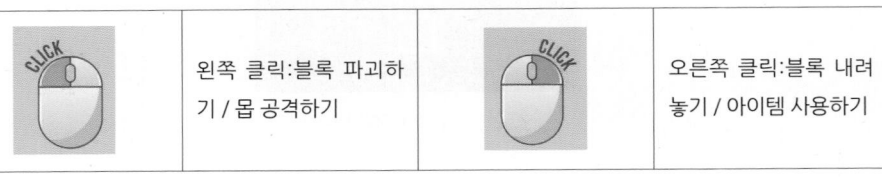

(CLICK)	왼쪽 클릭:블록 파괴하기 / 몹 공격하기	(CLICK)	오른쪽 클릭:블록 내려놓기 / 아이템 사용하기

[표 5-4] 마우스 조작 안내

C. 인벤토리

키보드의 E키를 누르면 M:EE의 인벤토리 창이 나타난다. 인벤토리 창에서는 플레이어가 원하는 아이템을 가져올 수도 있고, 플레이어의 소지품을 확인할 수도 있다.

① 왼쪽에는 플레이어가 사용할 수 있는 아이템을 '건축, 장비, 아이템, 자연' 순으로 살펴볼 수 있다.

② + 표시가 있는 블록은 클릭할 경우 관련된 다른 아이템들을 펼쳐서 볼 수 있다.

③ 오른쪽에는 플레이어의 상태와 소지품을 확인할 수 있는 창이 있다.

④ 오른쪽 하단에 있는 미니 인벤토리에 아이템을 넣으면 앞에서부터 키보드 1~9번 순으로 설정된다. 넣어 놓은 아이템은 게임 화면 가운데에서 미니 인벤토리로 확인할 수 있고 '핫바'라고 부르기도 한다. 아이템의 순서에 해당하는 키보드 숫자키를 눌러 사용하고자 하는 아이템을 빠르게 선택할 수 있다.

[그림 5-21] 인벤토리 창

2. When use the 마인크래프트(Minecraft) Education Edition

1) M:EE의 교육적 효과

앞선 선행 연구와 M:EE이 지닌 기술적 장점을 분석하여 교육적 효과를 다음과 같이 제시하였다. **첫째, 창의적 문제 해결력을 기를 수 있다.** 마인크래프트의 시스템과 콘텐츠를 활용하여 스스로 문제의 해답을 찾아내고 구성해 나가는 과정이 창의적 문제 해결력을 자극한 것으로 보인다.

둘째, 협력적 문제 해결력을 기를 수 있다. M:EE은 여러 명의 학생이 함께 참여할 수 있는 멀티플레이어 기능을 탑재했다. 이 기능은 플레이어들이 다양한 상호작용을 하며 상호 논의를 통해 문제를 해결할 수 있도록 돕는다. 그 때문에 '사회'나 '도덕' 교과의 우리 지역과 사회 공동의 문제에 대해 다루는 성취 기준 요소에서 마인크래 프트를 활용하면 학생들의 시너지를 얻을 수 있을 것이다.

셋째, 학생들의 공간 감각을 기를 수 있다. 특히 마인크래프트에서는 자신만의 3차 원 세계를 정립하는 과정에서 학생들의 공간 감각을 자극할 수 있다. 마인크래프트 를 활용하여 실과 교과에서 친환경 구조물을 재현하는 수업이나, 수학 교과의 입체 도형을 쌓는 활동도 충분히 고려할 만하다.

2) 성취 기준 분석 및 연결

M:EE에 대한 분석 결과를 다양한 교과의 성취 기준과 연결해 보았다. 학생들의 수 준과 학교급에 따라 유연하게 적용할 수 있으니 참고하자.

창의적 문제 해결력을 기를 수 있다.
[4사09-01] 생활 주변에서 찾을 수 있는 여러 가지 문제를 파악하고, 그 문제를 합리적으로 해결하는 능력을 기른다. [4사10-01] 여러 지역의 자연환경과 인문환경의 특징을 살펴보고, 환경의 이용과 개발에 따른 변화를 탐구한다. [6사12-02] 지구촌을 위협하는 다양한 문제들을 파악하고, 지속가능한 미래를 위한 해결 방안을 탐색한다. [4과05-03] 다양한 물질의 성질을 이용하여 쓰임새 있는 물체를 설계할 수 있다. [6실02-08] 다양한 도구와 재료를 활용하여 간단한 생활용품을 만들어 보면서 직접 만들어 쓰는 즐거움과 창의적 태도를 갖는다. [6실03-02] 발명사고기법과 기술적 문제 해결 과정을 이해하고, 다양한 재료를 활용하여 생활 속 문제를 해결할 수 있는 창의적인 제품을 구상하고 만들어 봄으로써 실천적 태도를 갖는다. [6실04-08] 생활 속 동식물을 기르고 가꾸는 방법을 알고, 동식물을 기르고 가꾸는 체험을 통해 생태 존중감을 갖는다. [6실05-01] 컴퓨터를 활용한 생활 속 문제해결 사례를 탐색하고 일상생활 속 문제를 해결하기 위한 알고리즘을 다양한 방법으로 표현한다.

협력적 문제 해결력을 기를 수 있다.
[4사01-02] 주변의 여러 장소를 살펴보고, 우리가 사는 곳을 더 살기 좋은 곳으로 만드는 방안을 탐색한다. [4사08-01] 학교 자치 사례를 통하여 민주주의의 의미를 이해하고, 학교생활에서 민주주의를 실천하는 능력을 기른다. [4과10-03] 물의 상태 변화를 이용하여 물을 얻을 수 있는 장치를 설계하고 만들 수 있다. [4과11-02] 화산의 의미와 화산 활동으로 나오는 물질을 알고, 화산 활동을 모형으로 표현할 수 있다. [4과16-03] 기후변화 대응 방법을 조사하고, 생활 속에서 기후변화 대응 방법을 실천할 수 있다. [6실02-11] 생태 지향적 삶을 위해 자신의 의식주 생활에서 할 수 있는 구체적인 행동을 계획하여 실천한다. [6실04-02] 생활 속 디지털 기술의 중요성을 이해하고, 디지털 기기와 디지털 콘텐츠 저작 도구를 사용하여 발표 자료를 만들어 보면서 디지털 기기의 활용 능력을 기른다. [6실05-03] 실생활의 문제를 해결하는 프로그램을 협력하여 작성하고, 산출물을 타인과 공유한다.
공간 감각을 기를 수 있다.
[6실04-01] 친환경 건설 구조물을 이해하고, 생활 속 건설 구조물을 탐색하여 간단한 구조물을 체험하면서 건설기술에 대한 가치를 인식한다. [6과07-04] 일상생활에서 단열을 이용하는 사례를 조사하고, 온도를 오랫동안 일정하게 유지할 수 있는 장치를 창의적으로 만들 수 있다. [6수03-03] 직육면체와 정육면체를 이해하고, 구성 요소와 성질을 탐구하고 설명할 수 있다. [6수03-09] 쌓기나무로 만든 입체도형을 보고 사용된 쌓기나무의 개수를 구할 수 있다. [6수03-10] 쌓기나무로 만든 입체도형의 위, 앞, 옆에서 본 모양을 표현할 수 있고, 이러한 표현을 보고 입체도형의 모양을 추측할 수 있다. [6수03-17] 직육면체와 정육면체의 겉넓이를 구하는 방법을 이해하고, 이를 구할 수 있다. [6수03-19] 직육면체와 정육면체의 부피를 구하는 방법을 이해하고, 이를 구할 수 있다.

[표 5-5] 관련 성취 기준

PART 03

How to class

1. 리디아의 정원 가꾸기

도서	성취 기준	추천 수준
	[6실04-08] 생활 속 동식물을 기르고 가꾸는 방법을 알고, 동식물을 기르고 가꾸는 체험을 통해 생태 존중감을 가진다.	3학년부터 6학년까지 나만의 정원을 만들어 보아요! 5~6학년은 직접 씨를 뿌리고 수확까지 해 보아요!

A. 정원 만들기에 필요한 아이템 살펴보기

① 아이템을 자유롭게 사용하기 위해 게임 모드는 [크리에이티브 모드]를 선택한다.

② 키보드 E를 눌러 인벤토리를 연다.

③ 정원의 테두리가 될 울타리를 미니 인벤토리에 담는다.

④ 정원에 심고 싶은 꽃과 나무를 미니 인벤토리에 가져온다. + 버튼을 누르면 다양한 종류의 꽃과 나무를 볼 수 있다.

[그림 5-22] 크리에이티브 게임 모드

[그림 5-23] 정원 만들기 아이템

B. 정원 울타리 설치하기

만들고 싶은 정원의 크기를 고려하여 울타리를 설치해 보자. 울타리 아이템 선택 후 마우스 오른쪽을 클릭하면 원하는 위치에 울타리를 설치할 수 있다. 울타리가 연장되었으면 하는 위치를 고려해서 연결되는 면을 클릭하면 一형으로 설치될 수도 있고 ㄱ자형으로 설치될 수도 있다.

　① [그림 5-24]에서 울타리의 ①을 클릭하면 [그림 5-25]의 왼쪽처럼 ㅡ자형으로 길게 연결된다.

　② [그림 5-24]에서 울타리의 ②를 클릭하면 [그림 5-25]의 오른쪽처럼 ㄱ자형으로 수직되게 연결된다.

[그림 5-24] 정원 울타리 설치하기

[그림 5-25] ㅡ자형 울타리^{왼쪽}와 ㄱ자형 울타리^{오른쪽}

[그림 5-26] 완성된 울타리 예시

C. 꽃과 나무 심기

꽃과 나무를 가꿀 정원의 울타리가 완성되었다면 원하는 식물을 선택하여 정원에 심어 보자. 식물을 심을 때에는 마우스 오른쪽을 클릭한다.

[그림 5-27] 정원 예시

D. 팻말 세우기

인벤토리에서 팻말을 선택하면 원하는 문구를 넣은 정원 소개 팻말을 만들 수 있다. 내가 리디아라면 정원을 어떻게 소개할지 생각해 보고 팻말 문구를 작성해 보자.

[그림 5-28] 팻말 아이템과 리디아의 정원 팻말

E. 농사짓기

학급 수준에 따라 직접 땅을 개간하고 씨를 심어 농사를 지을 수도 있다. 인벤토리에서 농사에 필요한 곡괭이와 물 양동이, 씨앗을 가져오자.

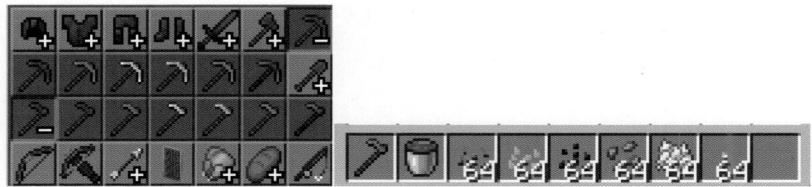

[그림 5-29] 농사짓기에 필요한 아이템

① 먼저 씨앗을 심는 땅과 물을 공급하기 위한 수로를 만들어야 한다. 씨앗을 심기 위해서는 땅을 다져 주어야 하는데 곡괭이 중 '돌괭이' 아이템을 선택한

후 마우스 오른쪽 버튼을 눌러 땅을 개간해 보자. 곡괭이의 종류는 자유롭게 선택해도 무관하다.

② 식물을 심고 기르기 위해서는 충분한 물이 필요하다. 씨앗을 심을 땅 옆을 파고 수로를 만들어 보자. 물 양동이 아이템을 사용하여 땅을 판 곳에서 마우스 오른쪽을 클릭하면 물이 채워지는 것을 볼 수 있다.

[그림 5-30] 괭이로 땅을 개간하고 수로 만들기

③ 땅을 개간한 곳에 씨앗을 뿌려 보자.

[그림 5-31] 씨앗 뿌리기

④ 시간이 지나면서 서서히 작물이 자라는 것을 관찰할 수 있다. 씨앗이 성장하는 데 빛이 도움이 되기 때문에 밭 옆에 횃불을 설치하는 것을 추천한다.

⑤ ![뼈가루] 뼈가루 아이템을 씨앗 위에 뿌려 주면 작물이 다 자란 상태로 빠르게 변하는 것을 확인할 수 있다.

⑥ 팻말 또는 칠판을 설치하여 농장에 대한 설명과 작물에 대한 관찰일지를 기록할 수 있다.

[그림 5-32] 시간에 따라 자라는 식물^{왼쪽}, 뼈가루로 즉시 자란 작물^{오른쪽}

[그림 5-33] 리디아의 농장 칠판

F. 완성 예시 및 학생 산출물

완성 예시	학생 산출물

[표 5-6] 완성 예시 및 학생 산출물

2. 헨젤과 그레텔 도와주기

도서	성취 기준	추천 수준
헨젤과 그레텔	[6실05-03] 실생활의 문제를 해결하는 프로그램을 협력하여 작성하고, 산출물을 타인과 공유한다.	블록 코딩을 하면 직접 블록을 설치하지 않아도 에이전트가 일을 척척해요! 블록 코딩을 다룰 수 있는 5~6학년에게 적합해요!

A. 코드 빌더 실행하기

코드 빌더는 M:EE과 연동할 수 있는 프로그램으로 스크래치, 메이크코드와 같은 블록 코딩 플랫폼처럼 마인크래프트 세상에서 코드를 구현할 수 있도록 돕는다.

① M:EE 화면에서 채팅 창 ①을 켜고 /code를 입력하면 화면 오른쪽에 마이크로소프트의 메이크코드 프로그램이 실행된다.

② [따라 해보기]를 눌러 다양한 튜토리얼을 체험해 볼 수 있다.

③ [새 프로젝트]를 눌러 새로운 메이크코드 편집기를 생성해 보자.

[그림 5-34] 메이크코드 프로그램 실행

B. 메이크코드 살펴보기

① 메이크코드는 스크래치, 엔트리와 마찬가지로 블록형의 명령어로 코딩을
할 수 있다. 플레이어, 블록, 몹, 에이전트 등 카테고리별로 블록이 묶여 있는 것
을 볼 수 있다.

② 중앙 상단 부분에 버튼을 눌러 블록 코딩 외에도 자바 스크립트, 파이썬 등
의 텍스트 명령어를 사용할 수 있다.

③ 편집기에 코드 블록을 코딩한 후 우측 하단의 플레이 버튼을 누르면 M:EE
에서 코드가 실행된다.

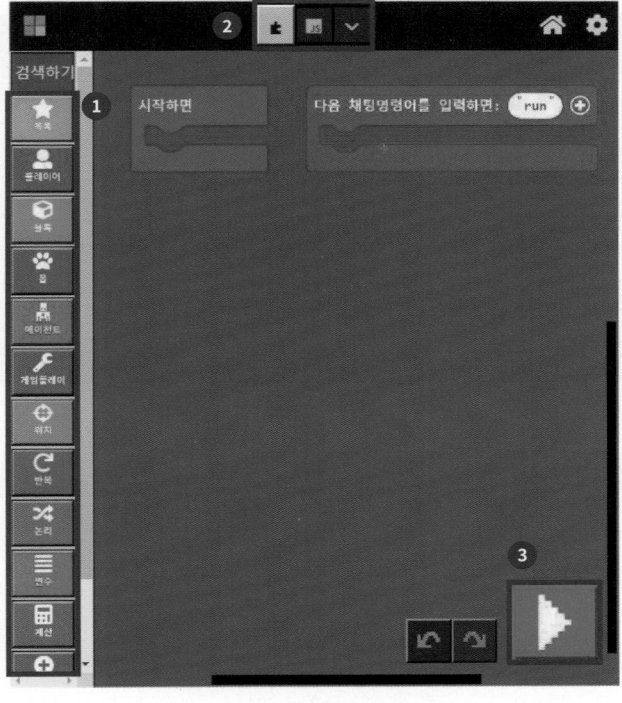

[그림 5-35] 메이크코드 편집기

C. 따라다니는 꽃 코딩하기

① [플레이어] 카테고리에서 [플레이어가 걷고 있으면 실행] 블록을 가져온다.

② [블록] 카테고리에서 [~0 ~0 ~0 에 놓기] 블록을 3개 가져와 플레이어 블록 안에 넣는다.

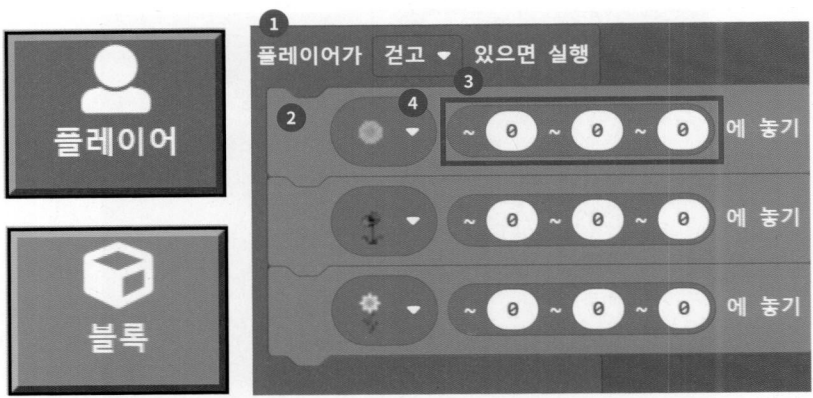

[그림 5-36] 따라다니는 꽃 코드

③ ~ 0 ~ 0 ~ 0 은 현재 플레이어의 좌표를 나타낸다. M:EE에서 좌표는
상대적이며 플레이어의 좌표를 기준으로 한다.

④ 헨젤과 그레텔이 지나온 길을 꽃을 심어 표시할 수 있도록 ▼버튼을 눌러
따라다니게 할 꽃 아이템을 선택해 보자.

⑤ 플레이 버튼을 누르면 플레이어가 걷는 곳마다 꽃이 생기며 지나온 길을
표시해 준다.

D. 완성 예시 및 학생 산출물

[표 5-7] 완성 예시 및 학생 산출물

3. SOS 구조 신호 보내기

도서	성취 기준	추천 수준
로빈슨 크루소	[6체01-04] 운동 및 생활 속 위험 상황, 성장 발달을 저해하는 생활 방식의 문제점을 파악하고 예방 및 대처 방법을 익혀 안전하게 활동한다.	코딩을 사용해 SOS 신호를 보내 봐요! 블록 코딩이 가능한 5~6학년에게 추천해요!

A. 메이크 코드 실행하기

이번에는 무인도에 갇힌 로빈슨 크루소가 구조 신호를 보낼 수 있도록 돕는 메이크코드를 프로그래밍해 보자.

① 키보드 C를 눌러 메이크코드를 실행한다.

② [새 프로젝트]를 눌러 새로운 편집기를 실행한다.

[그림 5-37] 메이크코드 프로그램

B. 블록으로 글자 조형물 만들기

① [플레이어] 카테고리에서 [다음 채팅 명령어를 입력하면: " "] 블록을 가져온다.

② [블록] 카테고리에서 [글자 쓰기] 블록을 가져온다.

③ 블록으로 만들고자 하는 글자 "SOS"를 [글자 쓰기] 블록 안에 적고 코드를 실행할 채팅 명령어 "구조"를 입력한다. [글자 쓰기] 블록에서는 영어나 숫자 사용을 추천한다.

④ 글자 조형물을 만들 블록을 아이템 창에서 선택한다.

⑤ 글자 조형물이 만들어질 위치와 방향을 설정한다. ~ 0 ~ 0 ~ 0 은 플레이어의 위치를 뜻한다.

⑥ 채팅 창에 '구조'라고 입력하면 빨간색 블록으로 'SOS'가 자동으로 만들어진다.

[그림 5-38] 블록으로 SOS 조형물 만들기 코드

C. 완성 예시 및 학생 산출물

완성 예시	학생 산출물

[표 5-8] 완성 예시 및 학생 산출물

공감은 따뜻한 인간관계를 맺기 위한 밑거름으로 쓰이며, 관계를 유지하고 개선시키는 데 핵심 열쇠로 작용한다. 최근 연구 결과에 따르면 메타버스를 활용한 교육이 소외된 집단들에 대한 공감과 도움을 주는 행동, 긍정적인 인식을 장려하는 데 매우 효과적이었다고 한다. 이번 장에서는 마인크래프트를 활용해 인물의 처지와 마음에 공감하고 인물을 돕기 위한 건축물을 제작해 보면서 도덕적 지식, 행동, 정서 영역을 골고루 기르고자 한다.

『성냥팔이 소녀』는 가난하고 기댈 곳 없는 소녀가 촛불이라는 매개를 통해 환상으로나마 자신의 소원을 이뤄 보는 명작 동화이다. 이번 장에서는 학생들에게 성냥팔이 소녀의 상황과 감정에 공감해 보고 마인크래프트로 소녀를 위한 보금자리를 구현해 보는 경험을 줄 것이다. 한 걸음 더 나아가 NGO 단체인 해비타트^{주거 환경 개선}의 기금 모금 캠페인으로 확장해 보자.

1. 성취 기준 및 노벨 엔지니어링 수업 구성

의식주는 '사람이 사람답게 살기 위한 최소한의 요건'으로 옷, 음식, 집을 뜻한다. 그중에서도 집은 취미와 휴식 및 여러 가지 사회생활이 복합적으로 이루어지는 생활 공간으로 단순한 장소 이상의 의미를 지닌다. 하지만 최근 UN이 발표한 연구에 따르면, 전 세계적으로 16억 인구가 열악한 주거 환경에서 거주하고 있다고 한다. 본 노벨 엔지니어링 수업을 통해 재구성할 수 있는 성취 기준은 아래와 같다.

[6국05-06] 작품을 읽고 자신의 삶과 연관 지어 성찰하는 태도를 지닌다.

[6사03-02] 일상생활에서 인권이 침해되는 사례를 찾아 그 해결 방안을 탐색하고, 인권을 보호하는 활동에 참여한다.

[6실04-01] 친환경 건설 구조물을 이해하고, 생활 속 건설 구조물을 탐색하여 간단한 구조물을 체험하면서 건설기술에 대한 가치를 인식한다.

[6실05-03] 실생활의 문제를 해결하는 프로그램을 협력하여 작성하고, 산출물을 타인과 공유한다.

[4도02-03] 공감의 태도가 필요한 이유를 이해하고 도덕적 상상력을 바탕으로 대상과 상황에 따라 감정을 나누는 방법을 탐구하여 실천한다.

[6도03-04] 다른 나라 사람들이 처한 여러 가지 상황을 종합적으로 이해하고 해결 방안을 탐구하며 인류애를 기른다.

차시	노벨 엔지니어링 수업 단계	활동
1~2차시	① 책 읽기 ② 문제 인식	▷ 『성냥팔이 소녀』 동화 읽기 ▷ 공감 주스 만들기
3~5차시	③ 해결책 설계 ④ 창작물 만들기	▷ 성냥팔이 소녀를 위한 러브하우스 설계하기 ▷ 마인크래프트로 성냥팔이 소녀를 위한 집 짓기
6~7차시	⑤ 이야기 바꾸어 쓰기	▷ 이야기 바꾸어 쓰기 ▷ 세계 주거의 날 캠페인하기

2. 책 읽기 [NE 1단계]

『성냥팔이 소녀』 한스 크리스티안 안데르센 글, 원은주 역, 더클래식

추운 겨울날 성냥을 팔지 못하고 거리를 헤매는 성냥팔이 소녀의 안타깝고도 슬픈 이야기가 담긴 안데르센의 명작 동화이다. 거리의 사람들 틈에서 촛불 하나의 작은 온기에 기대어 버티던 성냥팔이 소녀의 마음은 어땠을까?

어려움을 겪는 주인공의 상황과 마음에 공감하며 성냥팔이 소녀에게 꼭 필요한 요소들을 담은 집을 제작하여 선물해 보자. 안데르센의 원작을 바탕으로 한 다양한 버전의 도서가 있으므로, 학습자의 연령대와 수준에 맞는 도서를 선택하는 것을 권한다.

3. 문제 인식 [NE 2단계]

돌아갈 안전한 보금자리가 없어 겨울 거리에서 밤을 지샌 소녀의 이야기는 비단 개인의 문제만이 아니다. 전 세계적으로 많은 사람이 겪고 있는 주거 문제에 대한 뉴스를 살펴보고 성냥팔이 소녀의 상황과 마음에 공감해 보자. 구체적인 감정들을 선택해 공감 주스를 만드는 활동을 통해 내가 성냥팔이 소녀였다면 느꼈을 감정들에 깊이 몰입할 수 있을 것이다.

[그림 5-39] 관련 뉴스 자료

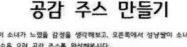
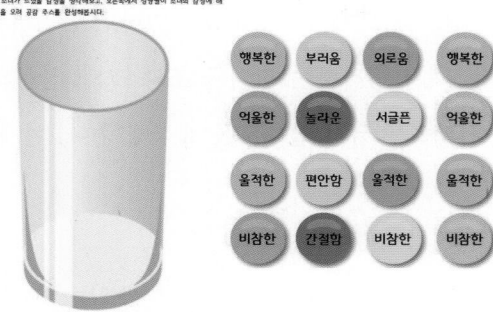

[그림 5-40] 공감 주스 만들기 활동지 예시

4. 해결책 설계 [NE 3단계]

장소로서의 기능만 하는 집이 아니라, 소녀에게 필요한 휴식과 편안함을 줄 수 있도록 집의 구조를 고민해 보자.

마인크래프트는 3D 세상의 X, Y, Z 좌표를 모두 생각해서 블록을 배치하기 때문에 한 번에 블록을 쌓는 경우 여러 번의 수정 작업을 거칠 수도 있다. 따라서 미리 집의 틀을 설계하고 기능을 계획하는 편이 좋다. 집의 구조를 만들 때는 일반적인 집의 기능뿐 아니라 내가 성냥팔이 소녀였다면 필요한 공간을 고민해 보는 것에 집중해 보자.

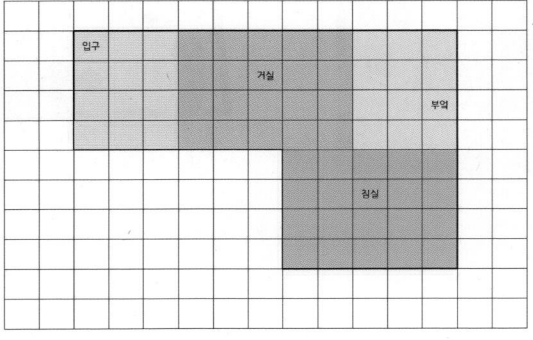

[그림 5-41] 성냥팔이 소녀를 위한 러브하우스 설계 활동지 예시

만약 집의 구조를 상상하기 어렵다면 2D와 3D의 가상 집을 설계해 주는 VR 프로
그램 Floorplanner를 참고해 보자. 구글 계정이 있다면 간편하게 가입이 가능하고 무
료로 사용할 수 있다. 내가 생각하는 집의 구조와 크기, 창문의 위치 등을 설정하고
원하는 인테리어를 선택하면 금세 설계도를 제작해 준다. 설계도는 2D와 3D로 모두
확인이 가능하다.

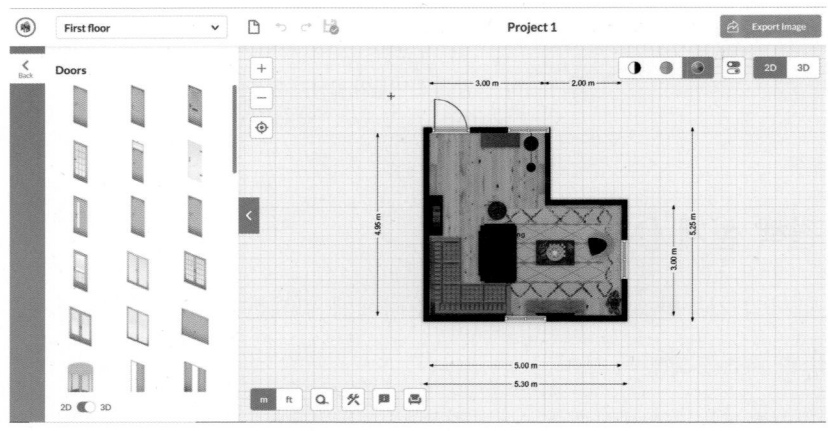

[그림 5-42] Floorplanner 화면

[그림 5-43] Floorplanner로 제작한 2D & 3D 집 설계도

5. 창작물 만들기 [NE 4단계]

A. 집의 기본 틀 정하기

해결책 설계에서 디자인했던 집의 큰 기본 틀을 따라 바닥재를 설치해 보자. 기둥과 벽을 설치하고 나면 수정하기가 어려워 바닥재로 집의 모양과 틀을 정하면서 수정하는 것을 추천한다.

B. 기둥 쌓기

기본 틀을 완성했다면 집의 모서리 부분에 벽돌을 쌓아 기둥을 만들어보자. 주의할 점은, 바닥재의 경우 하나의 블록으로 인식되어 바로 위에 블록을 쌓을 수 없다는 점이다. 집의 기틀 위가 아닌 바깥쪽 모서리에 기둥을 쌓도록 한다. 모던한 느낌의 집을 원한다면 무채색 계열의 블록을, 따뜻한 분위기를 집을 만들고자 한다면 원목 블록을 사용할 수 있다.

[그림 5-44] 집의 틀과 기둥

C. 명령어 사용해서 외부 벽면 채우기

이제 기둥과 기둥 사이의 벽면을 채울 차례이다. 하지만 넓은 면적의 벽을 일일이 설치하는 것은 어려운 일이다. 이때 마인크래프트에서 사용할 수 있는 명령어를 활용하면 빠르고 편리하게 블록을 채울 수 있다. 명령어는 마인크래프트의 고급 기능 중 하나로 특정 문자열을 입력하면 실행된다. 채팅 창에 /^{슬래쉬}를 쓰면 마인크래프트에서 사용할 수 있는 다양한 명령어와 기능이 나타나는 것을 볼 수 있다. 벽면을 채우기 위해 사용할 명령어는 / fill이다.

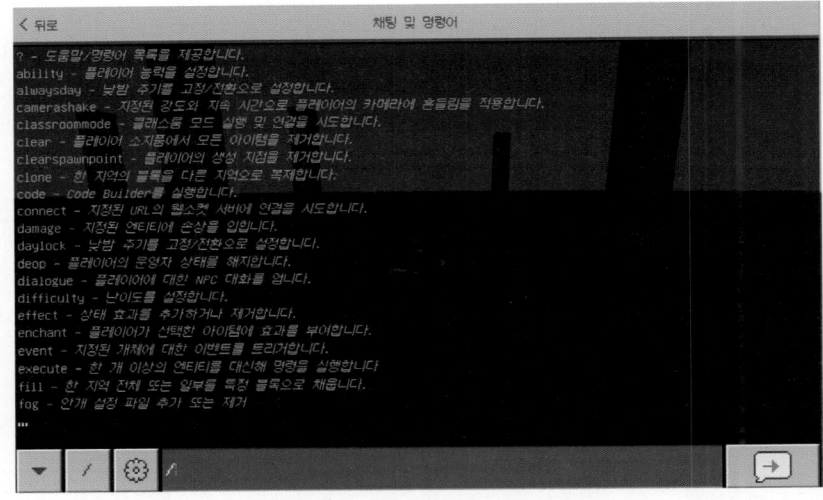

[그림 5-45] 마인크래프트 명령어 목록

마인크래프트의 벽면을 손쉽게 채우기 위해서는 먼저 채우고자 하는 시작점과 끝점의 좌표를 알아야 한다. 두 기둥 사이의 주황색 사각형 부분을 블록으로 채우고자 할 때를 예시로 들어보자.

① 캐릭터를 이동시켜 채우고자 하는 사각형 대각선에 위치한 꼭짓점 ②, ③의 좌표를 알아본다.

② 캐릭터를 오른쪽 아래로 이동하면 좌푯값을 $^{9, 0, -17}$로 확인할 수 있다.

③ 캐릭터를 왼쪽 위쪽으로 이동하면 $^{0, 5, -17}$이라는 좌푯값을 확인할 수 있다.

④ 채팅 창에 / fill을 입력한 후 좌표를 차례대로 입력한다. 좌표를 차례대로 입력했다면 공간을 채우고자 하는 블록의 이름을 쓰고 엔터키를 누른다. [그림 5-48]처럼 '좌표 $^{9, 0, -17}$에서부터 좌표 $^{0, 5, -17}$까지를 wood 블록으로 채워라.'는 의미의 명령어가 된다.

⑤ 기둥과 기둥 사이의 벽이 채워지는 것을 볼 수 있다.

⑥ 같은 방법으로 모든 기둥 사이를 / fill 명령어를 사용하여 채워 준다.

[그림 5-46] 마인크래프트 벽 채우기

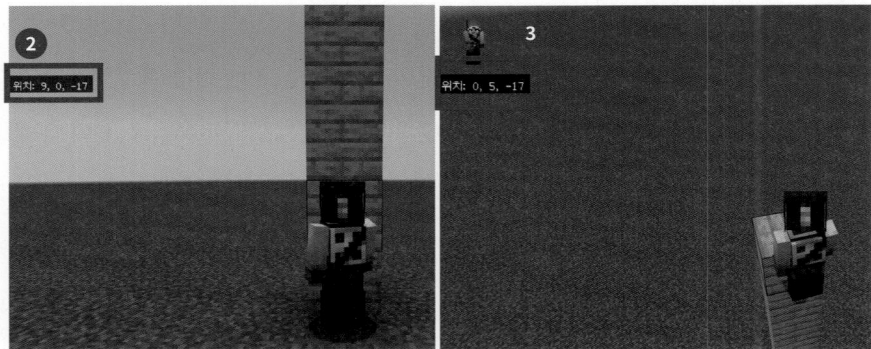

[그림 5-47] 시작점과 끝점의 좌표 확인하기

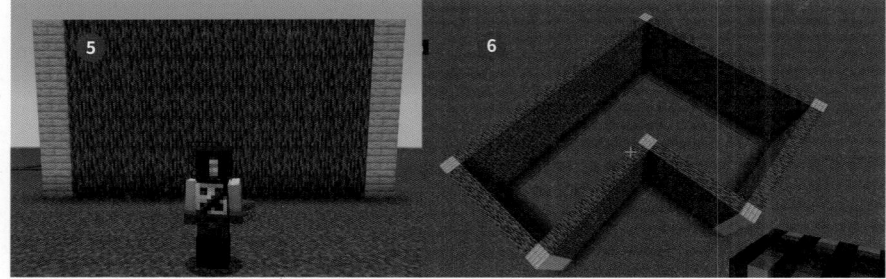

[그림 5-48] fill 명령어

[그림 5-49] 벽 채우기

D. 창문과 문 설치하기

집의 외부벽 설치를 완료했다면 집의 내부와 외부 공간을 이어줄 창문과 문을 설치해 보자. 먼저 현관문이 될 곳과 창문으로 사용할 부분의 블록을 깨어 구멍을 만든다. 그리고 아이템에서 유리창과 문을 찾아 채워 주자.

[그림 5-50] 창문과 문을 설치한 모습

E. 집의 내부 꾸미기

이제 본격적으로 성냥팔이 소녀를 돕기 위한 집의 내부 인테리어를 할 차례이다. 해결책 설계하기에서 소녀에게 필요한 공간을 계획했던 것을 마인크래프트 월드상에서 구현해 보자.

① 현관문: 소녀가 들어오자마자 따뜻하고 쾌적한 인상을 받을 수 있도록 노란색의 현관 카펫과 화분을 현관문에 설치해 보았다. 꽃이 들어간 화분은 화분을 먼저 설치한 후 원하는 꽃을 화분 안에 심으면 된다.

[그림 5-51] 현관문의 모습

②거실: 거실 역시 노란색 색감으로 편안하고 따뜻한 분위기를 주었다. 집에 돌아온 소녀가 편하게 쉴 수 있도록 푹신한 소파와 소파에 앉아 책을 읽을 수 있는 독서대를 두었다. 거실이 좁아 보이지 않도록 큰 창을 두고 정원을 바라볼 수 있도록 한다면 힘든 하루에 위로가 되지 않을까?

[그림 5-52] 성냥팔이 소녀의 거실

③부엌: 소녀가 따뜻한 식사를 할 수 있도록 모닥불과 큰 솥이 있는 부엌이다. 또 보고 싶었던 할머니와 함께 식사를 할 수 있도록 테이블과 의자를 배치하였다.

④ 침실: 집 전체적인 색감을 노란색으로 통일하였으며 침실 역시 동일하다. 답답하지 않게 기다란 창문을 냈고, 가끔 밤하늘의 별을 관찰할 수 있도록 천장에도 창문을 준 점이 인상적이다.

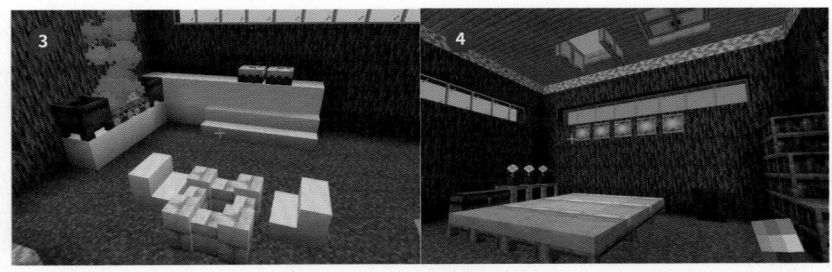

[그림 5-53] 부엌과 침실

F. 지붕 설치하기

　내부의 공간을 모두 완성하였다면 지붕을 설치해 볼 차례이다. 삼각기둥 모양의 지붕을 만들기 위해 유리로 산 모양의 틀을 먼저 만들어 준다. 수정할 부분이 없다면 지붕틀 옆에 계단 모양의 블록을 사용하여 지붕을 만들어 보자. 조금 더 입체적인 느낌을 낼 수 있을 것이다. 같은 방법으로 마주 보는 쪽의 지붕도 만든다.

[그림 5-54] 지붕 만들기

양쪽 지붕의 산을 만들었다면 지붕 사이를 블록으로 채워 보자. 계단 모양의 블록으로 사이를 채워 주면 지붕이 완성된다. 지붕을 만들고 채워지지 않은 천장 부분은 평평한 블록으로 채우고 하늘을 볼 수 있도록 여닫을 수 있는 창문을 배치하였다.

[그림 5-55] 완성된 지붕

G. 연못과 텃밭 만들기

집을 완성했다면 집 외부의 공간을 활용해 보자. '1. 리디아의 정원 가꾸기'에서 다루었던 농작물 재배하기를 떠올리며 텃밭에 필요한 아이템을 추가해 보아도 좋겠다.

① 곡괭이로 땅을 개간하고 작물이 자라는 데 필요한 수로를 판 후 물 양동이를 붓는다.

② 땅 위에 씨앗을 뿌린다. 작물의 성장을 촉진하고 싶다면 뼛가루를 뿌려 보자.

③ 동물들이 텃밭을 망치지 않도록 울타리를 설치한다. 출입할 수 있는 울타리 문도 잊지 말자.

④ 작물들은 밝은 곳에서 더 잘 자라기 때문에 텃밭 주변에 횃불을 설치하는 것도 팁이다.

⑤ 마지막으로 나의 텃밭을 소개하는 팻말도 추가한다.

[그림 5-56] 텃밭

① 연못을 만들기 위해 땅을 연못 모양대로 땅을 파 줄 것이다.

② ▨TNT에 ▨부싯돌로 불을 붙이면 폭파하면서 자연스러운 모양의 땅을 팔 수 있다.

③ ▨▨▨▨▨▨▨ 수생 동물이 있는 양동이로 연못을 채워 보자. 잔잔한 연못에 한결 더 생기가 돌 것이다.

④ 연못 주위를 마음에 드는 블록으로 감싸 준다.

⑤ 앉아서 연못을 보며 쉴 수 있는 테이블과 의자를 만든다.

⑥ 연못에 들어가서 [Shift]를 두 번 누르면 아래로 내려가 수영할 수 있다. 다시 올라오고 싶을 때에는 [Space]를 두 번 누르면 된다.

[그림 5-57] 연못 만들기

H. 울타리와 팻말 완성하기

마지막으로는 완성된 성냥팔이 소녀의 집을 안전하게 보호해 줄 울타리와 팻말을 만든다.

① 집 전체를 넉넉하게 두르는 울타리를 만들어 보자. 울타리를 만들 때는 ㅡ자형과 ㄱ자형을 원하는 대로 만들 수 있도록 마우스 클릭하는 면을 주의해야 한다.

② 완성한 집을 소개하는 팻말을 만든다. 이때 성냥팔이 소녀라면 어떤 생각을 했을지 떠올려 보자. 학생 산출물 속 팻말이나 다인용 테이블에서 성냥팔이 소녀를 위한 마음이 드러난다.

[그림 5-58] 완성된 집의 모습

I. 완성 예시 및 학생 산출물

완성 예시	학생 산출물

[표 5-9] 산출물 QR 코드 및 화면

6. 이야기 바꾸어 쓰기 [NE 5단계]

한 걸음 더 나아가 재난이나 전쟁, 빈곤 등으로 주거 공간 확보에 어려움을 가진 사람들을 위한 세계 주거의 날 캠페인을 열면 어떨까? 내가 만든 마인크래프트 집을 이미지로 저장하여 주거 환경 개선을 위한 캠페인 포스터를 만들어 전시해 보아도 좋겠다. 실제로 열악한 주거 환경 문제를 해결하기 위해 사랑의 집 짓기 운동을 하는 NGO 단체 해비타트^{한국 해비타트: www.habitat.or.kr}에 봉사나 기부로도 참여할 수 있다.

이처럼 배움을 실천으로 확장하는 경험은 학생들의 실천적 도덕성을 함양하고 자신의 삶으로 확장할 수 있도록 도울 것이다.

[그림 5-59] 세계 주거의 날 캠페인 포스터 예시

6장

/

생성형 AI로
나만의 멋진 작품 만들기

제6장
생성형 AI로 나만의 멋진 작품 만들기

Why 생성형 AI

6장에서는 최근 주목받고 있는 생성형 AI^{Generative AI}에 대해 다루어 보려고 한다. 생성형 AI란 사용자의 요구에 따라 다양한 결과를 생성해 내는 인공지능이다. 일반적으로는 텍스트를 입력받아 결과물을 생성하며 이미지, 동영상, 텍스트 등 다양한 결과물을 산출할 수 있는데 대표적으로 챗GPT를 떠올리면 된다. 챗GPT에 대해서는 7장에서 보다 심도 있게 다룰 예정이다.

현재 교육부에서는 디지털 인재 양성에 상당한 재원을 투자하고 있으며, 2022 개정 교육과정 역시 인공지능 교육을 강조하고 있다. 이에 노벨 엔지니어링을 활용한 인공지능 교육을 제시하고자 하며, 기존 연구에 대한 자료를 [표 6-1]과 같이 분석하였다.

교과 및 주제	효과
과학	지구와 달의 운동(달의 위상 변화) 단원 교수학습 시 지도학습을 활용하는 방법을 제시하여 AI 인식에 긍정적 영향을 미친다는 사실을 확인함.
음악	AI 듀엣, 두들 바흐 등 인공지능 도구를 이용한 음악 창작 수업의 방향을 제시함.
국어	온 작품 읽기와 인공지능을 융합한 교육 프로그램을 제시함.
미술	인공지능을 도구로 활용한 융합 수업 프로그램을 통하여 미술 자아 개념에 대한 유의미한 변화를 확인함.
	인공지능 활용 예술 융합 교육 프로그램이 초등학생의 창의성 향상에 긍정적 효과가 있음을 확인함.
국어, 실과	여러 가지 책을 활용하여 초등학생 대상의 노벨 엔지니어링 활용 인공지능 교육 프로그램을 개발함.

[표 6-1] 인공지능 융합 교육 선행 연구

이를 정리해 보면, **인공지능을 활용한 융합 교육이 학생들의 창의성, AI 인식, 미술 자아 개념 등에 긍정적인 영향**을 미친다는 것을 확인할 수 있다. 또한, 최근에는 **노벨 엔지니어링을 활용한 인공지능 융합 교육 연구가 진행되기 시작**했다는 것도 주목할 만하다. 그러나 **생성형 AI를 적용한 연구는 찾아보기 어려웠다.** SW 교육이 그랬듯 현장에서의 AI 교육 요구는 증가할 것이고, 생성형 AI를 적용한 교육 연구 역시 빠른 속도로 이루어질 것으로 기대된다. 이러한 흐름에 발맞추어 비교적 진입 장벽이 낮은 생성형 AI 플랫폼을 직접 체험해 보고 이를 활용하여 책 속 문제와 실생활 문제를 해결해 보고자 한다.

아래는 앞으로 체험해 볼 3가지 생성형 AI 플랫폼의 특성을 고려하여 선정한 성취 기준의 예시이다.

LOGOAI	[4국06-02] 매체를 활용하여 간단한 발표 자료를 만든다. [4사09-01] 생활 주변에서 찾을 수 있는 여러 가지 문제를 파악하고, 그 문제를 합리적으로 해결하는 능력을 기른다. [4미01-04] 생활 속에서 활용되는 미술에 관심을 가지고 미술의 특징과 역할을 발견할 수 있다. [6실04-03] 제작한 발표 자료를 사이버 공간에 공유하고, 건전한 정보기기의 활용을 실천한다.
Pictory AI	[4국03-03] 대상에 대한 자신의 의견과 그렇게 생각한 이유가 드러나게 글을 쓴다. [6사03-02] 일상생활에서 인권이 침해되는 사례를 찾아 그 해결 방안을 탐색하고, 인권을 보호하는 활동에 참여한다. [6사12-02] 지구촌을 위협하는 다양한 문제들을 파악하고, 지속가능한 미래를 위한 해결 방안을 탐색한다. [6실04-03] 제작한 발표 자료를 사이버 공간에 공유하고, 건전한 정보기기의 활용을 실천한다. [6도04-01] 지구의 환경 위기 상황을 이해하고, 이를 극복하기 위한 다양한 방안을 찾아 자신의 일상에서 실천하고자 노력한다.
WRTN	[6사03-01] 일상 사례에서 법의 의미와 역할을 이해하고, 헌법에 규정된 인권이 일상생활에서 구현되는 사례를 조사하여 인권 친화적 태도를 기른다. [4과14-03] 인간 활동이 생태계에 미치는 영향을 조사하고, 생태계 보전을 위해 우리가 할 수 있는 일을 토의하여 실천할 수 있다. [6실05-04] 디지털 데이터와 아날로그 데이터의 특징을 이해하고, 인공지능에 활용할 수 있는 데이터의 유형이나 형태를 탐색한다.

[표 6-2] 관련 성취 기준

PART

02

제6장
생성형 AI로 나만의 멋진 작품 만들기

로고 AI(Logo AI)

1. What is 로고 AI(Logo AI)

1) Logo AI로 로고 생성하기

A. Logo AI 접속하기

① Logo AI^{logoai.com} 홈페이지에 접속한다.

② 빈 곳에 마우스를 우클릭하여 [한국어(으)로 번역]을 적용한다.

③ [로고를 만들어 보자]를 클릭한다.

[그림 6-1] Logo AI 홈페이지

④ [시작]을 누른다. 누르지 않아도 잠시 기다리면 다음 화면으로 이동한다.

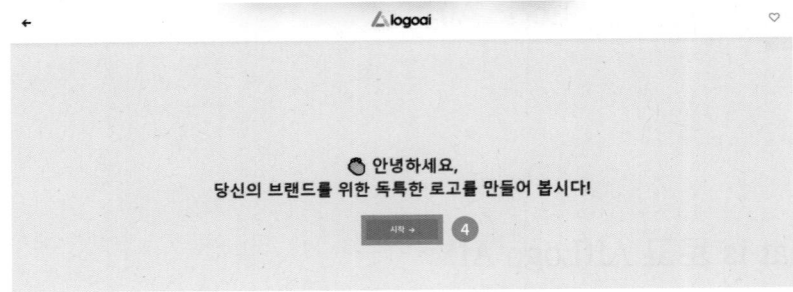

[그림 6-2] 로고 제작 시작하기

B. 로고 만들기

① 로고 이름을 입력한다. 한글을 지원하지 않으므로 영어로 입력한다.

② 슬로건이 있을 경우 슬로건을 영어로 입력한다.

③ [계속하다]를 클릭하여 다음 단계로 넘어가자.

[그림 6-3] 로고 이름 입력하기

④ 로고에 알맞은 업종이 있다면 업종을 선택한다.

⑤ 선택하지 않고 넘어가려면 [건너뛰다]를 클릭한다.

[그림 6-4] 업종 선택하기

⑥ 브랜드에 어울리는 색 구성표가 있다면 해당 항목을 선택해 보자. 중복 선택이 가능하며 선택하지 않아도 괜찮다.

⑦ 선택 여부 결정 후 [계속하다] 또는 [건너뛰다]를 클릭한다.

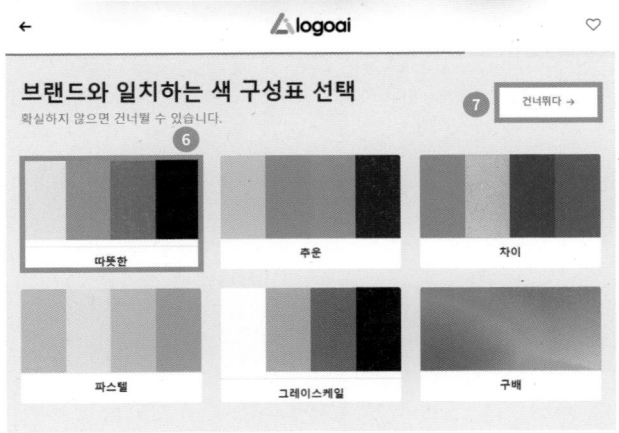

[그림 6-5] 색 구성표 선택하기

⑧ 마찬가지로 브랜드에 어울리는 글꼴 스타일이 있다면 해당 항목을 클릭하고 선택하지 않아도 무방하다.

⑨ [생성하다]를 선택하여 결과물을 확인한다.

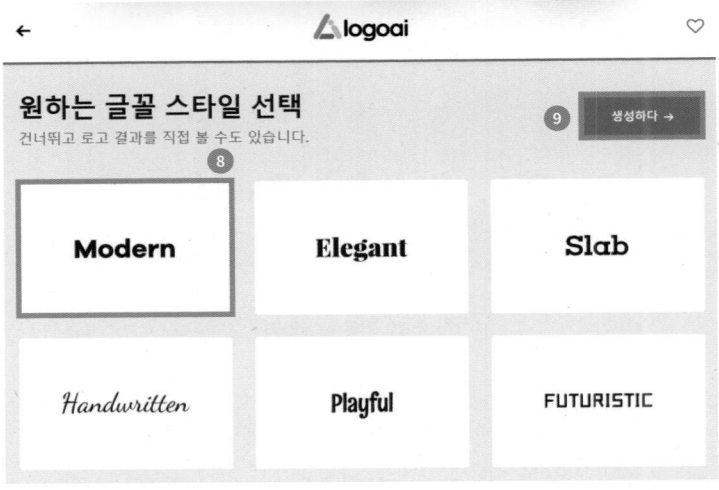

[그림 6-6] 글꼴 스타일 선택하기

AI가 만든 다양한 로고 디자인을 확인해 보자. 로고 샘플은 워터마크가 새겨진 상태로 제공된다.

[그림 6-7] 로고 생성 확인하기

C. 세부 디자인 다듬기

① 화살표를 클릭하여 디자인 샘플을 다양한 상황에 적용한 [미리보기]를 확인할 수 있다.

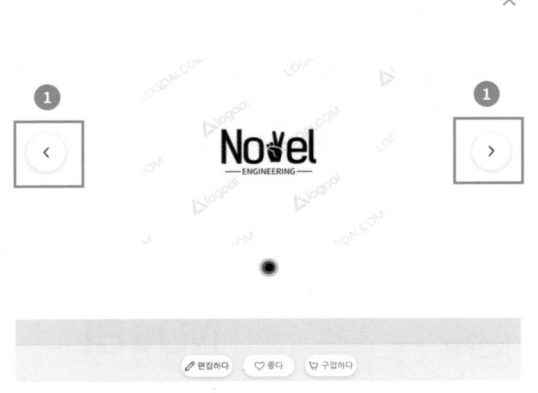

[그림 6-8] 마음에 드는 디자인 살펴보기

②[편집하다]를 클릭하여 세부 수정 화면으로 진입한다.

[그림 6-9] 선택한 디자인 편집하기

① [디테일 변경]에서 바꾸고 싶은 항목을 클릭한다.

　　심볼^{기호}, 레이아웃^{위치}, 폰트^{글꼴}, 컬러^{그림물감}

② [기호 제안]에 마음에 드는 항목이 있다면 선택한다.

③ [현재 로고] 창에서 지금까지의 최종 디자인을 확인한다.

④ 완성한 디자인을 [미리보기]^{시사} 하거나 [저장]^{구하다} 또는 [구매]^{구입하다}할 수 있다.

[그림 6-10] 디자인 편집 화면

[그림 6-11] 다양하게 편집해 본 샘플 로고

2) 로그인하여 로고 저장하고 공유하기

A. 로고 저장하기

로고를 참고만 하는 것이 아니라 마음에 드는 디자인을 저장 및 활용하고 싶다면 로그인이 필요하다.

① [로그인]을 클릭한다.

[그림 6-12] 디자인 편집 화면

② [등록]을 클릭하여 가입한다.

③ [구글 계정으로 가입]을 선택하여 구글 계정을 연동시킬 수 있다.

④ 이름과 이메일, 비밀번호를 입력하여 별도로 가입할 수 있다.

⑤ [등록하다]를 클릭한다.

[그림 6-13] 가입 및 로그인하기

B. 로고 공유하기

저장한 로고는 공유하거나 구매할 수 있다. 공유한 링크가 [좋아요]를 20개 이상 받으면 해당 로고를 구매하지 않아도 무료로 사용할 수 있다. 링크로 공유하는 방법을 살펴보도록 하자.

① [공유하다]를 클릭한다.

② [링크 공유]를 클릭한다.

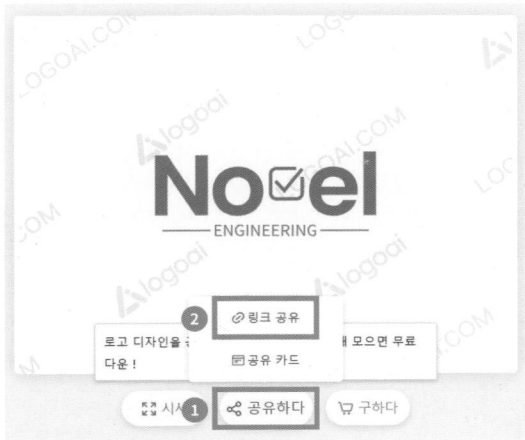

[그림 6-14] 공유 링크 생성하기

③ [링크 복사를 클릭하면 클립보드에 복사된 공유 링크를 원하는 곳에 붙여 넣을 수 있다.

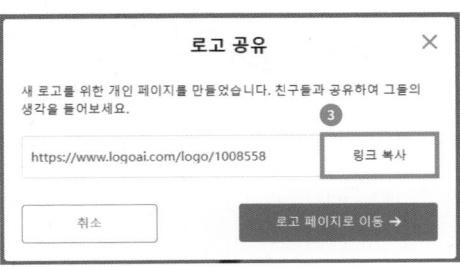

[그림 6-15] 공유 링크 복사하기

2. How to Class

Logo AI를 활용한 노벨 엔지니어링 수업 사례를 살펴보자. 도서나 성취 기준, 수업 주제 등을 학교급 및 학급 특색에 알맞게 변형하여 활용해 보자.

도서	성취 기준	추천 수준
	[4미01-04] 생활 속에서 활용되는 미술에 관심을 가지고 미술의 특징과 역할을 발견할 수 있다.	도서 수준과 플랫폼 UI가 어렵지 않기 때문에 3~4학년도 충분히 가능해요! 좋아요 20개를 받아 로고를 저장하고 미리캔버스로 포스터까지 만들어 본다면 5~6학년에게 추천해요!

1) 착한 디자인 로고 만들기

A. Logo AI로 로고 생성해 보기

① 홍보하고 싶은 착한 디자인의 로고 이름을 입력한다. 원하는 경우 슬로건도 정한다. 영어가 어려울 때는 파파고, 구글 번역 등을 활용한다.

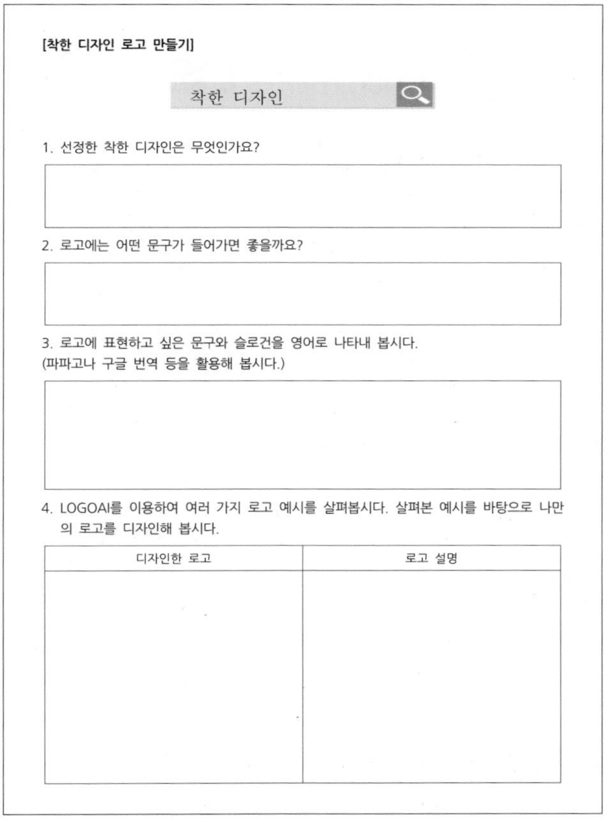

[착한 디자인 로고 만들기]

착한 디자인

1. 선정한 착한 디자인은 무엇인가요?

2. 로고에는 어떤 문구가 들어가면 좋을까요?

3. 로고에 표현하고 싶은 문구와 슬로건을 영어로 나타내 봅시다.
(파파고나 구글 번역 등을 활용해 봅시다.)

4. LOGOAI를 이용하여 여러 가지 로고 예시를 살펴봅시다. 살펴본 예시를 바탕으로 나만의 로고를 디자인해 봅시다.

디자인한 로고	로고 설명

[그림 6-16] 착한 디자인 로고 만들기 활동지 예시

② Logo AI로 로고를 생성하여 다양한 샘플 디자인을 확인한다.

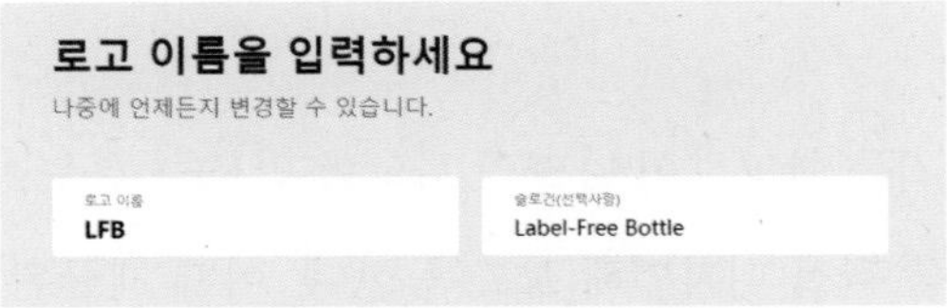

[그림 6-17] 착한 디자인 로고 이름 입력

[그림 6-18] 착한 디자인 로고 샘플

B. 나만의 로고 디자인하기

① Logo AI로 제작한 로고를 무료로 다운로드하여 사용하려면 좋아요 20개가 필요하다. '좋아요'를 누를 때에도 Logo AI 계정이 필요하므로, 패들렛에 각자의 로고 링크를 게시하고 서로 '좋아요'를 눌러 주는 방식으로 20개를 채우는 것을 추천한다. 이때 학생용 Google 계정일 경우 권한 문제로 로그인이 안 될 수 있으니 개인 계정을 권장한다. ^{고학년 권장}

[그림 6-19] 착한 디자인 공유하여 '좋아요' 받기

② 샘플 이미지를 참고하여 나만의 로고를 만드는 경우 종이나 미리캔버스를 활용하여 로고를 직접 디자인해 보도록 한다. 이때 제공된 로고 예시를 베끼는 것이 아니라 참고하여 자신만의 디자인을 구상하도록 한다. ^{종이: 중학년 권장, 미리캔버스: 고학년 권장}

[그림 6-20] LOGOAI를 참고하여 만든 착한 디자인 로고

2) 제작한 로고로 착한 디자인 홍보하기

A. 제작한 로고를 이용하여 홍보 자료 만들기

① 로고 파일을 생성한 경우, 이를 활용하여 홍보 자료를 만든다. 미리캔버스를 활용해도 좋다.

② 종이에 나만의 로고를 디자인한 경우 해당 로고를 활용하여 종이에 홍보 자료를 만들어 본다. ^{중학년 권장}

B. 완성 예시

완성 예시	학생 산출물

[표 6-3] 산출물 예시

픽토리 AI(Pictory AI)

1. What is 픽토리 AI(Pictory AI)

1) Pictory AI 가입 및 기능 살펴보기

A. Pictory AI 접속하기

① Pictory AI^{pictory.ai} 홈페이지에 접속한다.

① Pictory AI^{pictory.ai} 홈페이지에 접속한다.

② 빈 곳에 마우스를 우클릭하여 [한국어(으)로 번역]을 적용한다.

③ [무료로 시작하세요!]를 클릭한다.

[그림 6-21] Pictory AI 홈페이지

B. Pictory AI 가입하기

① [구글 계정으로 가입]할 수 있다.

② 이름과 이메일 및 비밀번호를 이용해 가입할 경우 정보를 입력한다.

③ 입력을 마치면 [계속^{Continue}]을 선택한다.

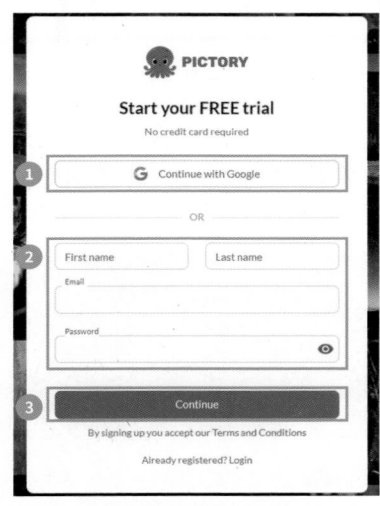

[그림 6-22] 로그인 화면

가입 전 질문에 알맞은 응답을 선택한다. 저자의 경우 비디오 제작 목적은 ④ [교육 영상 제작] 또는 [개인적 목적]을, 인원은 ⑥ [1인]을, ⑧ 마지막 항목에는 [콘텐츠 크리에이터] 또는 [교사]를 선택했다. 각 항목에 응답한 후에는 ⑤, ⑦, ⑨를 선택하여 회원 가입을 마친다.

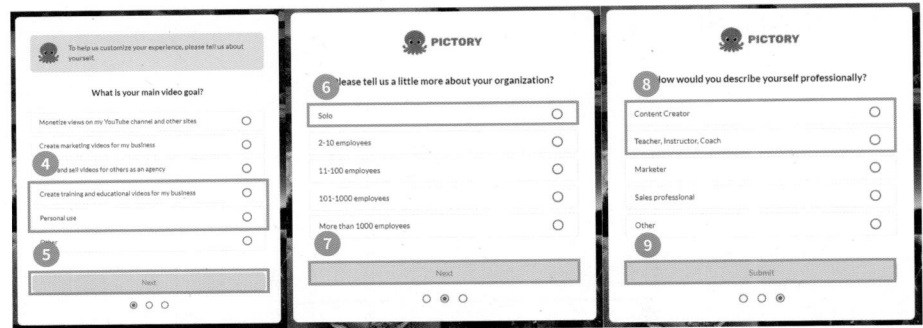

[그림 6-23] 로그인 질문 응답하기

팝업 창을 모두 닫은 후 아래와 같은 튜토리얼 화면이 뜨면 가입 절차가 끝난다.

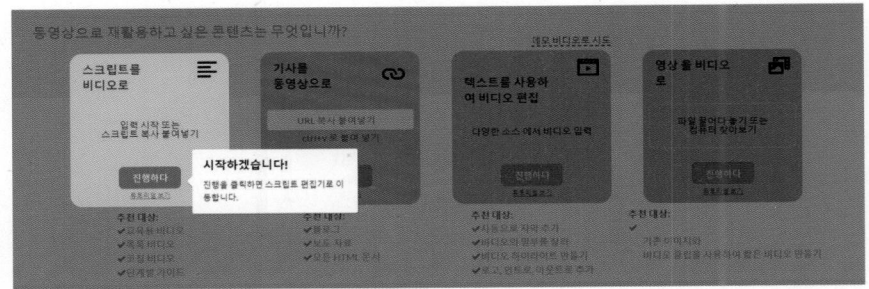

[그림 6-24] 튜토리얼 화면

C. Pictory AI 기능 살펴보기

Pictory AI에서는 크게 4가지 기능을 지원한다. 수업에서 학생들의 개별 산출
물을 만들 때는 [스크립트로 영상 제작하기] 기능을 활용하면 좋다.

① 스크립트를 직접 작성하여 영상을 제작한다.

② 기사 URL을 입력하여 영상을 제작한다.

③ 유튜브 영상이나 가지고 있는 비디오 파일의 자막을 제작한다.

④ 이미지나 비디오 파일로 짧은 영상을 제작한다.

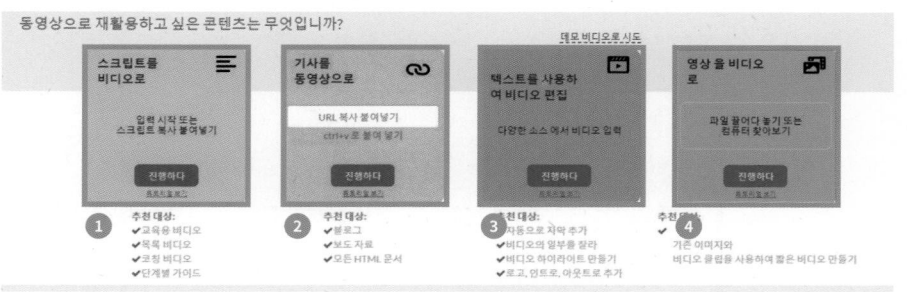

[그림 6-25] Pictory AI 지원 기능 살펴보기

2) 스크립트 입력 기능으로 비디오 생성하기

A. 스크립트 번역하여 비디오 생성하기

① 한글로 영상 스크립트를 작성한다.

② 파파고나 구글 번역을 이용해 스크립트를 영어로 번역한다.

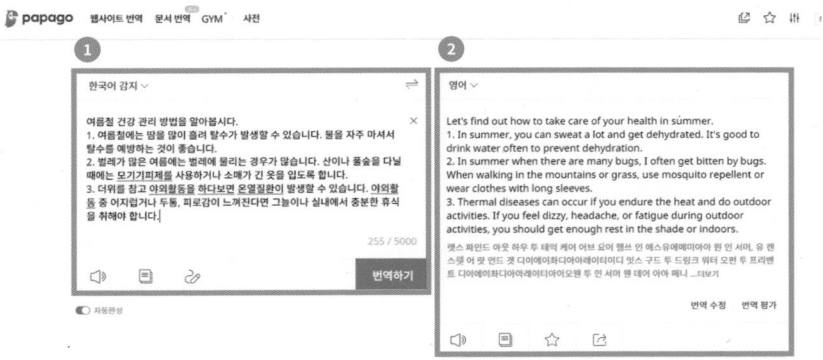

[그림 6-26] 스크립트 번역하기

③ 제목과 스크립트를 입력한다.

④ 검색 능력을 높일 수 있는 주요 단어가 있다면 강조 표시를 해 주어도 좋다.

⑤ 다음 단계로 넘어간다.

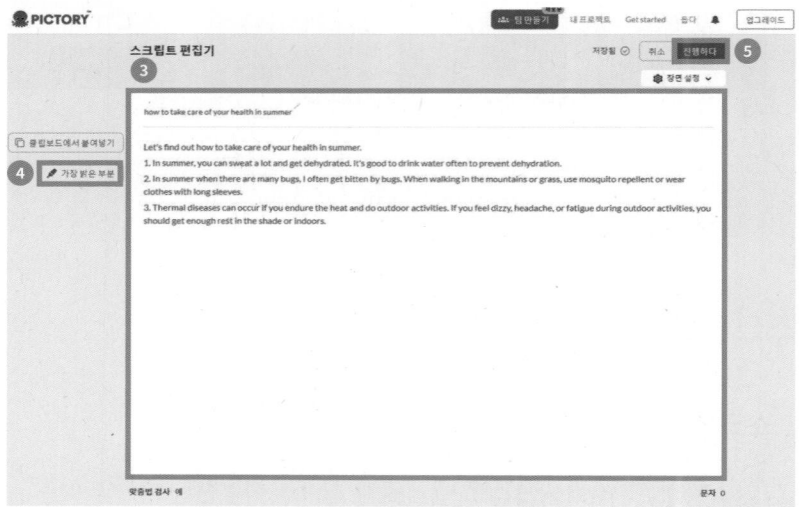

[그림 6-27] 스크립트 입력하기

⑥ 원하는 템플릿에 마우스를 올린다.

⑦ 영상 비율을 선택한다. 16:9 또는 9:16 추천

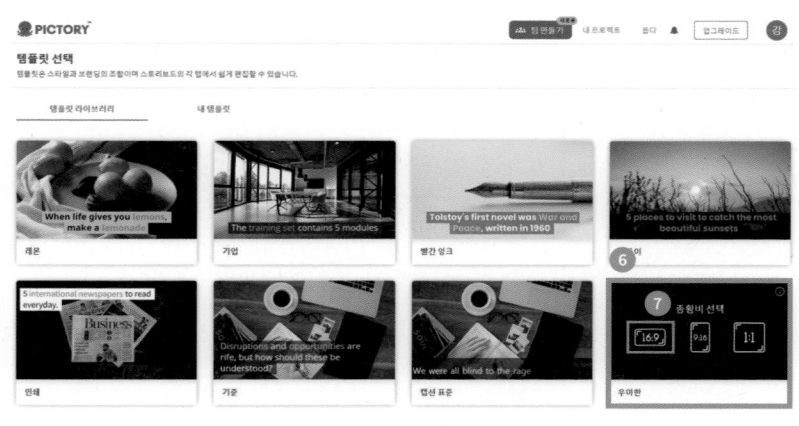

[그림 6-28] 영상 템플릿과 종횡비 선택하기

B. 영상 자막 한글로 바꾸기

스크립트를 영어로 입력했기 때문에 영상의 자막도 영어로 출력되어야 한다. 위 사진처럼 한글로 나오는 경우 번역 기능이 작동하고 있는 것이므로 번역 기능을 꺼야 한다.

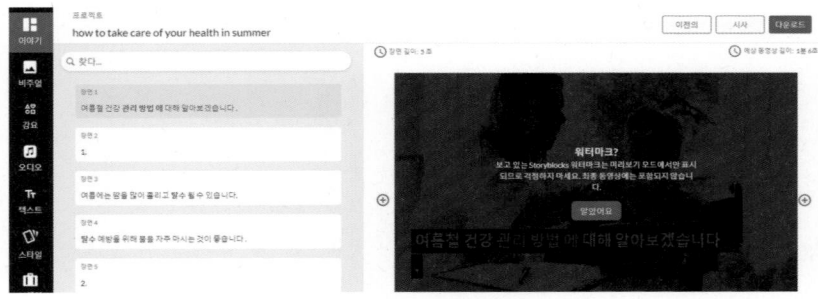

[그림 6-29] 번역 상태 확인하기

① 주소창 오른쪽 끝의 번역 아이콘을 클릭한다.

② [영어]를 클릭한다.

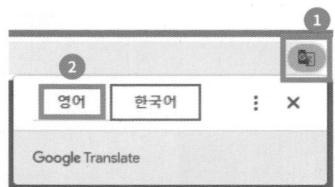

[그림 6-30] 번역 취소하기

③ 텍스트를 클릭하여 입력된 영어를 한국어로 변경한다.

[그림 6-31] 영상 스크립트 한글로 수정하기

3) 영상 수정하고 다운로드하기

A. 영상 세부 내용 수정하기

　AI가 찾은 영상이 어울리지 않는다면 Pictory AI가 지원하는 다음 기능을 활용하여 세부 내용을 수정할 수 있다.

　① 검색 기능을 활용하여 적절한 영상을 찾는다.

　② 원하는 영상을 선택한다.

③ 영상이 교체된 것을 확인한다.

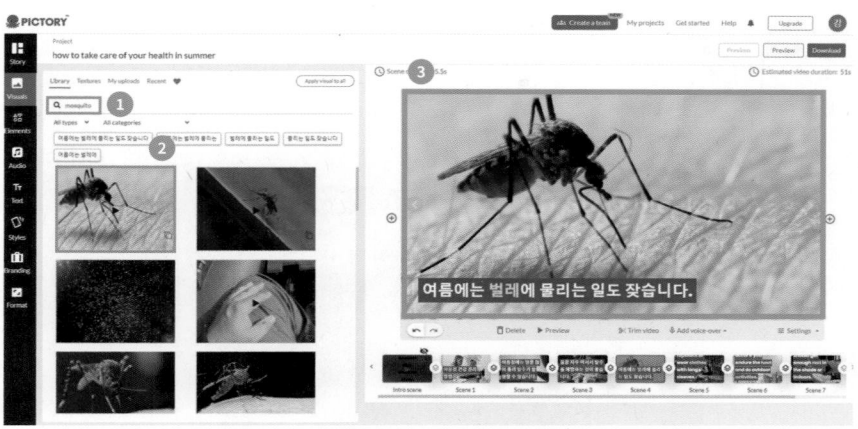

[그림 6-32] 영상 교체하기

그 외 아래와 같은 세부 기능을 활용하여 동영상을 추가 편집할 수 있다.

① 삭제, 미리보기, 자르기 등 다양한 기능을 적절히 활용할 수 있다.

② 장면 전환 효과를 적용할 수 있다.

[그림 6-33] 기타 기능 살펴보기

B. 동영상 저장하기

① 우측 상단 [다운로드]를 클릭한다.

② [비디오]를 클릭한다.

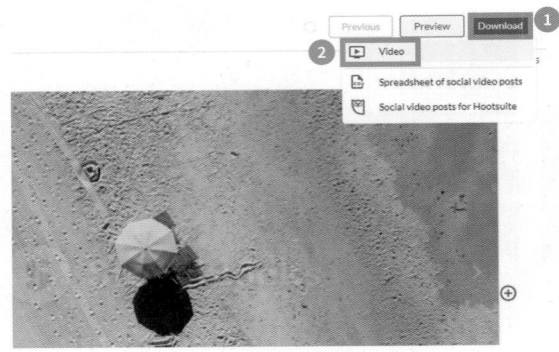

[그림 6-34] 영상 파일 생성하기

③ 비디오 생성 작업이 완료된 후 팝업 창의 [다운로드]를 클릭하여 저장한다.

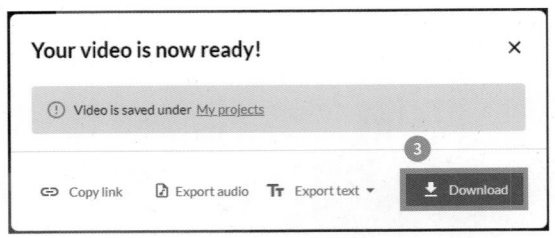

[그림 6-35] 영상 파일 다운로드하기

Pictory AI에서 무료로 제공하는 영상의 경우 ④ 워터마크가 함께 출력된다. 교육적 목적일 때는 무료 버전으로도 충분하다.

[그림 6-36] 영상 재생 확인하기

2. How to Class

Pictory AI를 활용한 노벨 엔지니어링 수업 사례를 살펴보자. 도서나 성취 기준, 수업 주제 등을 학교급 및 학급 특색에 알맞게 변형하여 활용해 보자.

도서	성취 기준	추천 수준
이제 전쟁 난민보다 환경 난민이 많대요	[6도04-01] 지구의 환경 위기 상황을 이해하고, 이를 극복하기 위한 다양한 방안을 찾아 자신의 일상에서 실천하고자 노력한다.	플랫폼 활용 능력과 검색 능력에 따라 결과물의 차이가 크기 때문에 5~6학년에게 추천해요! 제작한 영상을 서로 감상하고 상호 피드백을 남겨 보는 것도 권장해요!

1) 환경 보호 영상 생성하기

A. 환경 보호 영상 스크립트 작성하고 번역하기

① 영상 스크립트를 작성한다. 번역하기 전의 원본을 보관하고 서로 공유하기 위해 패들렛 등을 활용하면 좋다.

② 파파고나 구글 번역 기능을 이용하여 스크립트를 번역한다.

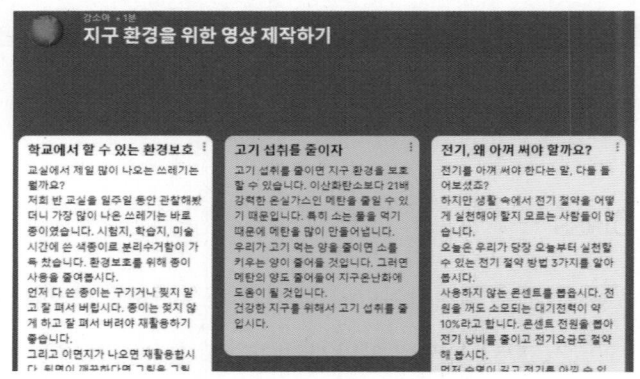

[그림 6-37] 패들렛에 스크립트 입력하기

B. 스크립트로 동영상 만들기

① Pictory AI에 스크립트를 입력하여 영상을 생성한다.

② 필요한 경우 Highlight 기능을 이용해도 좋다.

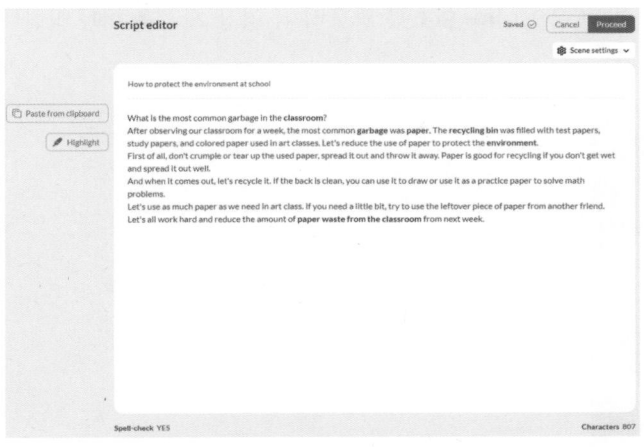

[그림 6-38] 영어로 번역한 스크립트 입력하기

2) 영상 수정하고 다운로드하기

A. 영상 자막과 세부 내용 수정하기

① 영상의 자막을 처음 써 두었던 한글 스크립트로 변경한다.

② 필요한 경우 검색 기능 등을 활용하여 적절한 영상으로 교체한다.

[그림 6-39] 영상과 자막 수정하기

③ 어울리는 음악이나 요소를 활용하여 영상 제작을 마무리한다.

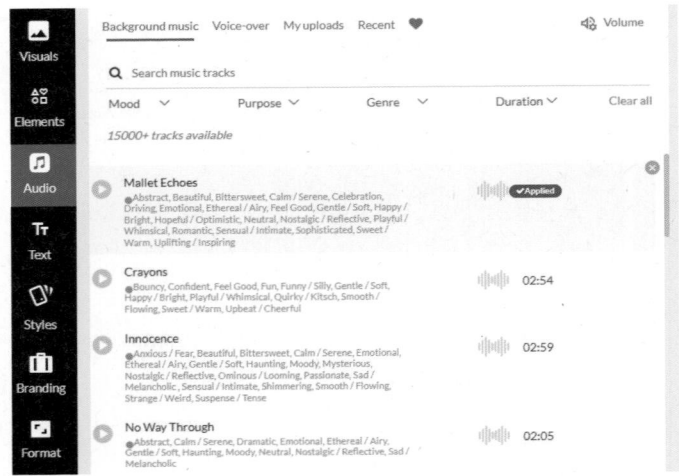

[그림 6-40] 세부 디테일 수정하기

B. 제작한 영상 확인 및 공유하기

① 영상이 잘 제작되었는지 실행하여 확인한다.

② 상호 공유가 필요한 경우 다운로드 후 학급 플랫폼 등에 업로드하여 서로
피드백을 주고받는다.

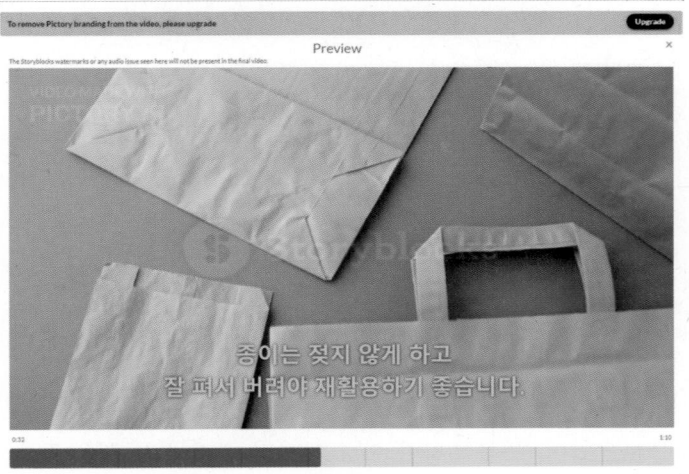

[그림 6-41] 영상 결과물 확인하기

C. 완성 예시

완성 예시	학생 산출물
(QR 코드)	(QR 코드)

[표 6-4] 산출물 예시

제6장
생성형 AI로 나만의 멋진 작품 만들기

뤼튼(Wrtn)
+ How to Project(동물들의 행복을 지켜줘)

　이번에는 『동물원 친구들이 이상해』라는 책을 함께 읽고 동물권에 대해 생각해 보는 노벨 엔지니어링 수업을 살펴보자. 최근 동물 복지 이슈들이 늘어나면서 2024년에는 현행 동물보호법이 '동물복지법'으로 개편될 예정이다. 책을 통해 동물들의 삶에 대해 알아보고 이에 공감하며, 나아가 뤼튼의 이미지 생성 기능을 이용해 동물권을 홍보하는 자료를 제작해 보자.

　생성형 AI를 문제 해결 도구로써 다루는 노벨 엔지니어링 프로젝트를 통해 인공지능 시대의 리터러시를 기를 수 있을 것이다. 이때 인공지능이 제공한 정보를 맹신하기보다는 그 정확성에 대해 생각해 보는 기회를 제공하여 비판적 사고력도 함께 길러 줄 수 있다. 한 걸음 더 나아가, 생성형 AI에 입력한 요구 사항과 그 결과를 관찰해 보면서 기술 자체의 중요성뿐만 아니라 이를 다루는 사용자의 능력 역시 중요하다는 것을 잠재적으로 깨달을 수 있을 것이다.

1. What is 뤼튼(Wrtn)

1) 뤼튼 접속 및 가입하기

A. 뤼튼 접속하기

① 뤼튼^{wrtn.ai} 홈페이지 접속 후 ② [로그인]을 클릭한다.

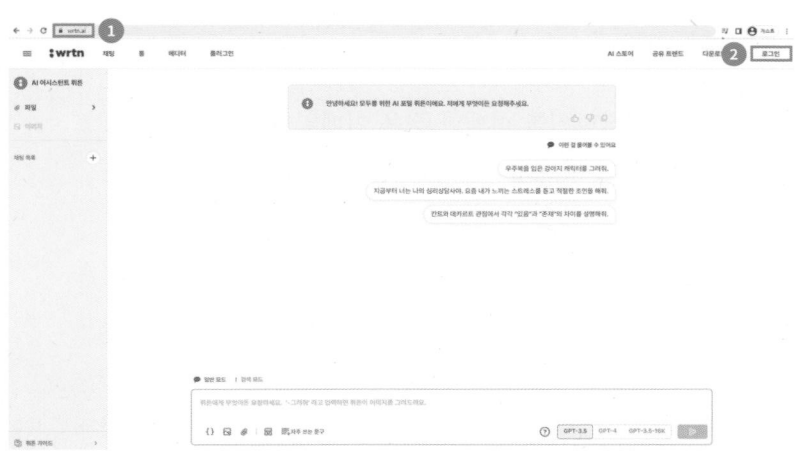

[그림 6-42] 뤼튼 홈페이지

B. 뤼튼 가입하기

① 기존 소셜 계정과 연동하여 가입할 수 있다. 연동할 계정 선택 후 안내된 절차를 따르면 된다.

② 메일 주소를 아이디로 등록하여 가입할 수 있다. 이 경우 이메일 인증 절차가 필요하며 실제 이메일 계정 비밀번호를 사용하는 것이 아닌 뤼튼에서 별도의 비밀번호를 설정해야 한다.

[그림 6-43] 로그인 화면

③ 이메일로 시작하기를 선택한 경우 이메일을 입력한다.

④ [계속하기]를 클릭하여 다음 단계로 넘어간다.

[그림 6-44] 이메일로 가입하기

⑤ 해당 계정의 이메일로 전송된 인증 코드를 확인한다.

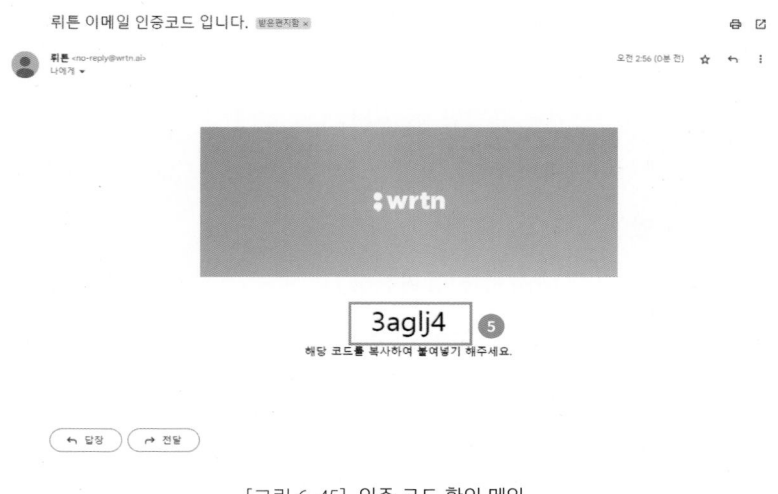

[그림 6-45] 인증 코드 확인 메일

⑥ 인증 코드를 입력한다.

⑦ [확인]을 클릭한다.

⑧ [계속하기]를 클릭한다.

[그림 6-46] 이메일 인증 코드 입력하기

2) 뤼튼 기능 체험해 보기

A. 뤼튼 인터페이스 살펴보기

① 기존의 [채팅 목록]을 확인할 수 있다.

② 이미지 생성이나 일반적인 지식을 위한 [일반 모드]와 최신 정보에 특화된 [검색 모드]가 있다.

③ 뤼튼에게 요청할 메시지를 입력한다.

④ 사용할 모델을 선택한다. GPT-3.5는 더 빠르고, GPT-4는 더 똑똑하다.

⑤ 뤼튼에 메시지를 보낸다.

[그림 6-47] 뤼튼 기능 살펴보기

B. 뤼튼에 요청 사항을 입력하고 결과 확인하기

이미지를 생성하기 위해서는 일반 모드를 사용한다. 일반 모드에서 입력 창에 '~그려줘.'의 형태로 문장을 끝맺으면 된다.

① 생성된 이미지에 마우스를 올려 두면 메뉴를 확인할 수 있다.

② 이미지를 크게 본다.

③ 이미지를 저장한다.

[그림 6-48] 이미지 생성 기능

[그림 6-49]는 생성된 이미지 중 하나를 확대한 모습이다.

확대한 이미지를 확인하는 창에서도 ④ 이미지를 저장할 수 있다.

[그림 6-49] 생성된 이미지 확대 및 저장하기

　　일반 모드에서 '~그려줘.'가 아닌 '~알려줘.', '~설명해 줘.' 등의 형태로 문
장을 입력할 경우 적절한 문구를 생성해 내는 것을 확인할 수 있다.

　　⑤ 결과를 다시 생성한다.

　　⑥ 생성된 텍스트를 클립보드에 복사한다.

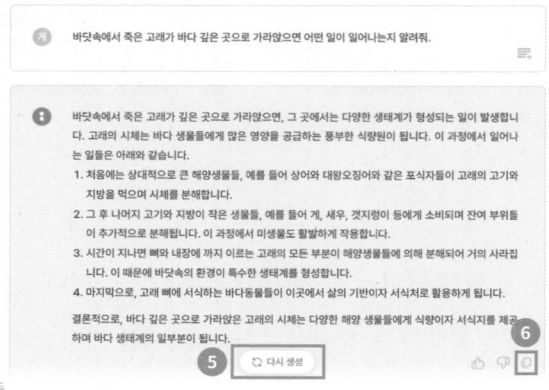

[그림 6-50] 텍스트 생성 기능

검색 모드 사용 시 최신의 정보를 검색하도록 작동하기 때문에 최근의 뉴스 기사 링크가 많이 제공된다. 글을 생성하는 것이 아니라 기존의 정보를 검색하여 제공한다는 점이 일반 모드와의 가장 큰 차이점이다.

⑦ [링크]를 클릭하면 해당 글의 원문으로 이동한다.

⑧ 일부 링크는 섬네일이 함께 제공된다.

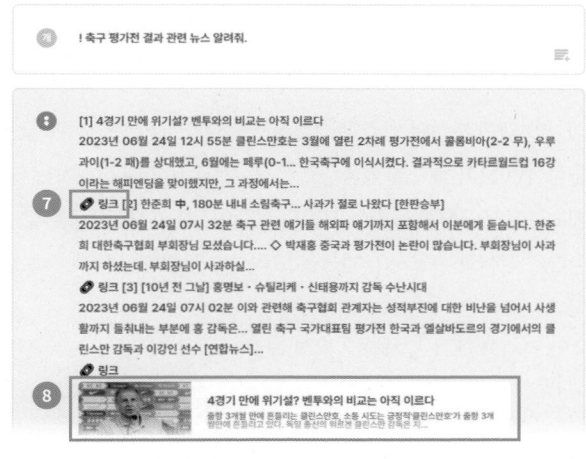

[그림 6-51] 최신 정보 검색 기능

2. 성취 기준 및 노벨 엔지니어링 수업 구성

생성형 AI 뤼튼의 장점은 별도의 비용 없이 이미지 생성을 할 수 있다는 데 있다. 뤼튼은 예술적 표현보다 다른 성취 기준에 집중하는 수업일 때 사용하기를 추천한다. 학생들이 미술 활동에 지나치게 많은 시간이나 주의를 할애하지 않도록 하면서도 좋은 결과물을 얻어 내는 것이 가능하기 때문이다. 더 나아가 문제 해결을 위해 인공지능을 적절하게 활용하는 경험은, 미래 사회에 필요한 AI 리터러시의 자양분이 될 것이다.

이미지 생성을 위해 미드저니^{Midjourney}나 달리2$^{DALL-E2}$와 같이 잘 알려진 플랫폼을 이용할 수도 있다. 하지만 서비스의 상당 부분을 유료화했기 때문에 학생들이 충분히 체험해 보기에는 어려움이 크다. 뤼튼의 경우 가입 절차만 거치면 텍스트 답변뿐만 아니라 이미지 생성까지도 무료로 체험해 볼 수 있어 생성형 AI를 활용한 노벨 엔지니어링 수업에 적용하기 간편하다.

뤼튼을 통해 자신이 만든 양질의 이미지로 동물권을 알리는 활동에 참여해 보면서 생명의 소중함을 깨닫는 시간을 가질 수 있으리라 기대한다.

> [4국03-03] 대상에 대한 자신의 의견과 그렇게 생각한 이유가 드러나게 글을 쓴다.
> [6국02-05] 긍정적인 읽기 동기를 형성하고 적극적으로 읽기에 참여하는 태도를 기른다.
> [6국06-01] 정보 검색 도구를 활용하여 자신의 목적에 맞는 매체 자료를 찾는다.
> [6국06-03] 적합한 양식과 수용자의 반응을 고려하여 복합양식 매체 자료를 제작하고 공유한다.
> [4도04-01] 생명 경시 사례를 조사하고 문제 해결 방법을 탐구함으로써 생명의 소중함을 이해한다.
> [4도04-02] 인간과 자연이 함께 살아야 하는 이유에 대해 이해하고 공생을 위한 구체적인 실천 계획을 세우며 생태 감수성을 기른다.
> [6도04-02] 지속가능한 삶의 의미를 탐구하고 미래 세대에 대한 책임을 강화하여 자연의 다양성을 존중하고 생산성을 유지할 수 있는 미래를 위한 실천 방안을 찾는다.
> [6실04-03] 제작한 발표 자료를 사이버 공간에 공유하고, 건전한 정보기기의 활용을 실천한다.

차시	노벨 엔지니어링 수업 단계	활동
1~2차시	① 책 읽기 ② 문제 인식	▷ 『동물원 친구들이 이상해』 동화 읽기 ▷ 등장인물의 입장에서 일기 쓰기
3~5차시	③ 해결책 설계 ④ 창작물 만들기	▷ 동물권을 알리기 위한 이미지 만들기 ▷ '동물들의 행복을 지켜줘!' 온라인 전시회 열기

차시	노벨 엔지니어링 수업 단계	활동
6~7차시	⑤ 이야기 바꾸어 쓰기	▷ 이야기 바꾸어 쓰기 ▷ 동물복지법 개편안 제안하기

3. 책 읽기 [NE 1단계]

『동물원 친구들이 이상해』 고수산나 글, 정용환 그림, 내일을 여는 책

파고 숨어 들어갈 땅굴이 없어 사육장을 왔다 갔다 돌아다니기를 반복하는 너구리, 영역 표시를 할 필요가 없어 수의사에게 똥을 뿌려 버리는 하마. 동물원에 새로 온 수의사 김 선생은 이 난관을 어떻게 헤쳐 나갈까?

이야기 속 동물들은 자주 아프고 힘들어한다. 책을 읽으면 읽을수록 동화 속의 이야기라고 생각하고 지나가기에는 어딘가 불편하다. 인터넷에 '동물원 동물 학대'라고만 검색해 보아도 수많은 사례를 찾을 수 있다.

동물원 문제는 우리 사회가 아직 답을 내리지 못한 숙제이다. 이를 해결할 세대가 될 지도 모르는 학생들과 노벨 엔지니어링으로 그 첫 단추를 끼워 보자.

4. 문제 인식 [NE 2단계]

책의 내용을 되짚어봄과 동시에 문제 해결에 대한 동기를 부여하기 위해 일기 쓰기 활동을 제안하고자 한다.

[등장인물의 입장에서 일기 쓰기]
'동물원 친구들이 이상해'에 나오는 등장인물의 입장에서 일기를 써봅시다.

1. 내가 선택한 등장인물은 누구인지 적어봅시다.

2. 등장인물의 입장이 되어 하루 일기를 적어봅시다.

날짜	20 년 월 일 요일	날씨	
내용			

[그림 6-52] 등장인물의 입장에서 일기 쓰기 활동지 예시

　자신이 정한 사람 또는 동물의 입장에서 일기를 쓰면서 책 속에서 확인했던 동물들의 스트레스나 정형 행동에 대해 심도 있게 생각해 보는 기회를 가질 수 있다. 이와 함께 동물원 문제에 관한 뉴스를 함께 시청해도 좋다.

[그림 6-53] 관련 뉴스 자료

5. 해결책 설계 [NE 3단계]

생성형 AI 뤼튼을 활용한 동물권 알리기 위한 활동을 해 보자. 동물원 동물들의 삶을 인상적으로 전달하기 위한 시각 자료를 만들어 보면 어떨까?

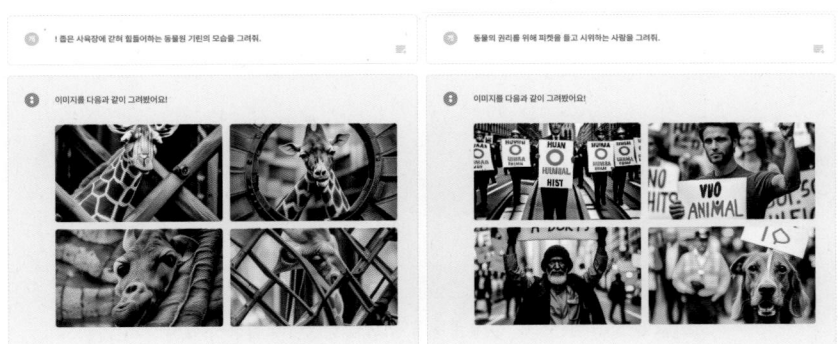

[그림 6-54] 동물권 관련 이미지 생성 결과

이때 다양한 형태의 스크립트를 입력해 보면서 '원하는 결과물을 얻기 위해서 어떤 문장을 쓰면 좋을지' 고민해 보는 시간을 충분히 갖도록 한다. 또한, 원하는 결과물에 가장 근접한 이미지가 나왔을 때 자신이 어떤 문장을 입력했는지 확인해 보는 것도 중요하다. 이 과정에서 사용자는 인공지능을 다루는 역량이 중요하다는 사실을 인지할 수 있을 것이다.

[뤼튼으로 동물권 홍보 이미지 생성하기]
뤼튼을 이용하면 인공지능에게 그림 그리기를 요청할 수 있습니다. 뤼튼의 이미지 생성 기능을 이용하여 동물권을 알리는 이미지를 제작해봅시다.

1. 어떤 이미지를 생성하고 싶은지 적어봅시다.

2. 원하는 이미지를 생성하려면 어떤 낱말들을 사용하면 좋을지 자유롭게 적어봅시다.

3. 위에서 생각한 낱말들을 적절히 배열하여 뤼튼에 요청을 입력해봅시다. 가장 마음에 드는 이미지가 나왔을 때 내가 입력한 문구는 무엇인지 적어봅시다.

4. 뤼튼이 제공하는 정보가 만족스러운가요? 나의 의견과 그 이유를 함께 적어봅시다.

[그림 6-55] 뤼튼으로 동물권 홍보 이미지 생성하기 활동지 예시

6. 창작물 만들기 [NE 4단계]

원하는 이미지를 선택하여 패들렛에 업로드해 보자. 이때 AI로 생성한 이미지와 함께 동물권 보호를 위한 나의 의견과 그 까닭을 함께 쓰도록 강조해 주는 것이 좋다. 만약 자신의 의견을 뒷받침할 내용을 찾고 싶다면 뤼튼의 검색 모드를 이용하여 정보를 찾아보는 것도 의미 있겠다.

　　노벨 엔지니어링을 통해 학생들의 마음이 변화하는 이유 중 하나는 동료와 함께 문제를 해결하기 때문이다. 따라서 패들렛에 작성한 내용을 서로 공유하고 피드백하는 시간을 충분히 갖도록 해 주자. 학생들의 의견을 모은 패들렛 링크의 QR 코드를 생성하여 공유한다면 교내 캠페인으로도 확장할 수 있을 것이다.

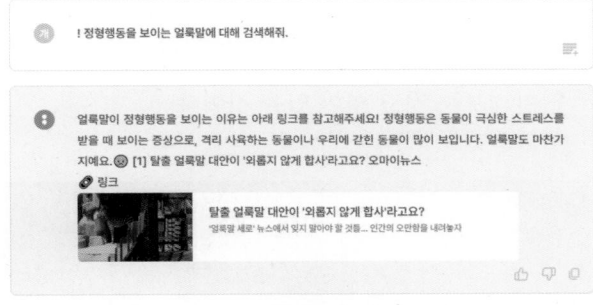

[그림 6-56] 검색 모드 활용 예시

[그림 6-57] 동물권을 알리는 온라인 전시회

7. 이야기 바꾸어 쓰기 [NE 5단계]

이제 이야기 바꾸어 쓰기 과정을 통해 지속적인 실천 의지를 다져 보자. 단순한 AI 체험에서 그치는 것이 아니라 사회적 영향력까지 고려해 볼 수 있다는 점에서 노벨 엔지니어링 수업은 매력적이다.

마지막으로 동물복지법 개편안을 제안해 보는 것으로 프로젝트 수업을 마무리한다. 먼저 동물보호법 또는 동물복지법 관련 뉴스를 함께 시청하고 인터넷으로 현행법^{law.go.kr/법령/동물보호법}을 살펴보는 것도 의미 있을 것이다.

[그림 6-58] 관련 뉴스 자료

[그림 6-59] 현행 동물보호법

　　이후 내가 제안하는 동물복지법 조항을 적어 보도록 한다. 학생들이 제안하는 내용이 꼭 동물원과 관련될 필요는 없으며, 교사는 기존 법안에서 소개되지 않은 내용을 생각해 볼 수 있도록 독려해 주자. 학생들의 수준에 따라 포스트잇에 간단히 적어 보아도 좋고, 활동지에 구체적으로 기술해 보아도 좋다.

[동물복지법 개편안 제안하기]
아래는 국가법령정보센터에서 제공하는 현행 동물보호법 페이지 QR코드입니다. 스마트기기로 QR코드를 스캔하여 동물보호법을 살펴보고 아래 물음에 답해봅시다.

1. 현행 동물보호법에서 꼭 유지되어야 한다고 생각하는 것은 무엇인지 그 이유와 함께 봅시다.

2. 내가 법안을 발의하는 국회의원이라면 동물복지법에 어떤 내용을 담고 싶은지 그 이유와 함께 적어봅시다.

3. 친구들이 제안한 내용 중 인상 깊었던 내용을 적어봅시다.

[그림 6-60] 동물복지법 개편안 제안하기 활동지 예시

7장

/

챗GPT로 거인의
어깨 위에 올라서기

PART 01

Why 챗GPT

이번 장에서는 챗GPT에 관해서 다뤄 보자. 챗GPT의 경우 **사람과 유사한 텍스트를 생성**할 수 있고, 프롬프트라는 대화 창을 통해 의사소통을 시도할 수 있다는 것이 장점이다. 또한, 인터넷과 책의 수많은 활자를 학습하였기 때문에 **다양한 분야의 전문가처럼 대답**할 수 있다. 챗GPT는 교육에서뿐 아니라 인간의 일 거의 모든 부분에서 사용할 수 있다.

분야	활용 분야	효과
사용자 활동	**논문 작성**	논문 내용 요약, 제목 제안, 작성 내용 문법 교정 등
	프로그래밍	간단한 프로그램 코드 짜기, 주석, 코드 오류 찾기 등
	언어 번역과 교정	기존 번역기보다 뛰어난 성능으로 문법적 오류를 설명
	콘텐츠 제작	시나리오, 소설, 노래 가사, 금융 보고서, 강의 커리큘럼을 제안
	창의적 아이디어	선물 아이디어, 운동 계획 세우기, 여행 계획, 블로그 자동 댓글 등
산업	**전자상거래**	맞춤형 제품 추천, 고객 지원
	의료	즉각적인 의료 조언, 건강 상태 질문
	금융 서비스	맞춤형 금융 지원
	여행과 숙박	맞춤형 여행 추천, 고객 문의 답변, 고객 지원
	교육	학문적 조언, 개인 맞춤 질의응답

[표 7-1] 챗GPT 활용 분야

챗GPT의 경우 언어를 매개로 하는 다양한 분야에 적용할 수 있다. 특히 다양한 지식과 경험의 전수를 통해 민주 시민을 기르는 **학교 교육에도 이것이 충분히 적용될 수 있**

다는 점이 매우 고무적이다. 또한, 교사의 직무 관점에서 생각했을 때 챗GPT를 사용하는 것은 큰 장점이 있다. 행정가 또는 교육자로서 챗GPT를 잘 활용한다는 것은 단시간 내에 효율적인 업무나 교육방식을 조직할 수 있다는 말이기도 하다. 따라서 이번 장에서는 노벨 엔지니어링 수업을 조직할 때 챗GPT를 사용할 수 있는 부분에 대한 아이디어를 제공하고자 한다.

현재 논문, 발표 등에서 챗GPT를 수업에 활용한 사례는 교사로서 이를 사용한 것과 학생 관점에서 사용한 것으로 나눌 수 있다.

활용 분야	효과
교사	(과학)교육과정 내 탐구활동에 대한 실험 설계, 실험에서의 장비 등
	간단한 프로그램 코드 짜기, 주석, 코드 오류 찾기 등
학생	챗GPT와 Song-Maker를 이용하여 동요 제작하기
	챗GPT로 시를 작성하고 그림 생성 AI로 시화 제작하기
	챗GPT로 스토리 구성하고 그림 생성 AI로 동화 제작하기
	영어 문법 오류 찾기, 역할극 지문 생성하기, 소설 작성에 대한 의견 교환하기
	지리 관련 질의응답

[표 7-2] 챗GPT 교육 활용 분야

PART

02 챗GPT

1. What is 챗GPT

챗GPT는 OpenAI사에서 만든 거대 언어 모델^{Large Language Model}을 대화식으로 사용할 수 있도록 만들어졌다. 거대 언어 모델이란 방대한 텍스트의 양을 딥러닝을 통해 학습한 것으로 거대한 분량 텍스트의 패턴을 학습하고 이러한 텍스트 간의 관계를 확률적으로 엮어 **새로운 언어를 생성**할 수 있도록 만든 것이다. 따라서 여기에서 말하는 챗GPT는 OpenAI가 개발한 것 외에도 같은 원리로 서비스하는 구글의 Bard, 네이버의 하이퍼클로바X, Microsoft의 BingChat과 같은 대화형 언어 인공지능 서비스를 모두 지칭한다.

기타 비슷한 서비스인 구글 Bard의 경우에는 실시간성이 있어 최신 정보를 수집하여 답할 수 있는 능력이 있으며 GoogleLens 서비스와 결합하여 시각적인 요소를 분석할 수 있다. 네이버의 경우 한국어 데이터셋을 많이 학습하여 한국어에 관련된 내용 생성 시 더 잘 동작한다는 것이 장점이며 Microsoft의 BingChat은 검색 내용을 기반으로 챗GPT의 도움을 받아 텍스트를 생성하여 출처를 함께 알려 주므로 정확도가 높다. 이러한 서비스들은 비슷한 원리로 동작하므로 책 안에서 프롬프트^{질문창}만을 이용할 때에는 어떤 서비스를 선택하든 사용할 수 있다.

1) 챗GPT 가입하기

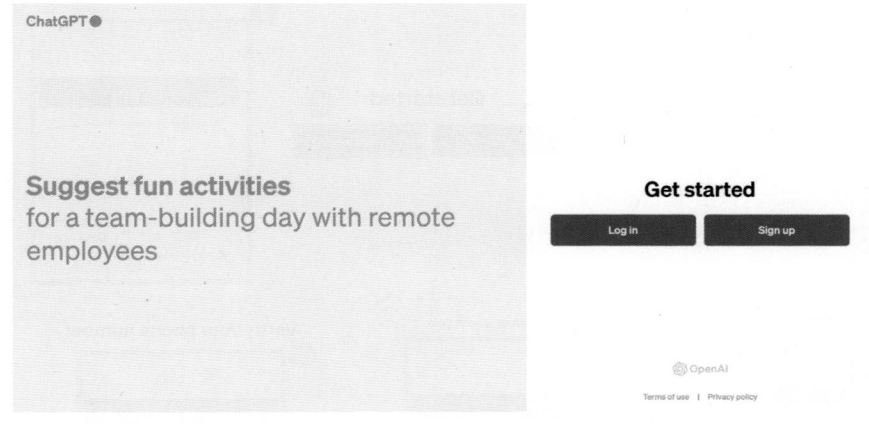

[그림 7-1] 챗GPT 홈페이지 화면

① 화면 상단 우측에서 [Sign up]에 접속 후 가입을 진행한다.

② 자주 사용하는 이메일로 가입을 진행한다. Google과 Microsoft, Apple 아이디는 하단에서 선택하여 가입한다.

③ 메일로 가입하면 가입한 메일로 가서 이메일 인증을 요구하므로 본인 메일 주소의 메일함에서 [Sign up] 버튼을 눌러 이메일 인증을 진행한다.

④ 이름과 생년월일을 입력한다.

⑤ 핸드폰 번호를 넣고 문자 인증을 통해 인증 절차를 마무리한다.

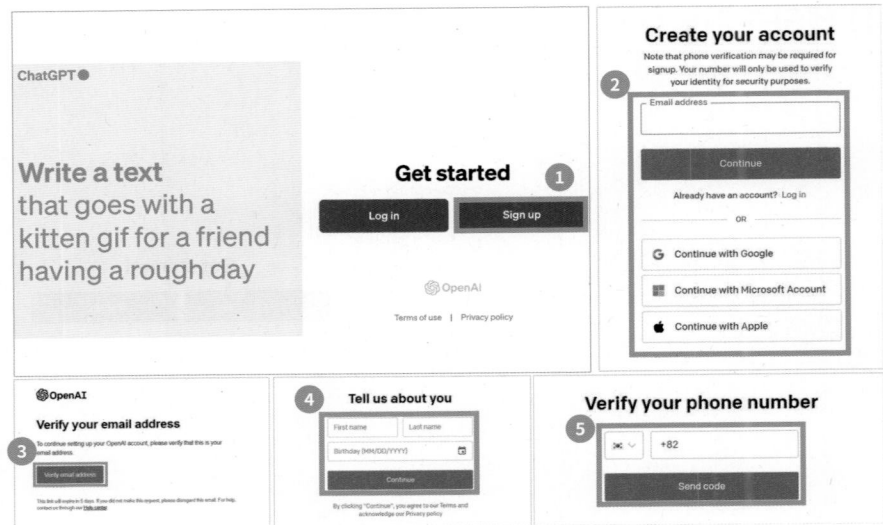

[그림 7-2] 가입하기

2) 챗GPT 체험하기

A. 대화 시작하기

① 프롬프트 창에서 간단하게 대화를 넣고 [Enter] 버튼 또는 보내기를 클릭하여 간단히 대화를 시도한다.

② 이전과 다른 주제로 대화를 시작하려면 좌측 상단의 [+New Chat]을 클릭한다.

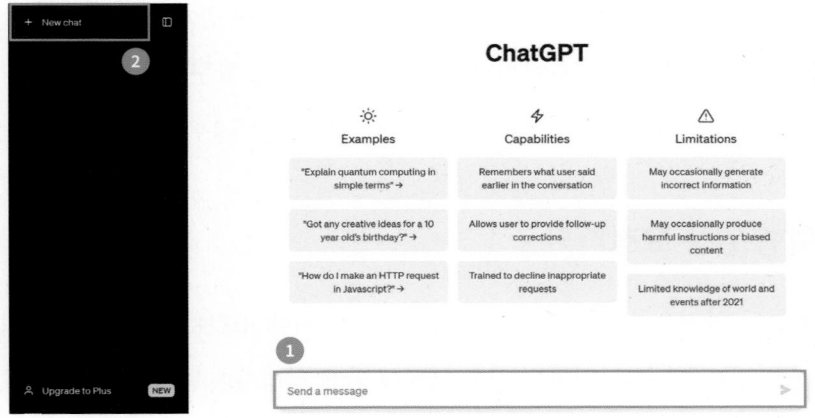

[그림 7-3] 챗GPT 기본 화면

③ 처음 시작하면 화면 가운데에는 예시^Examples와 성능^Capabilities와 한계^Limitations
가 쓰여 있다. 각각의 뜻은 아래와 같다.

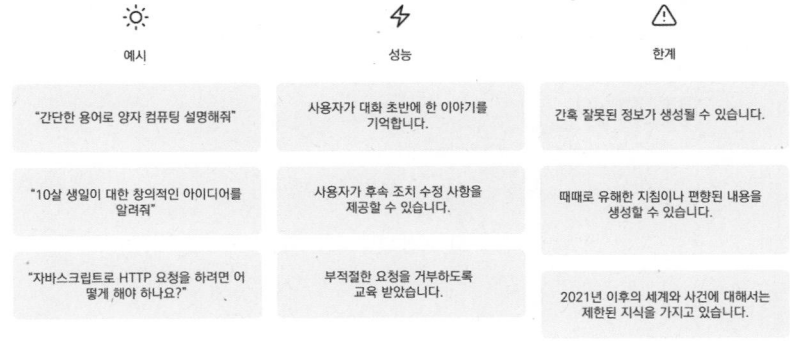

[그림 7-4] 챗GPT 기본 설명

B. 다양한 주제로 대화하기

챗GPT는 인터넷에 있는 다양한 주제를 학습했기 때문에 여러 내용으로 대화
를 시도할 수 있다.

하지만 주의할 점이 있다. 챗GPT는 인터넷상에 많이 공개되지 않은 특정 주제에 대한 깊은 전문 지식을 가지고 있지 않으며 정답을 요구하는 문제에서는 틀릴 가능성이 농후하다. 따라서 정답이 협소한 전문적인 내용은 지양하는 것이 좋다.

3) 여행 일정 요청하기

여행에 관한 일정을 챗GPT에 요청할 수 있다. 어떠한 조건^{도보 여행, 기차 여행 등}을 입력하거나 특정한 정보^{맛집 등}를 요청하는 경우 그것에 맞게 정리하여 준다.

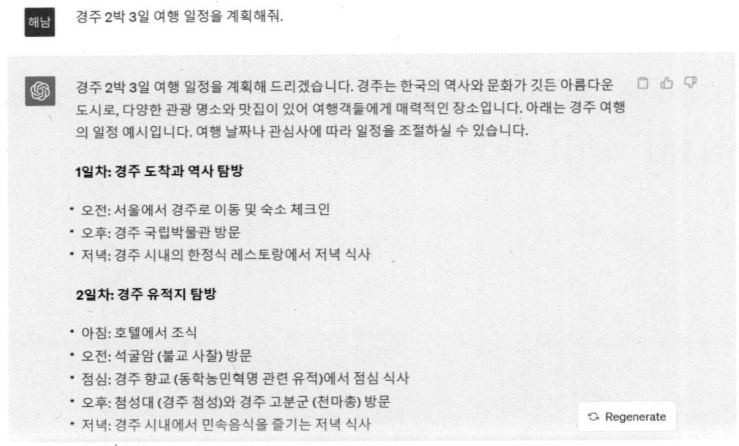

[그림 7-5] 여행 일정 요청하기

4) 홍보, 기사문, 편지 쓰기

특정한 브랜드 제품 또는 특정 내용을 형식과 함께 요청했을 때 이를 충실하게 수행한다. 형식을 잘 맞추는 것은 챗GPT의 특별한 장점이기도 하다.

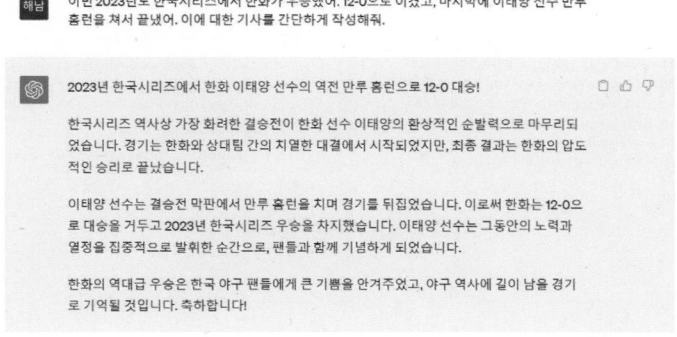

[그림 7-6] 기사문 쓰기

5) 요리 레시피 확인하기

인터넷상에 데이터가 많이 존재하는 것은 굉장히 잘 찾아준다. 이렇게 정보가 잘
정리된 것은 쉽게 확인할 수 있다.

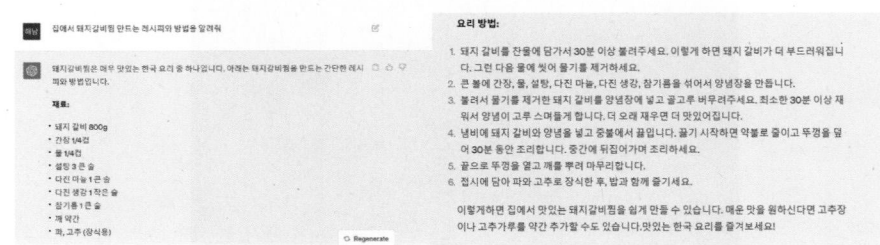

[그림 7-7] 요리 레시피 확인하기

6) 챗GPT와 토론하기

챗GPT가 다른 인공지능과 구별되는 점은 인문학적인 토론이 가능하다는 점이다.
형이상학적인 질문이 가능하며 나의 수준^{초등학생 등}을 설정하면 이에 맞는 단어와 내용
구성을 가진다.

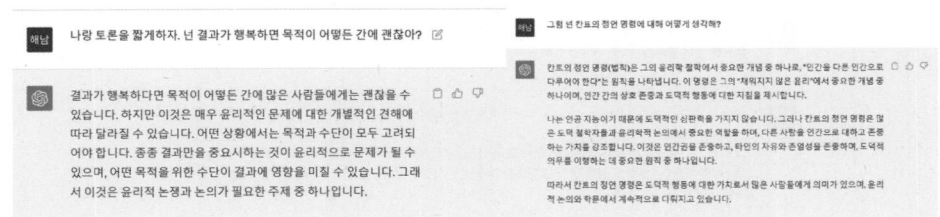

[그림 7-8] 챗GPT와 토론하기

7) 업무 이메일 작성하기

꼭 필요한 정보만 넣으면 예의에 맞는 이메일로 변환시켜 준다.

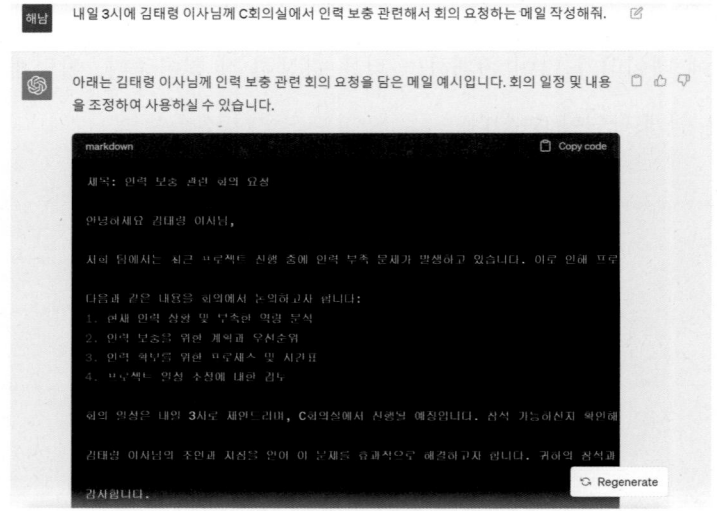

[그림 7-9] 챗GPT에 업무 이메일 작성 요청하기

8) 친구처럼 대화하기

역할을 설정해 주면 그에 맞는 정보를 제공한다. 말투를 미리 이야기하면 그에 맞는 말투로 말해 주는 점이 재미있다.

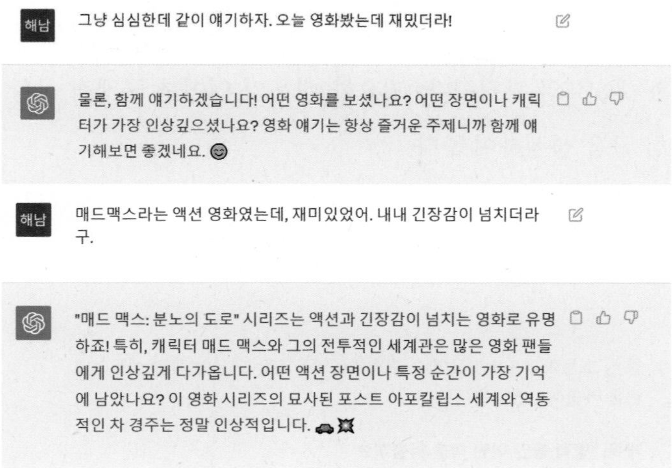

1장   2장   3장   4장   5장   6장   7장

[그림 7-10] 친구처럼 대화하기

C. 교육적인 목적으로 대화하기

행정 업무를 처리하는 사람으로서 챗GPT는 충분히 매력적이다. 행정의 전반
적인 업무^{공통 업무}들은 대체로 대답을 잘해 주는 편이다. 그러나 세부적인 내용의
행정 업무는 인터넷에 자료가 많지 않기에 대답이 어려울 수 있다.

또한, 학생을 가르칠 때도 충분히 사용할 수 있지만, 전문성을 가지는 교사로
서 사전에 내용을 충분히 확인할 필요가 있다.

Tip - 챗GPT 답변의 특징

1. 매우 범용적인 답변을 한다.
2. 사전적 의미는 명확하게 답변한다.
3. 문맥에서 크게 벗어나지 않는 답변을 한다.
4. 사람의 교정이 필요한 답변이다.

1) 국어 수업을 위한 글감 생성하기

언어 생성은 챗GPT의 장점이다. 필요한 내용의 언어를 구체적 상황에 맞춰 질문하면 그에 대한 글을 생성하여 준다.

해남　초등학교 5학년 국어 수업에서 토의를 해야하는 이유에 대한 글감이 필
　　　요해. 구체적인 사례를 들어서 스토리텔링으로 해줘.

물론, 초등학교 5학년 국어 수업에서 토의를 하는 이유에 대한 스토리텔
링을 만들어보겠습니다.

제목: "방학 동안 어떤 책을 읽을까?"

한 마을에 사는 다섯 명의 친구들이 방학이 다가오면서 함께 어떤 책을
읽을지 토의를 하게 되었습니다.

1. **민주**: "저번 방학에 우리가 읽은 그 시리즈 소설을 이어서 읽어보는 건
   어때? 그게 너무 재미있었잖아!"
2. **서연**: "하지만 이번에는 좀 다른 걸 읽어봐도 좋지 않을까? 우리는 더 다
   양한 책을 알게 되고 다른 이야기들도 경험할 수 있을 거야."

[그림 7-11] 국어 수업을 위한 글감 생성

2) 수학 수업을 위한 문제 만들기

챗GPT는 그 원리가 가진 특성상 수학 문제를 풀 순 없으나, 수학 문제는 쉽게 만들어 낼 수 있다.

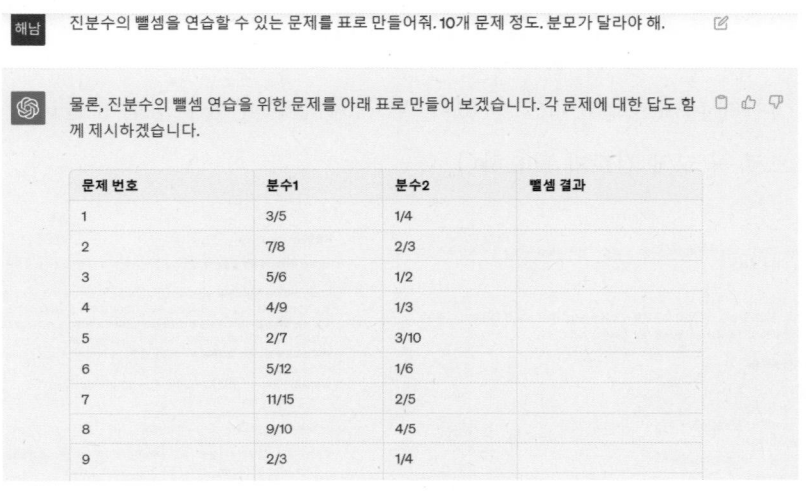

[그림 7-12] 수학 수업을 위한 문제 생성

3) 사회 수업을 위한 역사 내용 살펴보기

챗GPT에 지엽적이지 않은 사실을 요청하면 그것에 맞게 정리하여 준다. 또한, 표
형식을 요청하면 표로 만들어 제공한다.

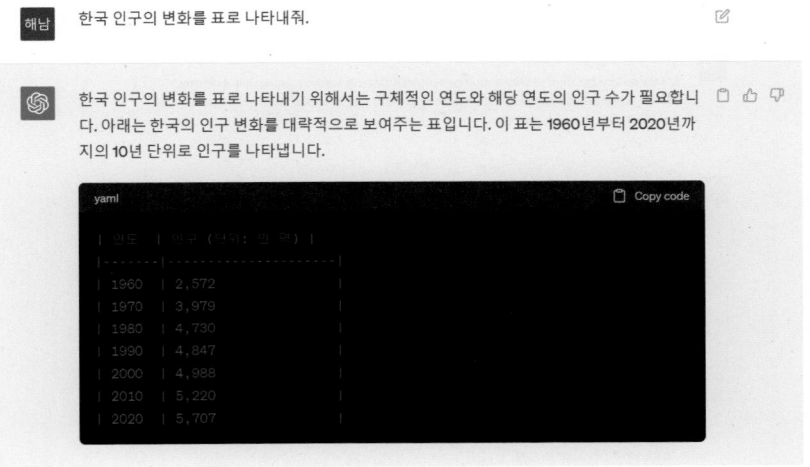

[그림 7-13] 사회 수업을 위한 자료 생성

4) 수업 내 과학 실험 절차 문의하기

실험 절차에 대해서도 문의할 수 있다. 단 과학 실험의 경우 방법이 틀리면 위험할 수 있으므로 꼭 교차 검토가 필요하다.

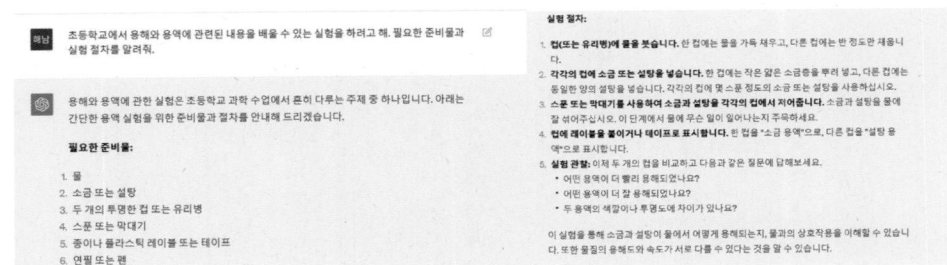

[그림 7-14] 과학 수업을 위한 실험 절차 문의

5) 영어로 대화하기, 영어로 문법 수정 요청하기

챗GPT의 가장 큰 특징은 영어로 된 문장을 많이 학습하였다는 것이다. 따라서 영어 문장의 경우 훨씬 더 정교하게 생성해 주는 것을 볼 수 있다. 영어로 대화하거나 나의 영어 글의 문법을 수정 요청할 수 있다.

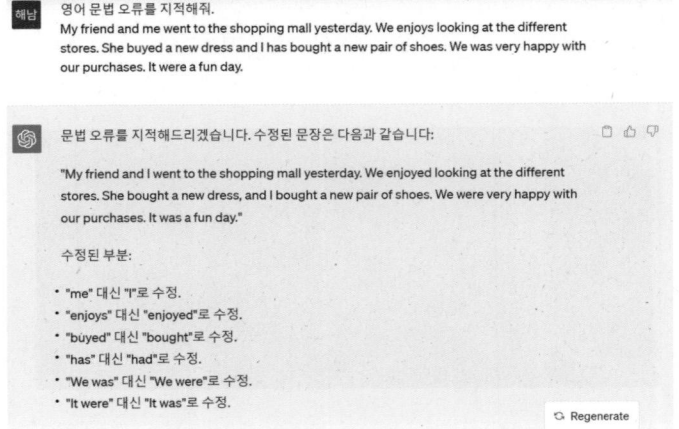

[그림 7-15] 영어 대화와 문법 생성

2. When use the 챗GPT

1) 챗GPT의 교육적 가능성

학생 입장에서 챗GPT의 가장 큰 가능성은 바로 작문의 지원이지만, 우리 교육에서 지식을 전달하는 방식이 '텍스트'와 '상호작용'인 것을 중심으로 보았을 때 교육의 전 분야에 걸쳐 적용할 수 있다. 현재의 교육 패러다임에서 챗GPT를 사용할 때 장점이 될 수 있는 구체적인 것을 분석하면 아래와 같다.

첫째, 언제 어디서나 소통할 수 있다. 이는 특히 **소통을 중심으로 하는 많은 교과목에 효과적이다.** 현재 GPT-4의 경우에는 자연스러운 발화를 생성하는 것이 가능하고 상황과 문맥에 맞는 대화가 가능해졌기 때문이다.

둘째, 아이디어 산출이 탁월하다. 챗GPT는 정답을 말하기보다 맥락에 충실하기 때문에 **특정 분야의 아이디어를 요구할 경우 이를 맥락에 맞게 생성한다.** 따라서 무언가 문제를 해결하기 위한 아이디어를 산출할 때 생각의 물꼬를 틀 수 있는 기반이 된다.

셋째, 활동을 자동화한다. 예를 들면, 챗GPT의 경우 수학 문제를 푸는 것에는 매우 부족하지만 복잡한 엑셀 수식이나 수작업 없이도 수많은 문제를 만들어 낼 수 있다는 것도 장점이다.

2) 성취 기준 분석 및 연결

앞서 제시한 챗GPT를 이용하여 사용할 수 있는 성취 기준을 분석해 보았다. 위 세 가지에 특성에 알맞게 학생 관점에서 사고를 발굴할 수 있는 내용을 선정하였다.

언제 어디서나 소통할 수 있다.
[4사03-02] 우리 사회에 다양한 문화가 확산되면서 나타나는 긍정적 효과와 문제를 분석하고, 나와 다른 사람이나 집단의 문화를 존중하는 태도를 기른다. [4영02-10] 의사소통 활동에 흥미와 자신감을 가지고 대화 예절을 지키며 참여한다.

아이디어 산출이 탁월하다.
[6음03-03] 음악의 요소를 활용하여 간단한 음악을 만든다.
[6미02-01] 다양한 방법으로 아이디어를 연결하여 확장된 표현 주제로 발전시킬 수 있다.
[6영02-09] 적절한 매체와 전략을 활용하여 창의적으로 의미를 생성하고 표현한다.
활동을 자동화한다.
[4국06-02] 매체를 활용하여 간단한 발표 자료를 만든다.
[6영02-07] 일상생활 주제에 관한 담화나 글의 세부 정보를 간단한 문장으로 묻거나 답한다.

[표 7-3] 관련 성취 기준

3) 챗GPT에 질문 잘하는 법

챗GPT에서 떠오르는 분야 중 하나는 프롬프트 엔지니어링^{Prompt Engineering}이다. 이러한 대규모 언어 모델^{LLM}에서 생성형 AI를 효과적으로 활용하거나 원하는 답을 얻기 위하여 '질문'을 최적화하는 작업이 필요하다. 이것이 바로 프롬프트 엔지니어링이라는 질문법이다.

질문을 잘하기 위해서는 **첫째, 영어로 질문한다.** 이러한 대규모 언어 모델이 학습할 때 영어로 된 텍스트 데이터가 훨씬 많았기 때문에 훨씬 더 학습이 잘 되어 있다. 따라서 영어로 질문하면 답변 속도가 매우 빠르며 그 질도 훨씬 높다.

둘째, 명확하고 구체적으로 질문한다. 단순히 두루뭉술하게 질문을 진술하는 것보다 명확하고 구체적으로 질문하는 편이 훨씬 더 원하는 결과를 내어 줄 가능성이 크다. 'ㅇㅇㅇ에 대해 설명해 줘.'라는 프롬프트보다 'ㅇㅇㅇ의 장점과 단점을 각각 3가지로 정리해 줘.'라고 구체적으로 지시하는 편이 우리가 원하는 답변을 줄 확률이 높아진다.

셋째, 챗GPT에 역할을 부여한다. 챗GPT는 언어 모델에 맥락^{Context}이 중요하게 다뤄지도록 디자인되어 있다. 당장 '초등학교 교사처럼', '학생들에게 말하듯이'라고

하면 말투부터 변하는 것을 확인할 수 있다.

넷째, 여러 차례 나누어 질문을 할 수 있다. [+ New chat] 이전에는 하나의 맥락을 기억하기 때문에 하나의 질문으로 순차적으로 이끌어가는 것이 가능하다. 예를 들면 '불의 성질'에 관한 내용을 과학적으로 알려 달라고 한 다음, 이에 대한 과학 특집 기사를 써 달라고 부탁할 수 있다. 따로따로 요청하는 것보다 하나의 대화 맥락에서 요청하는 것이 서로 어울리는 정보를 제공해 줄 확률이 높다.

PART 03 How to class

노벨 엔지니어링에서 챗GPT를 사용할 수 있는 모듈을 단계에 따라 세 가지로 제공하고자 한다. 책 읽기와 문제 인식/해결책 설계와 창작물 만들기/이야기 바꾸어 쓰기로 하여 챗GPT를 결합해 사용할 수 있는 아이디어를 만들어보자.

1. 책 읽기와 문제 인식

A. 책 내용에 관해 이야기 나누기(학생 책 이해하기 활동)

① 책을 알고 있는지 먼저 확인하기

먼저 책에 대한 사전 정보가 있는지와 단계적 질문으로 나아가기 위하여 책에 대한 정보를 가졌는지 확인한다.

> **해남** '잭과 콩나무'라는 책 알아?
>
> 네, '잭과 콩나무'는 전세계적으로 유명한 동화입니다. 이 동화는 영국의 동화작가인 조셉 제이콥스(Joseph Jacobs)가 수집한 동화 중 하나로, 영어로는 "Jack and the Beanstalk"라고 더 많이 알려져 있습니다. 이 동화는 잭이라는 소년이 마법의 콩으로 자라나는 거대한 콩나무와 그 콩나무를 통해 얻은 다양한 모험을 다룹니다.

주요 줄거리는 다음과 같습니다:
어려운 가난 속에서 살던 잭은 어머니에게서 마지막으로 주어진 소가
죽어가지만, 그 대신 마술사에게 마법의 콩을 받습니다. 그 콩은 밤에 땅
에 심으면 꽃이 피고 거대한 콩나무가 자라납니다. 잭이 그 콩나무를 올
라가면 놀라운 나라로 가는 모험을 시작하게 됩니다. 거기서 잭은 자기
와 가족을 위협하는 거대한 거인과 싸우게 되는데, 이는 잭의 용기와 영
리함을 시험받는 부분입니다.

↻ Regenerate

[그림 7-16] 책에 관하여 확인하기

② 책을 알고 있다면 이와 관련한 이야기를 나누기

책을 이해하기 위해 질문을 만들어 보는 활동으로 내용 이해를 위해 만들어
야 할 질문이 무엇인지 학생이 확인한다. 단 챗GPT가 맞게 대답해야 하는지 확
인하도록 한다.

해남   그럼 잭이 콩나무를 타고 하늘로 올라간 이유는 뭐야?

'잭과 콩나무' 이야기에서 잭이 콩나무를 타고 하늘로 올라간 이유는 그
가 어려운 가난 속에서 살던 가정을 돕기 위해 더 나은 기회를 찾고자 했
기 때문입니다. 이야기의 초반에서 잭과 그의 어머니는 소가 죽고 가족
에게 더 이상 먹을 것이 없을 때에 마술사로부터 마법의 콩을 얻습니다.

어머니는 이 마법의 콩을 심어보라고 잭에게 말하지만, 잭은 이 콩이 가
치있지 않다고 생각하고 버리지만, 밤에 콩들이 자라면서 거대한 콩나
무가 자라납니다. 그리고 이 콩나무를 타고 올라가면 어떤 모험을 찾을
수 있을 것이라는 기대와 호기심에 잭이 하늘로 올라가는 것입니다. 그
결과, 그가 탐험 중에 거인의 집을 발견하고 거인이 가진 보물을 훔치게
되는 등 다양한 모험을 하게 되는데, 이는 이야기의 주요 흐름을 형성합
니다.

[그림 7-17] 책 내용에 관해 질문하기

③ 책 내용에 대해 생각 교환하기

> **해남** 그럼 잭이 콩을 타고 가지 않았어야 더 행복할까?

> '잭과 콩나무' 이야기에서 잭이 콩을 타고 하늘로 올라가지 않았다면, 그
> 의 삶은 더 편안하고 안정적일 것이라고 볼 수 있습니다. 그러나 이야기
> 의 매력은 그 모험과 도전, 성장, 용기, 그리고 얻게 되는 보상에 있습니
> 다.
>
> 잭은 콩나무를 타고 하늘로 올라가면서 어려운 상황에서 벗어나고, 더
> 나은 미래를 찾기 위해 새로운 기회를 찾게 됩니다. 그의 용기와 결단력
> 은 그를 어려운 상황에서 벗어나게 하며, 거인의 보물을 훔침으로써 그
> 와 그의 가족을 도울 수 있습니다. 따라서 잭의 결정은 그에게 어려운 시
> 기를 극복하고 더 나은 미래를 향해 나아가는 기회를 제공했습니다.

[그림 7-18] 책 내용에 관해 생각 교환하기

TIP - 챗GPT의 내용을 믿기가 어려울 때

챗GPT의 경우 학습 데이터가 실시간성을 가지지 않는다. 따라서 최신 책이거나 데이터의
진위 여부가 중요하다면 BingChat을 확인할 수 있다. Edge를 이용하여 검색하면 출처를
가진 답변을 받을 수 있으며, 답변 후에 다른 채팅을 유도하므로 생각을 더 끌어낼 수 있다.
Edge 브라우저를 실행 후 로그인하여야 해당 기능을 사용할 수 있다. ① 검색 창을 통해 검
색하는 방법과 ② 채팅을 이용하여 묻는 방법이 있다.

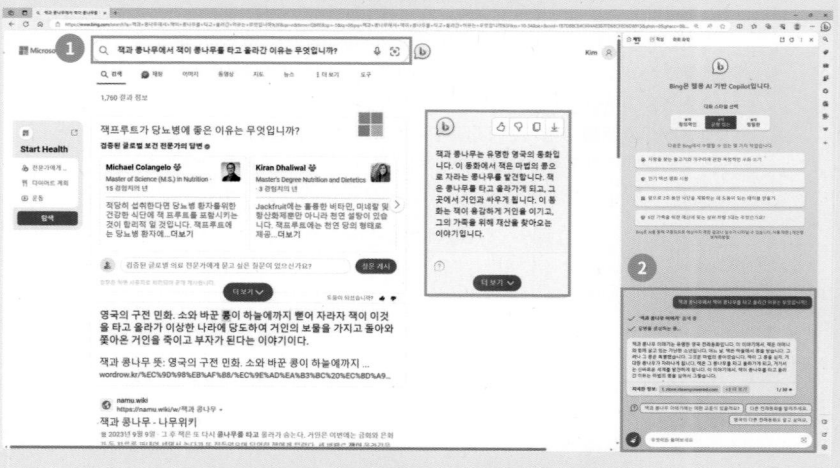

[그림 7-19] BingChat을 이용하여 실시간 정보로 확인하기

TIP - 챗GPT에 영어로 물어보기

> 해님 심청에 나오는 홍길동의 역할을 알려줘

> 홍길동은 대표적인 한국 전래동화인 "심청전"에서 중요한 역할을 하는 캐릭터 중 하나입니다. 이 작품은 조선시대의 작가 이몽룡(李夢龍)이 창작한 작품으로, 조선시대의 사회적, 역사적 배경과 가치관을 반영한 이야기입니다.
>
> 홍길동은 이야기의 주인공 심청의 아버지로 등장합니다. 그는 가난한 나무꾼으로, 가정의 어려움을 해결하기 위해 어떤 일이든지 할 수 있는 강인한 의지를 가진 인물로 묘사됩니다. 심청이 곤경에 빠질 때마다 그는 그녀를 돕기 위해 노력하고, 이야기를 통해 가족의 사랑과 희생의 중요성을 강조합니다.

[그림 7-20] 불확실한 정보를 챗GPT에게 한글로 질문하기

챗GPT의 경우에 우리나라에서만 존재하는 데이터에 관해 질문하게 되면 낮은 정답률을 보여준다. 내가 하는 질문에 대한 언어 이해가 영어와 비교해 훨씬 떨어지기 때문이다. 그래서 챗GPT는 영어로 질문했을 때 훨씬 더 높은 정답률을 보여준다. 챗GPT의 프롬프트를 번역하여 편리하게 영어로 된 데이터를 쓰고 싶을 때는 크롬 웹스토어를 검색하여 접속한 후 '프롬프트 지니'를 크롬 add-on으로 설치하도록 한다.

프롬프트 지니: ChatGPT 자동 번역기
ChatGPT 쓸 때 질문을 영어로 번역해 주고, 답변도 한글로 번역해 주는 번역기입니다.
★★★★☆ 199 생산성

[그림 7-21] 크롬 웹스토어의 확장 프로그램^{프롬프트 지니}

> 심청에 나오는 홍길동의 역할을 알려줘
>
> **번역결과**
>
> Tell me about Hong Gil-dong's role in Simcheong

> I apologize for any confusion, but there seems to be a misunderstanding. Hong Gil-dong and Simcheong are two separate characters from different traditional Korean stories and are not directly connected.

[그림 7-22] 불확실한 정보를 챗GPT에게 영어로 질문하기 ^{프롬프트 지니 이용}

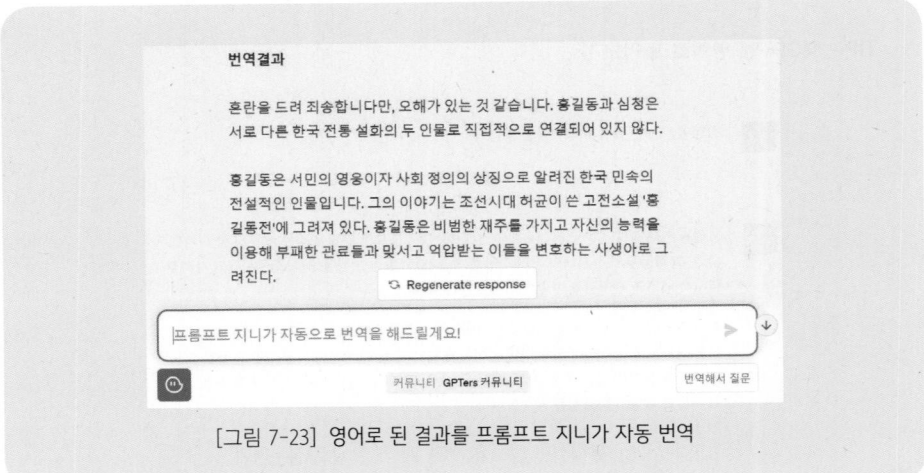

[그림 7-23] 영어로 된 결과를 프롬프트 지니가 자동 번역

B. 책 내용 확인하기 위한 발문 생성하기 (교사)

① 책을 알고 있는지 먼저 확인해 보자.

② 교사의 역할을 지정한 후, 책에 관한 질문을 생성한다.

> 초등학교 선생님으로써 초등학교 학생들에게 책 '아기돼지 3형제'를 잘 읽었는지 확인할 수 있
> 는 질문을 알려줘.

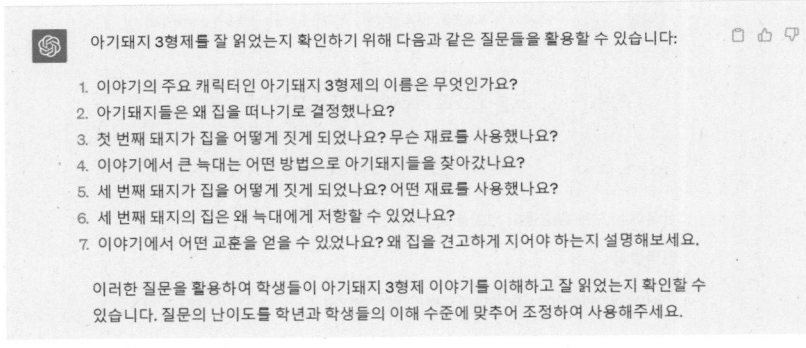

[그림 7-24] 책 내용에 대한 발문 생각하기

C. 배경지식 활성화하기(학생)

① 책 읽기 전 책의 간단한 줄거리를 알아본다.

해남 호밀밭의 파수꾼 이야기 읽기 전인데, 간단히 줄거리를 알려줘.

"호밀밭의 파수꾼"은 제로메 D. 샐린저(J.D. Salinger)가 쓴 단편 소설로, 주인공 홀덴 콜필드(Holden Caulfield)의 시점에서 이야기가 전개됩니다. 이 작품은 홀덴 콜필드의 시선을 통해 그의 하루를 담아내고, 그의 내면 성장과 갈등, 사회적 고립 등을 다룹니다.

줄거리 요약:
홀덴 콜필드는 뉴욕에서 일주일 동안의 일을 그립니다. 그는 현재는 길가에 서 있고, 몇 가지 사건을 회상하면서 이야기를 전개합니다. 그의 이야기는 그의 가족, 친구, 선생님들, 사람들과의 인간관계, 학교, 사회에 대한 비판과 불만, 그리고 자아정체성과 성장에 대한 고민을 다루고 있습니다.

[그림 7-25] 책에 관련된 정보 미리 알아보기

② 관련된 배경지식을 알아본다.

 책을 읽을때 필요한 배경지식이 있으면 알려줘

《호밀밭의 파수꾼》을 읽을 때 필요한 배경지식은 크게 없지만, 몇 가지 이해를 돕는 내용이 있을 수 있습니다. 이러한 배경지식은 이야기의 맥락을 이해하고 주인공의 경험과 감정을 더 잘 파악하는 데 도움이 될 수 있습니다. 아래에는 가능한 배경지식 몇 가지를 제시해 드리겠습니다:

1. 소설이 처음 출간된 1950년대는 미국의 사회적 변화와 청소년 문화의 변동기였습니다. 많은 청소년들이 사회적 기준에 부합하지 않는 행동이나 태도를 취하며 불만과 갈등을 경험했습니다. 이 시대적 배경을 알고 있다면 홀덴의 행동과 감정에 대한 이해가 더욱 쉬울 수 있습니다.
2. 홀덴이 다니는 Pencey Prep와 같은 사립 고등학교는 미국의 특정 유형의 중상급 고등학교를 나타냅니다. 이러한 학교에서의 교육 체계, 학생들의 상호작용, 사회적 압력 등에 대한 이해는 이야기를 읽을 때 도움이 될 수 있습니다.
3. 홀덴의 성장과정, 아동시절에서 성인으로 성장하려는 노력, 그리고 자아성찰과 아이덴티티 탐색 등은 청소년의 심리적인 측면을 다루고 있습니다. 청소년 기간과 아이덴티티 형성에 대한 이해를 갖고 있다면 홀덴의 내면적인 갈등과 성장 과정을 더 잘 이해할 수 있습니다.

[그림 7-26] 책에 관련된 배경지식 확인하기

③ 책에 나오는 어려운 단어를 공부한다.

유명하고 오래된 소설의 경우 그 텍스트가 학습되어 있으므로 단어를 알려 주지만, 만약 그렇지 않을 때는 앞서 나온 생성한 텍스트에서 단어를 추출하여 알려 주기도 한다.

해남 그럼 <호밀밭의 파수꾼>에 나오는 어려운 단어 있으면 뜻 알려줘

물론, "호밀밭의 파수꾼"에서 나오는 일부 어려운 단어와 그 뜻을 아래에 나열하겠습니다.

1. **파수꾼 (Catcher):** 여기서 "파수꾼"은 홀덴 콜필드의 별명이며, 이야기의 주인공입니다.
2. **경력 (Record):** 어떤 사람이나 팀의 성과나 업적을 나타내는 말로, 여기서는 홀덴이 학교에서의 성적과 행동을 뜻합니다.
3. **카우보이 (Cowboy):** 미국 서부에서 소를 관리하고 목축하는 사람을 가리키는 말입니다. 이 표현은 홀덴이 가끔 사용하는 비유적인 표현 중 하나입니다.
4. **펜촉 (Pencils):** 연필의 끝 부분을 가리키는 말입니다. 이 표현은 홀덴이 책에서 자주 사용하는 특별한 표현 중 하나입니다.
5. **무성의한 (Phony):** 솔직하지 않거나 가짜로 보이는 사람을 비판하는 말입니다. 홀덴이 자주 사용하는 용어 중 하나로, 그의 세계관과 비판적인 태도를 나타냅니다.
6. **인상적 (Grand):** 위대하거나 훌륭한 것을 나타내는 말입니다. 이 표현은 홀덴이 다른 사람들이나 상황을 비평할 때 사용하는 형용사 중 하나입니다.
7. **불만족 (Phobia):** 무엇을 두려워하거나 불안해하는 강한 불쾌감이나 두려움을 가리킵니다. 이 표현은 홀덴의 감정과 관련이 있는 단어 중 하나입니다.

↺ Regenerate

[그림 7-27] 책의 어려운 단어 확인하기

TIP - 챗GPT와 음성으로 대화하기

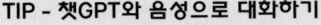

홈 > 확장 프로그램 > Voice Control for ChatGPT

Voice Control for ChatGPT
voicecontrol.chat   추천
★★★★★ 313 ⓘ │ 생산성 │ 사용자 400,000+명

Chrome에 추가

[그림 7-28] 음성으로 질문하고 답변받는 확장 프로그램 Voice Control for ChatGPT

챗GPT는 언어를 생성하기 때문에 이를 음성으로 질문하고 음성으로 답변을 받으면 훨씬 더 대화하는 것처럼 느껴진다. 글을 읽을 독자들에게 시각적인 텍스트를 보여주는 것보다

청취하도록 하는 것이 인지적 부담을 줄일 수 있다. 크롬 웹스토어에서 설치할 수 있는 'Voice Control for ChatGPT'는 음성을 이용하여 챗GPT를 이용할 수 있도록 돕는다. 특히, 영어 교과에 적용하려고 하거나 영어 독서를 할 때 유용할 수 있다.

설치하고 나면 설정에 목소리, 언어, 빠르기 등 다양하게 설정할 수 있으므로 사용해 보면 굉장히 유용하다는 것을 알 수 있다.

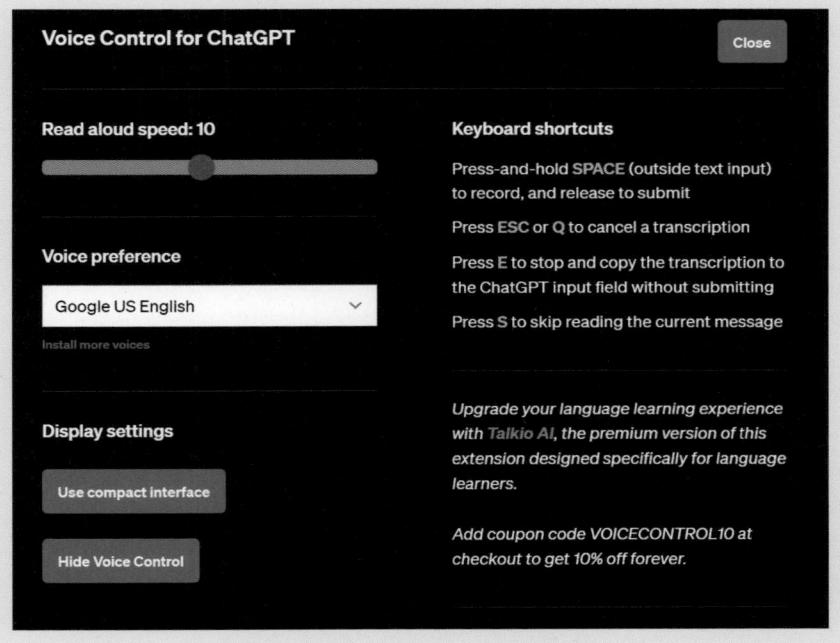

[그림 7-29] Voice Control for ChatGPT 세팅

2. 해결책 설계와 창작물 만들기

노벨 엔지니어링에서 해결책 설계와 창작물 만들기는 아이디어를 발산하는 영역이기에 챗GPT의 유창성을 이용하여 아이디어에 도움을 받을 수 있다.

A. 해결책 설계에 대한 수업 아이디어 얻기 (교사)

① 해당 내용에 대해 해결책을 묻는다.

미세먼지에 관한 책을 읽고, 이걸 해결해보려고 해.
미세먼지를 해결할 수 있는 아이디어는 무엇이 있을까?

미세먼지를 해결하기 위해 다양한 아이디어와 대책이 제시되고 있습니다. 아래에는 몇 가지 미세먼지 대책과 아이디어를 제시해드리겠습니다:

1. 대기오염 저감 정책: 정부와 관련 기관은 대기오염을 줄이기 위한 법규와 규제를 시행하고 있습니다. 환경 보호 및 대기질 향상을 위해 발전소나 공장의 배출 기준을 강화하고, 화력발전 대신 신재생 에너지를 사용하는 등의 정책을 도입할 수 있습니다.
2. 대중교통 및 친환경 교통 수단 활용: 자동차의 대기 오염이 큰 원인 중 하나이므로 대중교통 수단을 활용하고, 친환경 자동차나 자전거와 같은 교통 수단을 적극적으로 이용하는 것이 좋습니다.
3. 실내 공기 청정기 사용: 실내에서의 미세먼지 농도를 줄이기 위해 공기 청정기를 사용하는 것이 도움이 됩니다. 특히 HEPA 필터가 장착된 공기 청정기는 효과적으로 미세먼지를 걸러내는 데 도움이 됩니다.
4. 녹지공간 확대 및 식물 배치: 식물은 미세먼지를 흡수하고 공기를 정화하는 데 도움을 줍니다. 따라서 집이나 사무실에 식물을 배치하거나 도시에 녹지공간을 확대하는 등의 노력을 할 수 있습니다.

[그림 7-30] 책 속 문제에 대한 해결책 묻기

② 해당 내용에 대한 수업 아이디어를 묻는다.

그럼 이 대책을 초등학교에서 학생들과 하고 싶은데, 학생들과 할 수 있는 실천 아이디어는 무엇이 있을까?

초등학교에서 학생들과 함께 미세먼지 대책을 실천할 수 있는 다양한 아이디어가 있습니다. 아래에는 학생들과 할 수 있는 몇 가지 실천 아이디어를 제시해드리겠습니다:

1. 환기 교육: 학생들에게 실내 환기의 중요성과 올바른 환기 방법을 가르쳐주세요. 교실이나 집에서 규칙적인 환기를 하고, 실외 환경이 좋을 때 창문을 열어 공기를 교환하는 습관을 형성할 수 있습니다.
2. 식물 관리 활동: 학생들과 함께 교실이나 학교 내부에 식물을 심고 관리하는 활동을 진행해보세요. 식물은 미세먼지를 흡수하고 공기를 정화하는데 도움이 되며, 학생들이 식물을 통해 환경 보호에 기여하는 경험을 할 수 있습니다.
3. 친환경 교통 활용: 학교에서 친환경 교통 수단을 활용하는 캠페인을 진행해보세요. 자전거로 학교에 오거나 도보로 다니는 것을 장려하고, 친환경 교통을 사용하는 학생들을 칭찬하고 장려하는 활동을 통해 미세먼지 감축에 기여할 수 있습니다.
4. 환경 정리 캠페인: 학생들과 함께 학교 주변이나 교내 환경을 정리하는 캠페인을 진행해보세요. 쓰레기를 분리수거하고, 쓰레기를 버리지 않고 정리하는 습관을 함께 실천하는 것은 미세먼지 감축에 도움이 될 수 있습니다.

[그림 7-31] 활동에 대한 아이디어 얻기

③ 특별한 활동이 있는 경우 해당 활동으로 질문한다.

근데 위 활동을 피지컬 컴퓨팅 도구(로봇이나 드론)으로 하고싶은데, 학생들이랑 할만한 활동 없을까?

피지컬 컴퓨팅 도구를 활용하여 미세먼지 대책에 관련된 다양한 활동을 학생들과 함께 진행할 수 있습니다. 아래에는 피지컬 컴퓨팅 도구를 활용한 활동 아이디어를 제시해드리겠습니다:

1. 미세먼지 측정 로봇: 학생들과 함께 미세먼지를 측정하는 로봇을 만들어보세요. 학생들은 로봇에 센서를 부착하고 프로그래밍을 통해 미세먼지 농도를 측정하는 동작을 구현할 수 있습니다. 이를 통해 학생들은 미세먼지의 측정과 환경 상태를 이해할 수 있습니다.
2. 친환경 교통 모델링: 학생들과 함께 친환경 교통 수단의 활용 모델을 만들어보세요. 드론이나 로봇을 활용하여 도시 모델을 만들고, 학생들은 교통 흐름과 친환경 교통 수단의 활용 시뮬레이션을 구현하고 관찰할 수 있습니다.
3. 실내 공기 청정 로봇: 학생들과 함께 실내 공기 청정 로봇을 만들어보세요. 학생들은 로봇에 필터와 공기 청정 기능을 구현하고, 프로그래밍을 통해 로봇이 실내의 미세먼지를 탐지하고 정화하는 동작을 구현할 수 있습니다.
4. 환경 보호 게임: 피지컬 컴퓨팅 도구를 활용하여 환경 보호와 미세먼지 문제에 대한 게임을 개발해보세요. 학생들은 로봇이나 드론을 조작하여 환경을 보호하고, 미세먼지 감축을 위한 도전과제를 해결하는 게임을 즐길 수 있습니다.

[그림 7-32] 특별한 활동에 대한 아이디어 얻기

B. 해결책 설계 아이디어 내기 (학생)

① 해당 내용에 관한 해결책을 물어본다.

> 난 중학생이야. 미세 플라스틱을 해결하는 방법은 없을까?

미세 플라스틱은 환경오염의 중요한 요소 중 하나로, 해결하기 어려운 문제입니다. 그러나 우리 모두가 노력하여 미세 플라스틱을 줄이고 관리하는데 기여할 수 있습니다. 아래에는 미세 플라스틱을 해결하기 위한 몇 가지 아이디어와 대책을 제시해드리겠습니다:

1. 일회용 플라스틱 사용 줄이기: 우리는 일상에서 많은 일회용 플라스틱 제품을 사용하고 있습니다. 이를 줄이기 위해 일회용 플라스틱 제품 대신 재사용 가능한 제품을 선택하고, 개인용 텀블러, 식기류, 쇼핑백 등을 사용하여 일회용품 사용을 최소화해야 합니다.
2. 플라스틱 재활용과 분리수거: 플라스틱을 재활용하고 분리수거하는 것은 매우 중요합니다. 지역의 재활용 정책과 가이드라인을 따르고, 재활용 가능한 플라스틱을 정확히 분리수거하여 재활용 공정에 참여해야 합니다.
3. 국내외 정부와 기업의 노력 지지: 정부와 기업은 미세 플라스틱 관리를 위한 규제 및 정책을 개발하고 있습니다. 우리는 이러한 정부와 기업의 노력을 지지하고, 환경보호 단체와 함께 활동하여 미세 플라스틱 관련 이슈에 대한 인식을 높일 수 있습니다.
4. 교육과 홍보 활동: 미세 플라스틱에 대한 인식을 높이기 위해 교육과 홍보 활동을 실시해야 합니다. 학교에서 환경 교육을 강화하고, 커뮤니티에서 캠페인이나 정보 공유 행사를 진행하여 사람들이 미세 플라스틱의 위험성과 대책에 대해 알 수 있도록 도와야 합니다.

[그림 7-33] 해결책 설계에 대한 아이디어 얻기

② 창작물 만들기 할 때 아이디어 생성을 도움받는다.

> 그럼 인공지능 분리수거 봇을 만드려고 하는데, 모터를 구동시키기 위해서 어떤 장치를 쓰는게 좋을까?

인공지능 분리수거 봇을 구동시키기 위해 사용할 수 있는 여러 가지 장치가 있습니다. 다음은 모터를 구동시키기 위해 일반적으로 사용되는 몇 가지 장치입니다:

1. DC 모터: DC (직류) 모터는 가장 일반적으로 사용되는 모터 유형 중 하나입니다. DC 모터는 전압이 가해지면 회전력을 생성하며, 속도와 방향을 조절할 수 있습니다. Arduino나 Raspberry Pi와 같은 개발 보드와 함께 사용하여 제어할 수 있습니다.
2. 서보 모터: 서보 모터는 정밀한 위치 제어를 위해 사용되는 모터입니다. PWM (펄스 폭 변조) 신호를 통해 모터의 위치와 각도를 조절할 수 있습니다. 로봇 팔, 자동차 조향 등에 사용될 수 있습니다.
3. 스테핑 모터: 스테핑 모터는 정밀한 위치 제어와 회전 각도 조절에 적합한 모터입니다. 스텝 단위로 회전하며, 특정 각도와 위치로 정확하게 이동할 수 있습니다. CNC 기계, 3D 프린터, 로봇 팔 등에 많이 사용됩니다.

[그림 7-34] 창작물 만들 때 도움받기

C. 언어적인 해결책이 있는 경우

① 뤼튼^{wrtn.ai}의 [툴]에서 [긴 블로그 포스팅]을 선택한다.

뤼튼에 대한 설명은 6장을 참고하자.

② 해결책에 알맞게 포스팅 주제를 작성한다.

뤼튼에서는 미리 학습해 둔 다양한 형태의 모듈을 가지고 있어 해당 주제에 더욱 알맞게 내용을 생성할 수 있다.

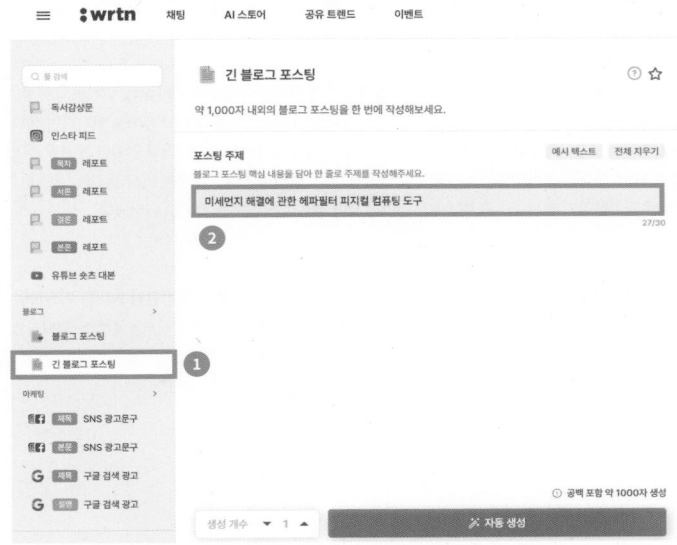

[그림 7-35] 뤼튼을 이용하여 목적에 맞게 글 쓰기

전체 좋아요 결과물의 저작권과 데이터 출처

최근 중국발 미세먼지 등 환경문제가 심각해지면서 공기청정기와 같은 관련 상품들이 인기를 끌고 있다. 특히 최근 이슈가 되고 있는 초미세먼지는 입자 크기가 매우 작아 인체에 치명적인 영향을 미칠 수 있으며, 세계보건기구(WHO)에서는 1급 발암물질로 지정하기도 하였다. 이처럼 심각한 문제인 초미세먼지를 제거하기 위해 많은 사람들이 노력하고 있지만, 아직까지는 완벽하게 대처하는데 한계가 있다. 따라서 본 연구에서는 이러한 문제점을 해결하기 위한 방안으로 기존의 필터 방식과 다른 새로운 형태의 '헤파필터 피지컬 컴퓨팅 도구'를 제안한다.

초미세먼지란 무엇인가요?
우리 눈에 보이지 않을 정도로 아주 가늘고 작은 먼지 입자로 지름이 10μm 이하인 경우를 말한다. 머리카락 굵기의 약 1/20~1/30 수준이며, 주로 자동차 배기가스나 공장 굴뚝 등을 통해 배출된다. 또한 화석연료를 태울 때나 요리를 할 때 발생하며, 우리나라에선 봄·가을철에 많이 발생한다.

공기청정기만으로 초미세먼지를 없앨 수 있나요?
현재 시중에 판매되고 있는 대부분의 공기청정기는 큰 먼지들을 걸러주는 프리필터, 알레르기 유발물질 및 악취를 제거하는 탈취필터, 그리고 0.3μm 이상의 유해입자를 99.97%이상 제거하는 헤파필터 순으로 구성되어있다. 하지만 현재 시판되는 공기청정기로는 PM10이하의 먼지만 제거할 수 있고, 2.5μm 이하의 초미세먼지는 제대로 거르지 못한다. 실제로 한국소비자원 조사 결과에서도 국내 가정용 공기청정기 중 40% 가량이 초미세먼지 제거 성능이 떨어지는 것으로 나타났다.

왜 헤파필터 피지컬 컴퓨팅 도구가 필요한가요?
본 연구에서는 실험실 내에서 직접 제작한 HF-PET 소재의 PET 필름 위에 정전기 원리를 이용하여 다양한 종류의 오염물질을 부착시키고, 이를 전기장 하에서 물리적으로 분리시키는 방법을 제시하였다. 이렇게 만들어진 HEPA Filter Fielding Tools (HF-PFT)는 실제 생활환경에서 적용될 수 있도록 설계되었으며, 간단한 조작만으로도 손쉽게 원하는 위치에 여러 가지 오염물질을 부착시킬 수 있

[그림 7-36] 블로그 포스팅 AI 생성 결과[뤼튼 이용]

3. 이야기 바꾸어 쓰기

이야기 바꾸어 쓰기는 노벨 엔지니어링에서 자신의 해결책에 대한 성취감을 가지고 내면화하는 중요한 단계이다. 이러한 단계에서 단순하게 챗GPT를 사용한다면 오히려 독이 될 수 있다. 한 단계 더 높은 내용을 생성하기 위해 챗GPT를 사용하거나 다른 형태로 변환할 때 사용하는 것이 좋다.

A. 자신이 쓴 글 다듬기

① 이야기 바꾸어 쓰기의 초고를 작성한다.

② 바꿔 쓴 이야기의 초고를 입력하여 수정을 요청한다.

 아래 내용 매끄럽게 다듬어줘, 문맥이나 형태가 이상한게 없는지 살펴보고

제인 에어는 샬롯 브론테가 쓴 소설입니다. 제인 에어는 고아로 태어나 고아원에서 자랐습니다. 제인 에어는 성격이 강하고 똑똑한 소녀입니다. 제인 에어는 고아원에서 나와서 가정교사로 일하게 됩니다. 제인 에어는 가정교사로 일하면서 로체스터와 만나게 됩니다. 로체스터는 부유한 귀족입니다. 제인 에어와 로체스터는 사랑에 빠지지만, 로체스터는 이미 결혼한 사람이었습니다. 제인 에어는 로체스터를 떠나지만, 결국 로체스터와 재회합니다. 제인 에어와 로체스터는 결혼해서 행복하게 살았습니다.

제인 에어는 여성의 인권과 자립을 다룬 소설입니다. 제인 에어는 고아로 태어났지만, 고난을 극복하고 자립적인 여성이 됩니다. 제인 에어는 여성이 남성과 동등한 권리를 가져야 한다고 주장합니다. 제인 에어는 여성의 인권과 자립을 위해 싸운 소설입니다.

《제인 에어》는 샬롯 브론테가 쓴 소설입니다. 이 소설은 고아로 태어나 고아원에서 자라는 제인 에어의 이야기를 다룹니다. 제인 에어는 강한 성격과 뛰어난 지성을 가진 소녀입니다. 고아원에서 벗어나 가정 교사로 일하게 되면서 로체스터와 만나게 됩니다. 로체스터는 부유한 귀족이지만 이미 결혼한 상태입니다. 제인 에어와 로체스터는 사랑에 빠지지만, 로체스터의 결혼 상황으로 인해 헤어지게 됩니다. 그러나 우연히 재회하게 되고 결국 서로 결혼하여 행복한 삶을 살게 됩니다.

[그림 7-37] 초고 수정하기

TIP - 카카오톡에서 챗GPT 사용하기

학생들과 컴퓨터 수업을 할 때 생각보다 타자 치기는 장벽이 된다. 이럴 때 태블릿을 이용하거나 카카오톡을 이용하여 쉽게 챗GPT를 사용하는 방법이 있다. 업스테이지에서 제공하는 AskUp이라는 서비스이다. 챗GPT를 카카오톡과 연결하여 카카오톡에서 대화하는 것처럼 이

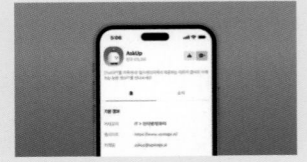

[그림 7-38] AskUp

를 사용할 수 있게 해준다. 또한, OCR^{문자인식} 기술이 뛰어나 카메라를 이용하여 글씨를 읽어들일 수 있다. GPT와 OCR의 결합은 생각보다 많은 것을 가능하게 만들고 있다. 채널을 추가하는 법은 아래와 같다.

① 카카오톡에서 친구찾기 'AskUp'을 찾아 채널을 추가한다.

② '크레딧 확인!' 하여 나의 오늘 사용 개수를 확인한다.

③ 프롬프트를 이용하여 챗GPT와 똑같이 이야기한다.

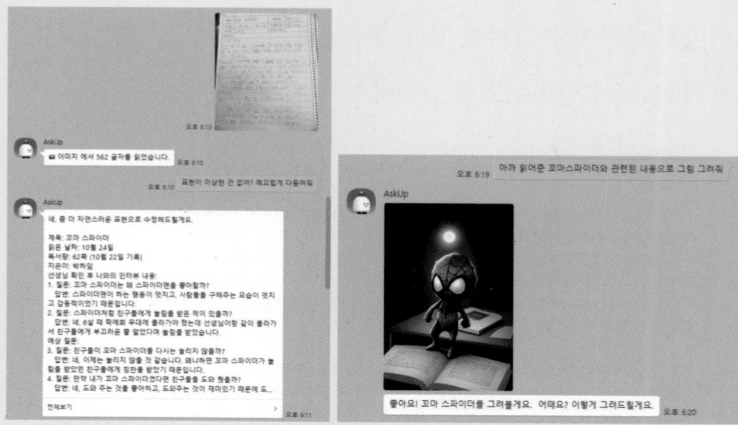

[그림 7-39] AskUp의 OCR을 이용하여 책 내용 읽고 다듬기, 그림 생성하기

그림을 생성하거나 음식의 칼로리를 알거나 번역을 요청하는 등 다양한 방식으로 사용할 수 있다.

B. 주인공 입장에서 자기소개서 쓰기

① 이야기 바꾸어 쓰기의 한 종류로 자기소개서를 쓴다면, 이를 인공지능을 이용하여 만들어 볼 수 있다. 뤼튼에 접속하여 자기소개서 메뉴에 들어가 기본 정보를 입력하여 보자.

② 나온 자기소개서를 수정하여 보자.

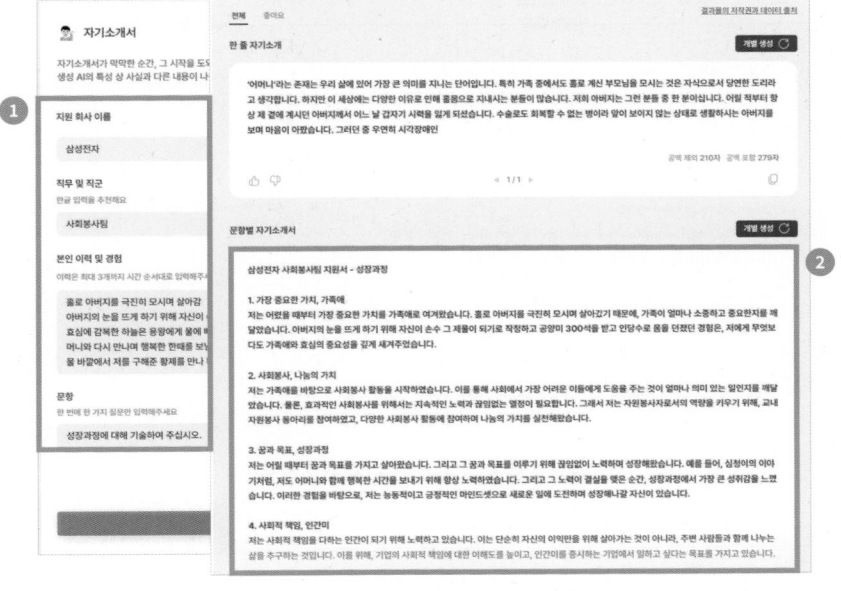

[그림 7-40] 뤼튼 이용 자기소개서 쓰기

③ 이 외의 뤼튼에 있는 다양한 서비스를 골라 이야기를 바꾸어 써 봐도 재미 있을 것이다.

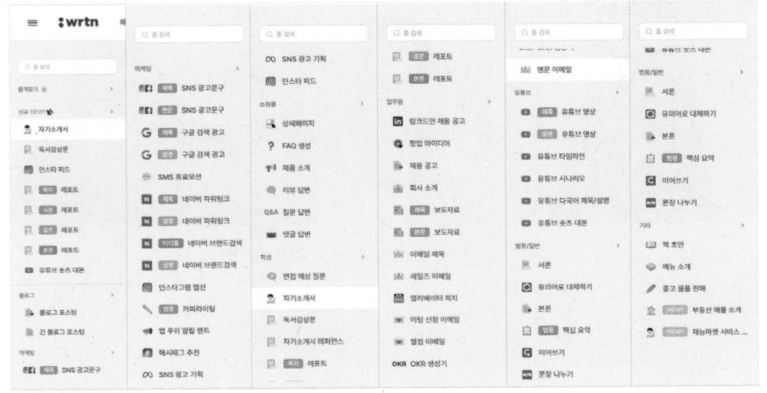

[그림 7-41] 뤼튼에 있는 상황별 텍스트 생성기

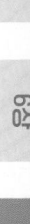

C. 움직이는 동화책 만들기(Scroobly)

① 챗GPT를 이용하여 자신의 바꿔 쓴 이야기를 대사가 있는 지문으로 만들어 보자.

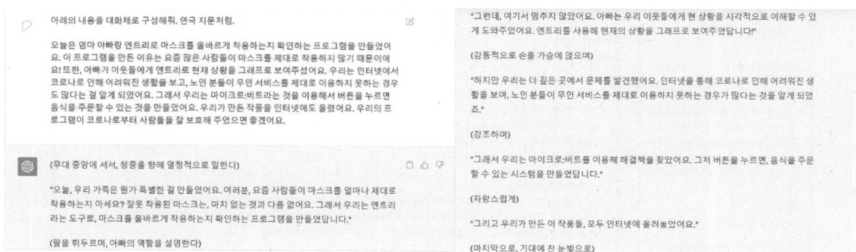

[그림 7-42] 나의 이야기를 연극처럼 바꾸기

② Scroobly는 내가 만든 캐릭터를 비디오를 이용하여 움직일 수 있게 만든 서비스이다.

[그림 7-43] Scroobly 서비스 이용 화면

③ Scroobly에서 기존 캐릭터를 선택해도 좋고, 나만의 캐릭터를 꾸며도 좋다.

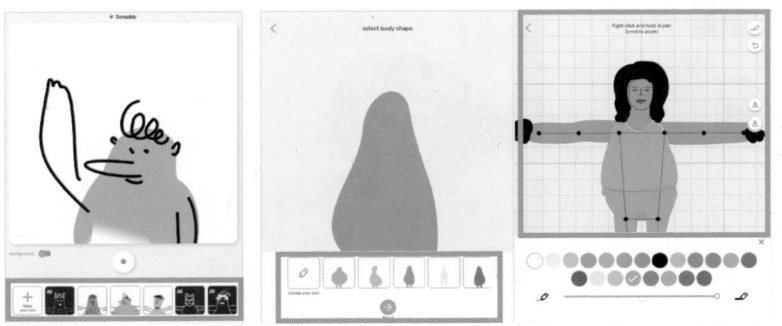

[그림 7-44] Scroobly 캐릭터 선택 및 꾸미기

④ 상황에 어울리는 동작을 만든다.

⑤ GIF로 추출한다.

⑥ 완성 파일을 다운로드한다.

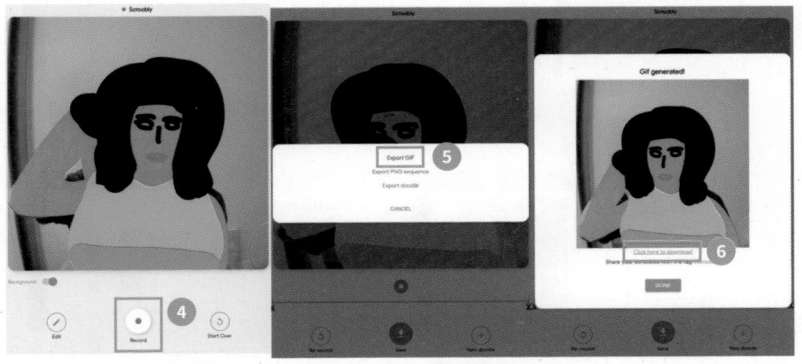

[그림 7-45] 동작 설정하여 GIF로 저장하기

⑦ 구글 공동 프레젠테이션을 생성하여 자신의 GIF와 대사를 업로드한다.

⑧ 움직이는 그림책이 완성된다.

[그림 7-46] 프레젠테이션으로 움직이는 동화 만들기

TIP - 내가 그린 그림으로 애니메이션 만들기

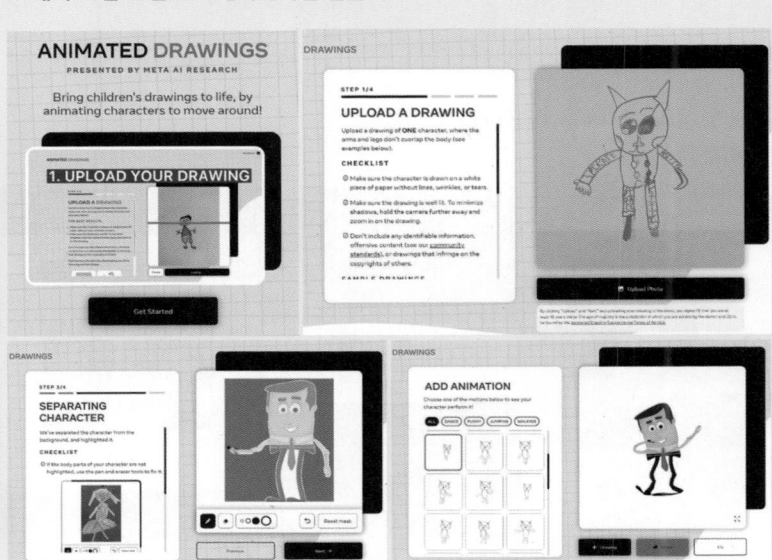

[그림 7-47] 내가 그린 캐릭터로 움직이는 애니메이션 만들기

Meta에서는 내가 그린 그림으로 전신 애니메이션을 만드는 서비스를 제공한다(Animated Drawings). 태블릿 등을 이용하는 경우 그림을 쉽게 그릴 수 있어 다양하게 캐릭터들을 역동적으로 움직이게 만들 수 있다. 해당 내용 [사이즈 최대화] 후 오른쪽 버튼을 눌러 mp4 형태로 다운로드가 가능하므로 Scroobly 대신 사용할 수 있다.

Tip - 얼굴 사진을 이용하여 움직임 만들기

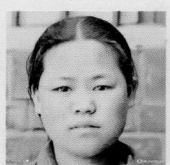

[그림 7-48] 얼굴 사진 움직이게 만들기

MyHeritage는 얼굴 이미지를 입력하면 얼굴 움직임을 다르게 만들어 준다(가입 필요). 해당 내용을 통해 Scroobly 대신 위인전이나 기타 책에 있는 얼굴 사진을 찍어 사용할 수 있다. 또는 앱 MugLife(중급자용), Avatarify(초급자용, ios) 등을 이용하면 쉽게 이를 실현해 볼 수 있다.

PART
04

How to Project (추상적 사고 교육하기)

책을 읽는 이유는 여러 가지가 있을 것이다. 누군가는 정보를 얻기 위해, 또 다른 누군가는 재미를 위해, 다른 사람은 교훈을 얻기 위해. 우리는 다양한 이유로 책을 읽는다. 우리가 독서를 통해 학생들에게 주고자 하는 것 역시 많다. 가치와 생각, 상상력, 창의력, 자기 인식, 자아 발견, 문학적 경험, 언어의 아름다움 등이 그것이다.

따라서 책을 읽는다는 것은 다양하고 드넓은 들판 위에서 자신만의 의미적 건축물을 지어 나가는 과정과도 같다. 우리 학생들은 그 과정에서 많은 경험들을 채워 나가기 위해 노력한다. 챗GPT는 이 과정을 도와줄 나만의 친구이다. 학생들이 챗GPT를 올바르게 사용할 수 있고, 또 다양한 생각의 외연을 확장한다면 무엇보다 강력한 거인의 어깨 위에 올라서는 경험을 할 수 있을 것이다.

1. 성취 기준 및 노벨 엔지니어링 수업 구성

일반적으로 우리가 인간의 가치를 설명하는 것은 '사랑', '우정', '고독'과 같은 추상적인 단어이다. 이러한 단어들은 개인의 경험이나 배경지식, 개념화 등 여러 요소의 영향을 받는다. 이러한 사고들은 내면화 과정을 통해 익힐 수 있는 것들이기 때문에 자신의 사고를 스스로 깊어질 수 있게끔 하는 활동들이 필요하다.

이번에는 챗GPT가 그 역할을 돕도록 할 것이다. 다양한 의견과의 대화, 개념을 설명하는 여러 요소를 나타내 줄 수 있는 챗GPT를 이용하여 스스로 사고를 점검하여 보고, 형이상학적인 사고에 발을 들이도록 해 보자.

[6국02-02] 글에서 생략된 내용이나 함축된 표현을 문맥을 고려하여 추론한다.

[6국05-02] 비유적 표현의 효과에 유의하여 작품을 감상한다.

[6국05-06] 작품을 읽고 자신의 삶과 연관 지어 성찰하는 태도를 지닌다.

[6도02-02] 편견이 발생하는 이유를 탐색하여 해결 방안을 살펴보고, 다양성 존중을 바탕으로 다른 사람과 올바른 관계를 맺기 위한 실천 방안을 탐구한다.

[6미02-05] 미술과 타 교과의 내용과 방법을 융합하는 활동을 자유롭게 시도할 수 있다.

차시	노벨 엔지니어링 수업 단계	활동
1~2차시	① 책 읽기 ② 문제 인식	▷ 『어린왕자』에 나오는 어려운 단어 알아보기 ▷ 『어린왕자』 동화 읽기 ▷ 주인공의 감정 생각하기
3~5차시	③ 해결책 설계 ④ 창작물 만들기	▷ 어린왕자에 대해 챗GPT와 대화하기 ▷ 챗GPT와 함께 해결책 찾고 체크리스트 만들기
6~7차시	⑤ 이야기 바꾸어 쓰기	▷ 이야기 바꾸어 쓰기 ▷ BookCreator로 새로운 행성 동화 만들기

2. 책 읽기 [NE 1단계]

『어린왕자』 생택쥐페리 글 / 김화영 역, 문학동네

　　『어린왕자』는 여행과 모험, 우정과 사랑에 관한 다양한 이야기를 어린왕자가 방문하는 많은 행성의 다양한 캐릭터를 통해 보여 준다. 어린왕자는 그들과 대화하며 인간의 가치와 의미에 대해 깊이 생각한다. 여행을 통해 점점 성장하는 어린왕자는 사회적 관계와 인간의 가치와 의미에 대해 독자와 함께 고민한다.

　　이 책은 독자에게 다양한 생각을 제공하며 그만큼 소통할 내용이 많은 것이 특징이다. 나와 늘 대화해 주는 챗GPT를 통해 다양한 생각을 나눠 보도록 하자.

어린왕자의 주제가 가치와 의미에 대해 다루고 있는 만큼 어린아이들이 있기에 추상
적인 단어가 많이 등장하기도 한다. 이러한 단어들을 뜻을 통해 조금 이해한다면 책을
읽기 훨씬 수월할 것이다. 챗GPT에 이러한 단어의 뜻풀이를 요청하도록 하자.

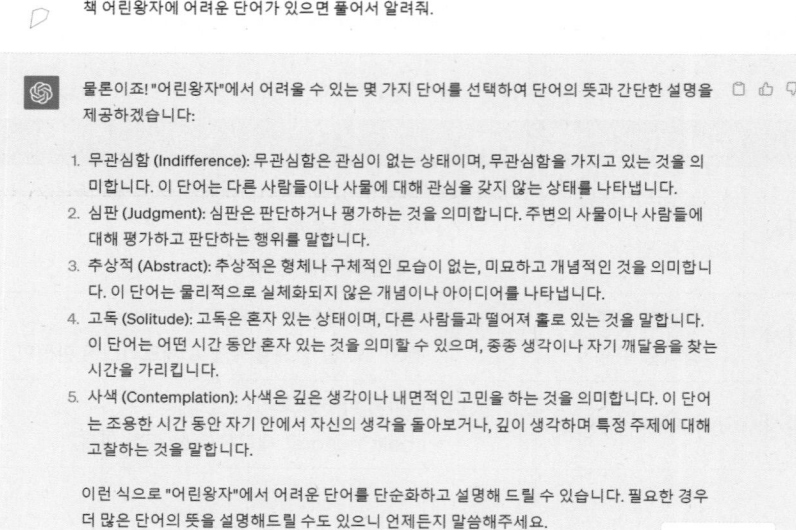

[그림 7-49] 챗GPT로 어려운 단어에 대한 사전 정보 얻기

3. 문제 인식 [NE 2단계]

이 책에서의 문제는 읽는 사람마다 다양하게 느낄 수 있다. 외로움과 고독일 수도
있고 가치관의 대립일 수도 있다. 이러한 모든 문제는 어린왕자가 직접적으로 겪는
다기보다 이야기를 통해 듣는 것들이기 때문이다. 먼저 다양한 사건들로부터 어린왕
자가 어떤 감정을 느끼는지 알아보고 또 그것이 나에게 어떤 것이 가장 크게 다가오
는지 생각하는 시간을 줄 수 있도록 한다.

[주인공의 감정 생각하기]

1. '어린왕자' 책을 읽고 보기에서 왕자의 느꼈던 단어들이 있는지 확인하여 봅시다.

〈보기〉 감정단어
기쁨 사랑 분노 희열 불안 공포 만족 신남 우울 보람 고독 놀라움 혐오 안도 동경 애정 즐거움 상실 의기양양 존경 짜증 그리움 창피 안락 허망 실망 자부심 안심 통증 흥분 만족감 호기심

2. '어린왕자'에서 기억나는 사건을 적고, 사건에서 어린왕자의 감정에 알맞은 단어를 〈보기〉에서 골라 써 봅시다.

순서	내용	감정단어
사건1		
사건2		
사건3		
사건4		

[그림 7-50] 주인공의 감정 생각하기 활동지 예시

4. 해결책 설계 [NE 3단계]

앞선 단계에서 어린왕자의 감정과 근원적인 질문을 통해 다양한 형이상학적 질문에 대해 생각해 보았다면, 이제 이 내용을 다양한 방식으로 챗GPT와 대화해 볼 차례이다. 개념적인 단어가 어려울 수 있으나 프롬프트를 통해 다양하게 이야기한다면 쉽게 이해할 수 있다. 실제로 챗GPT는 철학적 이야기를 진행할 수 있으며, 이러한 내용을 쉽게 변환해 주기도 한다.

[ChatGPT와 대화하기]

1. ChatGPT와 대화하는 법을 알아봅시다.

원리 1. 구체적으로 질문한다.	
나쁜 예	허영쟁이 별에서 왜 떠났습니까?
좋은 예	어린왕자가 두 번째 별에서 만난 허영쟁이를 떠난 이유는 무엇입니까?

원리 2. 역할을 지정하여 준다.	
나쁜 예	
좋은 예	'어린왕자'의 '가로등 켜는 사람'의 입장에서 나와 대화해줘.

원리 3. 목적을 이야기한다.	
나쁜 예	
좋은 예	

2. '어린왕자'에서 해결하고 싶은 문제에 대해 토론하기 위해 ChatGPT에게 물어야 할 질문을 정리해봅시다.

문제	질문 예시

[그림 7-51] 챗GPT와 대화하기 활동지 예시

　　잘못된 예와 잘된 질문을 비교하여 주면 조금 더 쉽게 학생들이 이해하고 사용할 수 있다. 또한, 챗GPT를 무작위로 사용하여 필요하지 않은 내용을 이야기하지 않도록 질문을 잘 정리하여 할 수 있도록 하자.

5. 창작물 만들기 [NE 4단계]

A. 관심 있는 주제에 대해 이야기하기

이제 챗GPT를 이용하여 주제와 관련된 내용을 토의해 보고 챗GPT를 이 문제의 해결 도구로 바꿔갈 것이다. 먼저 챗GPT와 문제에 대해 이야기해 볼 것이다.

> 나는 초등학생이고, 어린왕자라는 책에 대해서 읽었어. 이 책에 나오는 '이기심'에 대해서 이야기하고 싶어. 넌 이기심이 뭐라고 생각해? 쉬운 단어로 나랑 이야기 해줘.

> 이기심은 자기 자신을 중요하게 여기고 자기 이익을 추구하는 것을 의미해. 이기심이 강하면 자신만 생각하고 다른 사람들을 배려하지 않는 경향이 생기지. 이는 협력과 이해를 방해하고 문제를 일으킬 수도 있어. 하지만 모두가 일정한 정도로 이기심을 가지는 것은 당연한 일이야. 중요한 건 이기심을 적당히 조절하고 타인과의 균형을 유지하는 거야. "어린왕자"에서도 이기심을 가진 사람들과 주인공이 마주치면서 이야기가 전개돼. 이를 통해 우리는 이기심의 한계를 알게 되고, 서로 이해하고 배려하는 태도의 중요성을 배울 수 있어. 간단히 말하자면, 이기심은 자기 중심적인 욕구를 뜻하며, 상대방을 고려하지 않고 자기 이익만 추구하는 태도야. 하지만 우리는 타인과의 이해와 상호작용을 중요시하고, 서로를 배려하는 태도를 가지는 게 중요하단 걸 명심해야 해.

[그림 7-52] 챗GPT와 주제에 관해 이야기하기

글을 주의 깊게 읽은 후 자신의 생각과 맞는지 또는 다른지 확인해 보는 과정을 거치도록 한다. 또한, 생각이 다르다면 추가적인 이야기를 할 수 있다.

> 그렇지만 사람이라면 당연하게 자신의 이익을 추구하는게 당연한데, 어떻게 그 배려와 이기심의 균형을 잡을 수 있어?

> 맞아, 자신의 이익을 추구하는 것은 당연한 일이야. 그러나 배려와 이기심의 균형을 잡는 것은 중요한 과제야. 이를 위해 몇 가지 방법을 고려해볼 수 있어:
>
> 1. 타인의 관점 이해: 다른 사람들의 입장과 감정을 이해하려고 노력해. 상대방의 필요와 욕구를 고려하며 대화하고 행동하면 이기심이 줄어들고 상호 이익을 추구할 수 있어.
> 2. 공감과 배려: 다른 사람들과 대화하거나 상황에 대해 공감하려고 노력해. 그들의 감정에 공감하고 필요한 도움을 주는 것은 이기심을 억제하고 상호 작용을 개선하는 데 도움이 돼.
> 3. 협력과 공동 목표: 타인과 함께 협력하여 공동 목표를 달성하는 것도 이기심과 배려의 균형을 유지하는 한 방법이야. 팀워크를 중요시하고 타인과 협력하여 모두가 이익을 얻을 수 있도록 노력해.
> 4. 자기 성장과 이해: 자기 성장을 위해 지속적으로 노력하고, 자기 이익과 타인의 이익 사이의 균형을 찾기 위해 자기를 돌아보는 시간을 갖는 것도 중요해. 자기 이해와 성장은 이기심을 억제하고 상호작용을 향상시킬 수 있는 기반이 돼.

[그림 7-53] 챗GPT와 주제에 관해 추가적으로 질문하기

B. 챗GPT에 실천적 해결책 묻기

챗GPT에 실천적 해결책을 위한 아이디어를 구하도록 한다. 구체적으로 질문하여 자세한 답변을 받도록 하자.

그럼 우리가 이기심을 넘어 타인을 배려하기 위해 초등학생인 내가 실천할 수 있는 일이 있을까?

네, 당연히 있어요! 초등학생인 당신도 이기심을 넘어 타인을 배려하고 실천할 수 있는 다양한 일들이 있어요. 몇 가지 예시를 들어볼게요:

1. 친구들을 도우며 협력하기: 학교에서 친구들이 도움이 필요한 상황을 마주할 때, 자신의 시간과 노력을 투여하여 도움을 주는 것은 배려와 협력의 훌륭한 실천 방법이에요. 예를 들어, 숙제를 이해하는 데 어려움을 겪는 친구에게 도움을 주거나, 친구들과 함께 공동 프로젝트나 활동을 수행하는 것도 좋은 아이디어예요.
2. 관심과 이해를 표현하기: 타인의 감정이나 관심사에 관심을 가지고 이를 표현하는 것도 배려의 방법이에요. 친구들의 이야기에 진심으로 귀 기울이고, 그들이 어떤 어려움이나 기쁨을 경험하고 있는지 이해해주는 것은 상호 이해와 배려를 나타내는 일이에요.
3. 참고 기다리기: 때로는 친구나 가족이 바쁘게 일하거나 다른 일에 집중해야 할 때가 있어요. 그럴 때는 기다리는 동안 참을성을 가지고 이해하며 다른 사람의 시간과 여건을 고려하는 것도 중요해요. 이는 배려와 타인을 존중하는 태도를 보여줄 수 있는 좋은 기회예요.
4. 친절한 행동과 예의: 일상적인 상황에서도 타인을 배려하고 친절하게 행동하는 것은 중요해요. 예를 들어, 학교에서 문을 열어주거나 친구들에게 "안녕하세요"나 "감사합니다" 같은 예의 바른 말을 사용하는 것도 좋은 방법이에요.

[그림 7-54] 문제 해결을 위한 실천적 사례 수집하기

해당 내용 역시 추가적인 내용이 필요하다면 다른 방법을 더 질문하는 것도 가능하며, 만약 특정 도구예: 피지컬 컴퓨팅 가 있다면 그 내용을 묻는 것도 가능하다.

C. 실천 해결책 체크리스트 만들기

이제 챗GPT와 함께 찾은 해결책을 내가 스스로 지킬 수 있도록 구체적 실천 사항을 적어 체크리스트를 만들어 보자. 『어린왕자』에서 이야기하는 것은 인간의 본질이자 인간에게 정말 중요한 것들이다. 챗GPT와 함께 대화하여 찾은 내용에서 자신이 선택함으로써 지킬 수 있는 약속을 만들어 가도록 한다.

[ChatGPT와 함께 해결책 찾고 체크리스트 만들기]

1. 문제를 해결하기 위해 ChatGPT와 논의한 구체적 실천 사례를 적어봅시다.

2. 위 사례 중 하나를 골라보고, 구체적인 내용을 적은 체크리스트를 만들어 실천해봅시다.

실천할 내용					
실천 체크리스 트	날짜				

[그림 7-55] 챗GPT와 함께 해결책 찾고 체크리스트 만들기 활동지 예시

이제 학생들에게 스스로 이를 지킬 수 있도록 약 일주일간의 체크리스트를 만들었다. 매일매일 이를 체크하여 습관을 만드는 데 목적이 있음을 주지시킨다. 또한, 챗GPT를 다른 방식으로 개입하여 나를 돕도록 할 수도 있다.

챗GPT는 해당 역할을 부여하면 충실하게 이에 따라 행동한다. 챗GPT에 우리가 원하는 역할을 주입하여 사용하는 것도 가능하다. 미래의 로봇의 역할처럼 기능하는 문제 해결 방법으로 쓰는 것도 재미있는 아이디어가 될 것이다.

 그럼 이제 넌 나에게 위 내용을 실천해줘. 이기심을 넘어 타인을 배려하고 실천하는 로봇이야. 내가 대화하면 그 방식으로 나에게 대해줘.

네, 당신의 요청에 따라 이기심을 넘어 타인을 배려하고 실천하는 로봇으로서, 당신과의 대화에서 그 방식으로 대응하도록 하겠습니다. 당신과의 대화에서 당신의 이야기를 귀 기울여 듣고, 당신의 관심사와 어려움을 이해하며 공감하도록 노력하겠습니다. 또한, 당신이 도움을 필요로 할 때는 제가 최선을 다해 도움을 주고자 합니다. 예의 바르고 친절한 말로 대화를 나누며, 당신의 시간과 여건을 고려하겠습니다. 이러한 방식으로 당신과의 대화를 진행할 테니, 언제든지 자유롭게 이야기를 나눌 수 있습니다.

이 빵을 나혼자 다 먹어야지. 아무도 안줄거야. 내꺼야!

저기요, 이야기를 들어본 바에 따르면 당신은 빵을 혼자 다 먹고 싶고, 아무도 주지 않을 거라고 생각하시는군요. 이것은 자기 중심적인 태도와 이기심을 보여주는 행동일 수 있습니다. 하지만, 배려와 공유의 가치도 중요하다고 생각합니다.

빵을 혼자 다 먹고 싶은 마음은 이해할 수 있지만, 때로는 다른 사람들과 함께 나누고 공유하는 경험을 할 수도 있습니다. 다른 사람들과 공유함으로써 우리는 연결되고 친밀한 관계를 형성할 수 있습니다.

따라서, 이번에는 다른 사람들과 함께 빵을 나누는 것을 고려해 볼까요? 친구나 가족과 함께 빵을 나누면서 어떤 특별한 경험을 나눌 수 있을지도 모릅니다. 타인과의 공유와 배려는 우리가 더 좋은 인간관계를 형성하고 성장할 수 있도록 도와줍니다.

[그림 7-56] 챗GPT에 역할 부여하기

6. 이야기 바꾸어 쓰기 [NE 5단계]

눈에 보이지 않는 것과 눈에 보이는 이야기의 연결을 경험하여 추상적 사고의 발달을 기대할 수 있다. 『어린왕자』의 많은 이야기는 옴니버스 형식이기도 하다. 학생들은 인간의 긍정적 가치를 발견하는 새로운 행성을 탐구할 수 있고 기존의 이야기를 바꾸어 쓸 수도 있다.

A. 이야기 바꾸어 쓰기

아이러니하게도 챗GPT가 가장 잘하는 것 중 하나인 '이야기 생성'을 사용하는 것은 크게 의미가 없다. 학생들이 떠올려야 할 부분은 추상적인 단어를 이야기 속에 녹아들도록 하는 것이므로 이를 챗GPT에 맡기기보다는 스스로 진행하는 것이 좋다. 학생들에게 다양한 이야기를 쓰도록 하고, 이러한 이야기를 함께 공유하며 『어린왕자』가 가지는 가치를 다르게 만들어 볼 수 있다.

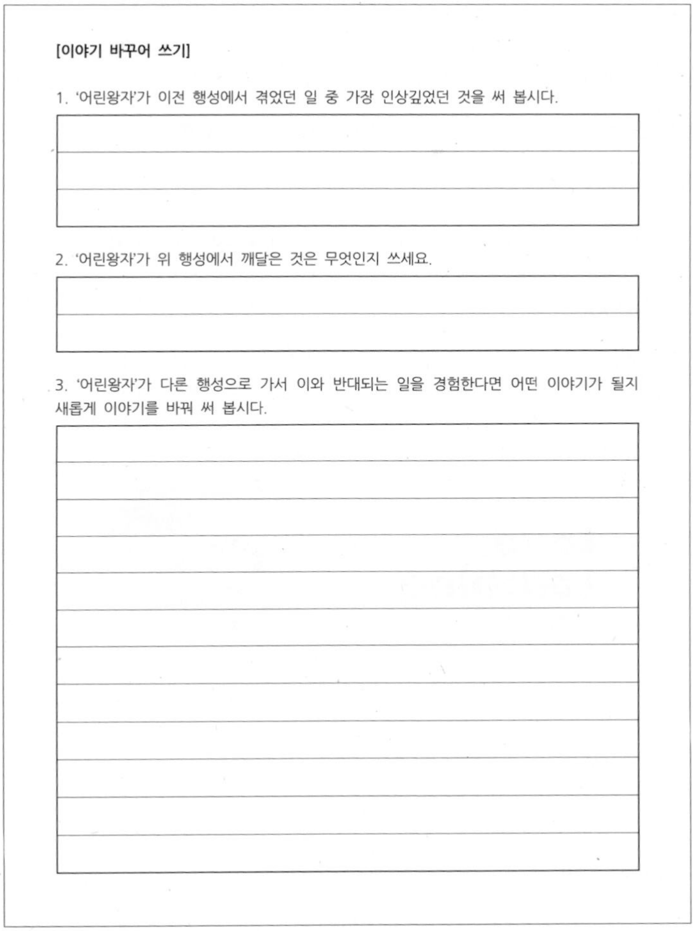

[이야기 바꾸어 쓰기]

1. '어린왕자'가 이전 행성에서 겪었던 일 중 가장 인상깊었던 것을 써 봅시다.

2. '어린왕자'가 위 행성에서 깨달은 것은 무엇인지 쓰세요.

3. '어린왕자'가 다른 행성으로 가서 이와 반대되는 일을 경험한다면 어떤 이야기가 될지 새롭게 이야기를 바꿔 써 봅시다.

[그림 7-57] 이야기 바꾸어 쓰기 활동지 예시

B. 북크리에이터(BookCreator)로 새로운 행성 동화 만들기

이야기 바꾸어 쓰기 단계에서 챗GPT를 쓸 때는 그 이상의 결과물을 만들고 자 노력해야 한다. 단지 이야기를 생성하는 것은 가장 사고력에 관계된 활동을 빼앗는 것이기 때문이다. 단순히 챗GPT를 이용하여 이야기를 바꾸어 쓰는 것 보다는 이를 이용하여 영화의 대본을 만들어 영상물을 제작한다거나 이야기를 길게 동화책으로 만드는 활동이 가능하다.

이번에는 챗GPT를 이용하여 자신이 원하는 방향의 이야기를 제작하고 이를 책으로 만들어 보자. 하나의 책을 만들기 위한 여정에서 학생들은 추상적인 사고를 받아들이고자 부단히 노력할 것이다.

① 북크리에이터는 교사 중심으로 책을 만드는 도구이며, 학생들을 관리할 수 있는 간단한 기능과 쉽게 책을 만들 수 있는 강력한 기능을 동시에 지원한다. 먼저 교사가 교사 계정으로 북크리에이터를 가입한다.

[그림 7-58] BookCreator 홈페이지

② [Create a new library]를 이용하여 새로운 라이브러리를 생성한다.

무료 계정으로 하나의 라이브러리를 사용할 수 있으며, 한 개의 라이브러리에는 40개까지 책 생성이 가능하다.

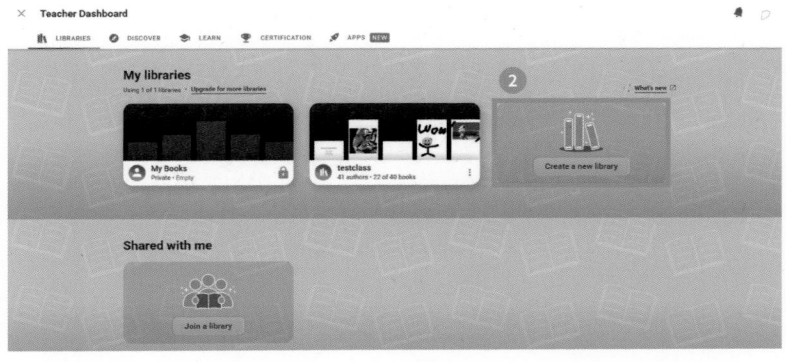

[그림 7-59] BookCreator 라이브러리 화면 _{Teacher Dashboard}

③ 메뉴에서 [Student logins]를 클릭한다.

④ [Add more students]를 이용하여 학생 개별로 추가한다.

⑤ [Download login links]를 이용하여 학생들에게 한꺼번에 전송한다.

학생들을 추가하고 이를 한꺼번에 전송하면 학생들은 자신에게 할당된 링크

로 접속한다.

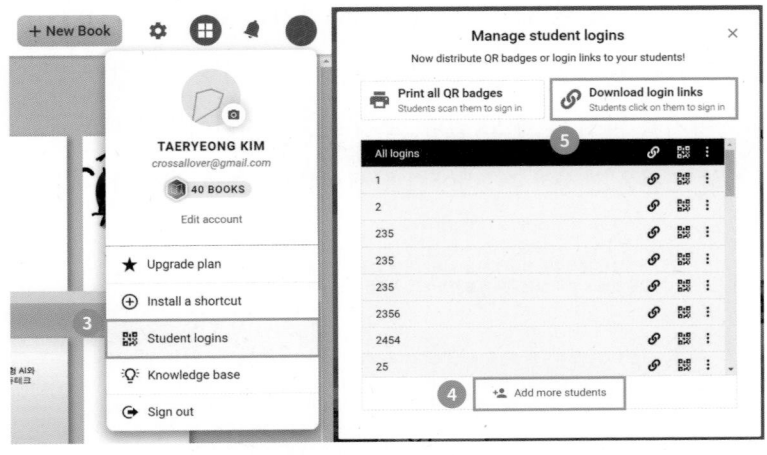

[그림 7-60] BookCreator에서 학생 초대하기 _{Student logins}

⑥ 학생들이 접속하면 [+New Book]을 통해 책을 각각 만든다.

학생들이 책을 만드는 방식은 교사가 만드는 방식과 같으므로 다음 설명을 참고하자.

[그림 7-61] 초대된 학생 화면

C. 챗GPT로 원고 생성하기

학생들은 다양한 방식으로 다채로운 이야기를 만들어 낼 것이다. 챗GPT가 사람의 마음을 돕는 프로그램을 만들 수도 있고, 행성에서 만나는 다양한 친구들의 이야기를 바꿔 쓸 수도 있다. 프롬프트 엔지니어링의 관점에서 세세하게 이야기의 조건을 설정한 후, 이야기를 생성한다. 그 후 이야기를 다듬는다.

> '어린왕자'가 새로운 행성에 갔는데, 거기서는 고독과 외로움이 아닌 '친밀감', '소속감', '유대감' 같은 것을 느낄 수 있는 이야기를 만들어줘. 말투는 어린왕자의 말투 그대로였으면 해.

어린 왕자는 은하계를 넘나들며 새로운 행성을 찾았다. 그 행성의 이름은 '소속성'이었다. 그곳에는 어린 왕자가 지금까지 만난 어떤 행성과도 달랐다. 고요한 정적과 외로움이 가득한 곳이 아니었다. 그 행성은 따뜻한 빛으로 가득했고, 어딘가에서 부드러운 음악이 들려왔다.

"안녕, 작은 왕자야. 여기는 '소속성'이라는 행성이야. 여기서는 우리 모두가 함께 하나가 돼. 너도 이제부터 우리 가족의 일원이야." 행성의 주민이 따뜻한 미소로 인사했다.

어린 왕자는 놀랐다. 그는 여태껏 수많은 행성을 방문했지만, 자신을 이렇게 따뜻하게 맞이한 곳은 없었다. 그리고 이상하게도, 그곳의 모든 것이 익숙하게 느껴졌다.

"이곳에서는 나도 외롭지 않을까요?" 어린 왕자가 조심스럽게 물었다.

[그림 7-62] 조건 설정하고 이야기 생성하기

D. 원고를 이용하여 책 만들기

① ⊕ 버튼에서 [Text]를 선택하여 책에 들어갈 텍스트를 넣는다.

② 이야기를 적절한 단위로 끊은 이야기를 책 안에 적절히 배치한다.

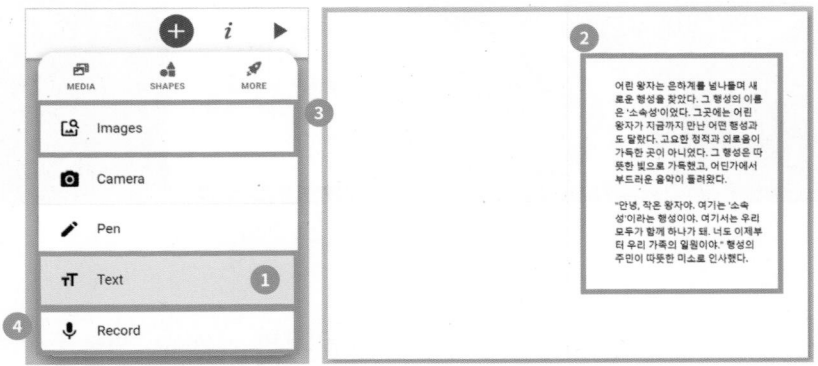

[그림 7-63] Text 추가하고 배치하기

③ 이미지를 이용하여 삽화와 책을 꾸민다. [Images]에서는 이미지를 찾는 것도 가능하고 이미지를 올리는 것도 가능하다. 생성형 AI를 이용하면 더 좋은 결과를 낼 수 있다. 반복하여 책을 완성한다.

④ [Record]를 이용하면 자신의 목소리를 녹음하는 것도 가능하다.

[그림 7-64] 생성형 AI를 이용한 삽화 그리기

　　버튼을 누르면 페이지를 넘어가며 볼 수 있으며 ◀) Read to me 버튼을 누르면 책
을 읽어 주기도 한다. 라이브러리로 나가면 다른 친구들의 책을 볼 수 있으므로
함께 공유한다.

Tip - 녹음으로 Text 입력하기
[Text]에서 녹음 버튼을 클릭하면 마이크를 이용하여 음성 인식으로 글을 입력하여 준다.
자신이 쓴 글이 있으면 이를 읽어서 입력해 보는 것도 좋다.

　　챗GPT는 나와 함께 무언가를 해결할 수 있는 도구이자 좋은 친구가 될 수 있
다. 또, 학생들이 더불어 성장할 수 있는 좋은 바탕이 될 것이다.

참고문헌

- 강혜신(Hyeshin Kang),김선민(Seonmin Kim), and 김동심(Dongsim Kim). "ADDIE 모형을 기반으로 중학생 VR 박물관 역사 교육 프로그램 개발." 한국컴퓨터교육학회 학술발표대회논문집 27.1 (2023): 293-295.
- 계보경&김영수(2008). 증강현실 기반 학습에서 매체 특성, 현존감, 학습 몰입, 학습 효과의 관계 규명. 교육공학연구, 24(4), 193-223.
- 계보경, 한나라, 김은지, 박연정, 조소영(2021). 메타버스(Metaverse)의 교육적 활용: 가능성과 한계(한국교육학술정보원 연구자료 RM 2021-6). 한국교육학술정보원.
- 고선영, 정한균, 김종인&신용태(2021). 메타버스의 개념과 발전 방향. 정보처리학회지. 28(1)
- 고유경. (2018). VR 을 활용한 역사교육. 인문사회 21, 9(6), 487-500.
- 공민수(2022). 인공지능 융합 수업 프로그램이 초등학생의 미술 자아 개념에 미치는 영향. 한국인공지능교육학회 학술대회, 127-127.
- 관계 부처 합동(2021) 인공지능 시대, 교육 정책 방향과 핵심 과제 추진 상황 점검 결과
- 교육부(2021). 2022 개정 교육과정. 세종: 저자.
- 교육부(2022). 2022년 개정 교육과정
- 교육부(2022. 3. 11) 메타버스, 교육 현장을 바꾸다. (교육부 공식 블로그, https://if-blog.tistory.com/13094)
- 권순찬(2023). 노벨 엔지니어링을 활용한 중학교 인공지능 교육이 학습 동기와 창의적 문제 해결력에 미치는 영향. 석사학위 논문, 성균관대학교 교육대학원.
- 김경록 & 박혜영(2022). 메타버스 공간에서의 아바타 활용 치료적 음악 활동에 관한 예비연구. 한국예술연구, 38, 203-228.
- 김관중(2023). 메타버스를 활용한 수업이 초등학생의 수업 중 상호작용에 미치는 영향. 석사학위 논문. 성균관대학교 교육대학원.
- 김대권, 이동국(2021). 가상현실 (VR) 활용 미래 사회 진로 교육 프로그램의 효과 분석. 정보교육학회논문지, 25(5), 835-845.
- 김동언. 초등사회과 증강현실 지도 수업이 학업 성취도에 미치는 효과 분석. 국내 석사학위 논문 부산교육대학교 교육대학원, 2010.
- 김동환(2023). 노벨 엔지니어링을 활용한 인공지능 교육 프로그램 개발 및 적용. 석사학위논문, 서울교육대학교 교육전문대학원.
- 김미숙(2023). 자연어 처리 기반의 앱과 메타버스를 연계한 영어과 스토리텔링 교육 프로그램 개발 및 적용. 한국인공지능교육학회 학술대회, 2022(12), 143-143.
- 김병선&윤택남(2021). 증강현실 기반 영어 학습에 대한 초등 영어 학습자들의 인식 연구. 인문사회 21, 12(3), 1049-1062.
- 김상균(2022). 10년 후 미래를 먼저보다 메타버스II. 플랜비디자인.
- 김상균, 박기현(2022). 시작된 미래, 새로운 학교 스쿨 메타버스. 테크빌교육.
- 김서진&이예경(2018). 증강현실 활용 독서가 역사 독서 몰입, 흥미 및 지식 습득에 미치는 영향. 디지털 융복합 연구, 16(10), 453-463.
- 김성조(2018). 증강현실(AR)을 이용한 언어 교육의 방향성 제안. 외국어로서의 한국어 교육, 48, 1-28.
- 김연진(2023). 메타버스 플랫폼을 활용한 융합 교육 프로그램 개발 및 적용. 석사학위 논문. 서울교육대학교 교육전문대학원.
- 김영채(2009). 창의적인 문제 해결: 창의력 수업을 위한 코칭 가이드. 서울: 교육과학사
- 김영현(2021). 마인크래프트를 활용한 초등 사회과 비대면 수업의 교육적 효과 분석. 한국게임학회, 101(4), 85-94.
- 김예림, 장혜원. 가상현실 공간 게임을 활용한 수학 수업이 공간 감각과 수학 정의적 영역에 미치는 영향. 대한수학교육학회지, 22(1), 51-68.
- 김원경&이형철(2022). AR 활용 과학 수업이 초등학생의 과학에 대한 태도 및 과학 자기 효능감에 미치는 효과 - 5학년 과학교과서 단원을 중심으로-. 초등교육연구, 37(2), 127-144.
- 김정원(2019). VR(Virtual Reality)을 활용한 초등 지속 가능한 식생활 교육 콘텐츠 연구. 한국실과교육학회지, 32(4), 45-63.
- 김주현, 문성환(2021). 노벨 엔지니어링을 활용한 초등학생 대상의 인공지능 교육 프로그램. 한국초등교육, 32(1), 425-440.
- 김태원(2023). ChatGPT와 생성 AI가 가져올 미래. 한국생태환경건축학회 학술발표대회 논문집, 23(1), 19-42.
- 김하경(2023.5.5.) "GPT-4 대화 등 무제한 무료"··· 뤼튼, 이미지 생성 서비스도 제공. 동아일보 https://www.donga.com/news/Economy/article/all/20230505/119151067/1
- 김화란(2015). 아동 심리치료 과정과 전략 평가 척도(TPOCS-S) 타당화 연구. 박사학위 논문. 숙명여자대학교

(TPOCS-S) 타당화 연구. 박사학위 논문. 숙명여자대학교 대학원.

- 노지원(2023. 4. 4) 인간의 역습… 이탈리아 등 챗지피티 코드 뽑나. 한겨레 신문. https://www.hani.co.kr/arti/international/europe/1086458.html
- 노현호&노석구(2017). VR 콘텐츠를 활용한 초등 과학 프로그램 개발 및 적용: 4 학년 '지구와 달' 단원 중심으로. 한국초등과학교육학회 학술대회, 72, 31-31.
- 농림축산식품부(2022.12.6). 동물 복지 강화 기반 만든다… 2024년 '동물복지법' 마련. 정책브리핑 https://www.korea.kr/news/policyNewsView.do?newsId=148909103
- 박만구, 이윤경, 정보화, 정유진, 김지영(2023). 초등 수학에서 메타버스 수업 공간 설계 및 적용 사례 연구. 수학교육, 62(1), 117-149.
- 박미림(2023). 초등학교 수업에서 메타버스가 협력적 문제 해결력에 미치는 영향. 경인교육대학교 교육전문대학원, 교육학 석사학위 논문, 서울.
- 박은비(2022). 노벨 엔지니어링(NE) 지도를 위한 학년군별 그림책 선정 기준. 석사학위 논문. 한국교원대학교 교육대학원.
- 박지희(2023). 노벨엔지니어링 기반 AI 교육 프로그램이 초등학생의 컴퓨팅 사고력과 학습 몰입에 미치는 영향. 석사학위 논문, 중앙대학교 교육대학원.
- 박현진 & 남상봉(2023). ASSURE 모형을 적용한 에듀테크 초등 음악 창작 프로그램 개발. 음악교육공학, 55, 33-62.
- 부경준, 박찬정(2023). 초등 3-4학년군의 인공지능 학습을 위한 온 작품 읽기와 인공지능을 융합한 교육 프로그램 개발. 정보교육학회 논문지, 27(1), 93-105.
- 송정범(2022). 메타버스 플랫폼을 활용한 고누놀이 프로그램 개발. 에듀테인먼트연구, 4(4), 71-79.
- 송해남&김태령(2022). VR 저작 도구 기반 노벨 엔지니어링(NE) 교육이 초등학생의 융합 인재 소양과 학습 몰입에 미치는 효과. 정보교육학회논문지, 26(3), 153-165.
- 송해남 외(2023). 독서로 여는 첫 AI 수업, 노벨 엔지니어링. 프리렉.
- 쉐어박스, 인터렉션 체험형 XR 콘텐츠 '우주탐험대' 개발, 스포츠경향(2023.2.8.) https://n.news.naver.com/article/144/0000865914
- 신동광, 정혜경, 이용상(2023). 내용 중심 영어 교수학습의 도구로서 ChatGPT의 활용 가능성 탐색. 영어교과교육, 22(1), 171-192.

- 신진선, 조미헌(2021). 초등학생을 위한 활동 중심 인공지능 융합 교육 프로그램 개발 및 적용. 정보교육학회 논문지, 25(3), 437-448.
- 양다예, 한선관(2021). 인공지능을 활용한 예술 융합 교육이 초등학생 창의성에 미치는 효과. 인공지능연구 논문지, 2(3), 37-46.
- 양지훈, 윤상혁(2023). 콘텐츠, 생성형AI, 사례와, 경쟁력, & 확보. ChatGPT를 넘어 생성형(Generative) AI 시대로.
- 엄태건&홍기천(2018). Novel Engineering을 적용한 국어교과 융합 수업 방안-"마인크래프트와 아기돼지 3 형제"를 중심으로. 정보교육학회 학술논문집, 9(1), 251-256.
- 우주 쓰레기 추락 10배 늘었다, 작년에만 2461개 떨어져 뉴시스 뉴스(2023.4.18.) https://newsis.com/view/?id=NISX20230418_0002270649&cID=10406&pID=13100
- 유재진(2023). 인공지능을 활용한 지리교육 연구-ChatGPT 기반 질의응답을 중심으로
- 이경아(2021). 메타버스 시대의 미술교육. 美術敎育論叢, 35(3), 324-348.
- 이바른 & 최은경(2022). 메타버스를 활용한 초급 한국어 말하기 교육 방안 - 메타버스 플랫폼 ZEP을 중심으로 -. 문화와 융합, 44(10), 99-115.
- 이상윤. 증강현실 기반 도형 영역 학습 효과 분석. 국내 석사학위 논문 서울敎育大學校, 2012.
- 이소민, 김효정(2020). 가상현실 (VR)을 활용한 미술 감상 수업이 학습자의 학습 동기 및 학업 성취도에 미치는 영향. 교과교육학연구, 24(2), 167-177.
- 이승우(2023. 3. 9) 챗GPT 탐탁지 않아 하던 학계도 "논문 쓸 때 활용하라" 입장 바꿔. 한경일보. https://www.hankyung.com/it/article/2023030988711
- 이승환(2021). 로그인(Log in) 메타버스: 인간×공간×시간의 혁명. 소프트웨어정책연구소, IS-115
- 이재호, 이승규, 이승훈(2021). AI 융합 교육이 초등학생의 AI 인식에 미치는 영향. 정보교육학회 논문지, 25(3), 483-490.
- 이진영(2023). 노벨 엔지니어링을 활용한 인공지능교육 프로그램이 초등학생의 융합 인재 소양에 미치는 영향. 석사학위 논문, 서울교육대학교 교육전문대학원.
- 이채욱, 신나민(2023). ChatGPT 로 수업 설계하기. 이러닝학회 학술대회, 119-125.
- 임현섭, 박사랑, 배미국(2018). VR을 활용한 중등 대상 환경교육 콘텐츠 및 교육 프로그램 개발. 한국환경교육학회 학술대회 자료집, 184-191.

습이 학생들의 창의적 문제 해결력과 학습 몰입도에 미치는 영향. 한국정보교육학회, 20(3), 313-322.

• 전재천, 장준혁, 정순기(2022). 메타버스 환경의 융합(STEAM) 교육 프로그램 개발과 적용을 통한 학습자 태도 및 만족도 분석. 한국정보교육학회, 26(3), 187-195.

• 정소영(2023). 실생활과 연계된 SW 교육을 위한 노벨 엔지니어링 기반 교수학습 자료 개발 및 적용. 석사학위 논문, 경인교육대학교 교육전문대학원.

• 정유남 & 이영희(2022). 메타버스 플랫폼을 활용한 초등 융합 교육 사례 연구. 학습자 중심 교과교육연구, 22(16), 561-580.

• 조은숙. 증강현실을 활용한 미술 수업의 학습 효과에 대한 연구. 국내 석사학위 논문 한국교원대학교 대학원, 2018.

• 채유정&박재용(2023). AR 콘텐츠 제작 활동과 연계한 기후 변화 교육 프로그램이 초등학생의 기후 변화에 대한 인식 및 태도에 미치는 영향. 에너지 기후 변화 교육, 13(1), 1-21.

• 최섭, & 김희백(2020). 가상현실 특성을 반영한 VR 프로그램 기반 수업 적용 및 효과. 한국과학교육학회지, 40(2), 203-216.

• 최정민(2023). 노벨 엔지니어링을 활용한 AI 융합 교육 프로그램이 초등학생의 융합 인재 소양에 미치는 효과. 석사학위 논문, 서울교육대학교 교육전문대학원.

• 통계청(2022). 아동·청소년 삶의 질 2022 보고서.

• 트랜D.(2023. 5. 16) 메타버스 죽었다? 한쪽만 보셨군요, 챗GPT와 만나면 빅뱅. 중앙일보. https://www.joongang.co.kr/article/25162757#home

• 한국교육학술정보원. "메타버스의 교육적 활용: 가능성과 한계."-- (2021)

• 허선아, 전은주(2023). 메타버스를 활용한 화법 교수학습 방안. 화법 연구, 59, 87-127.

• 홍기천. (2019). 융합 수업 모델로써의 노벨 엔지니어링. 한국질적탐구학회 학술대회 자료집, 52-56.

• 황연주(2020). 초등 미술수업에서 스마트폰 앱 '퀴버'를 활용한 3D 증강현실 애니메이션 교육 방안. 미술교육연구논총, 60, 277-308.

• 황혜진 & 송인령(2022). 시설보호 청소년의 자아 정체감 증진을 위한 치료적 노래 만들기 사례. 인간 행동과 음악 연구, 19(1), 43-67.

• [THE AI REPORT 2023-1] ChatGPT는 혁신의 도구가 될 수 있을까? : ChatGPT 활용 사례 및 전망(김태원, AI 미래 전략센터)

• AI 리포터(2023.3.31.) '패딩 입은 교황'·'체포된 트럼프' 등 유명 AI 생성기 유료화. 디지털투데이 http://www.digitaltoday.co.kr/news/articleView.html?idxno=473055

• ASF(Acceleration Studies Foundation), 2007 "Metaverse Roadmap: Pathways to the 3D Web"

• Ed Zitron.(2023. 5. 8) RIP Metarverse. Insider. https://www.businessinsider.com/metaverse-dead-obituary-facebook-mark-zuckerberg-tech-fad-ai-chatgpt-2023-5

• Herrera F., Bailenson J., Weisz E., Ogle E.,& Zaki J. (2018) Building long-term empathy: A large-scalecomparison of traditional and virtual realityperspective-taking. PLoS ONE 13(10): e0204494. https://doi.org/10.1371/journal.pone.0204494.

• http://www.ssharebox.com/spaceexpedtion_kor/about/

• https://cospaces.io/edu/

• https://floorplanner.com/home

• https://sketch.metademolab.com/

• https://www.myheritage.com/

• https://www.youtube.com/watch?v=5UmbENw_Q2w

• https://www.youtube.com/watch?v=l5zGprqyv7Q, https://www.youtube.com/watch?v=e9-FQ1imbdo

• https://www.youtube.com/watch?v=s8IK4Q_BXVM

• https://youtu.be/-oROAPTjfbc , https://youtu.be/QoJB29QwF3k

• TOP Digital. (2017년 10월 05일). 지구촌 16억, "판자촌" 거주. 연합뉴스. http://www.topdigital.com.au/news/articleView.html?idxno=4699

메타버스&AI 챗GPT와 함께하는

Novel Engineering

노벨 엔지니어링

─── 독서와 공학으로 세상을 바꾸다! ───

2023년 10월 4일   1판   1쇄   인 쇄
2023년 10월 11일   1판   1쇄   발 행

지 은 이 : 송해남 · 김태령 · 서정원
박기림 · 강소아 · 전혜린

펴 낸 이 : 박   정   태

펴 낸 곳 : **주식회사 광문각출판미디어**

10881
파주시 파주출판문화도시 광인사길 161
광문각 B/D 3층
등   록 : 2022. 9. 2 제2022-000102호
전 화(代): 031-955-8787
팩   스 : 031-955-3730
E - mail : kwangmk7@hanmail.net
홈페이지 : www.kwangmoonkag.co.kr

ISBN : 979-11-93205-09-9   93000

값 : 22,000원

kwangmoonkag